了解孩子学校表现的心理动机

向孩子敞开光明之路

PSYCHOLOGY IN THE CLASSROOM

教师：挑战

[美] 鲁道夫 · 德雷克斯 著

甄颖 译

献给我亲爱的妻子

这本书的“无声伙伴”，

感谢她不知疲倦的支持和耐心的指导

序言

PREFACE

鲁道夫·德雷克斯

不论哪个年龄段的孩子，他们中的很多人在学校里还需要除老师现有教育以外的帮助和指导。心理辅导员被分配到学校，与孩子、老师以及家长们共同努力，以克服孩子在社交和学业进步道路上的障碍，于是出现了一门新的专业学科：儿童心理学。该学科基于一个不容易被大众接受的假设，即需要帮助的孩子“情感上出现了疾病”。他们很少真正有病，大多数人都是被误导了。那么，谁最有资格来帮助他们呢？——老师、家长、心理辅导员、心理医生、社会工作者、牧师、成年朋友或者亲朋好友？根据我们的经验，他们都可以有效地影响孩子、帮助孩子进行调整。出现情感障碍的孩子对自己和生活产生错误认识，并且使用不被社会接受的方式来寻找自己的位置。所有可以赢得孩子信任、理解孩子、给孩子指出替代方法的人都可以帮助孩子改变方向。

老师们有一个独特的优势，他们可以调动全班同学、寻求群体帮助，来调整和改进每个孩子。然而，由于不知道到底该怎么做，我们的老师们越来越觉得无法应对挑战的孩子。他们陷入了一个过渡期：过去的专制方法束缚着他们，同时他们又面对现代观念的冲突。然而，如果了解心理学方法和群体互助方法，他们就可以强有力且有效地影响孩子，既可防止也能纠正孩子的不适应行为。使用心理学方法促进孩子调整，并不会让老师变成心理治疗师；同样，通过群体互助和讨论的方法克服孩子的心理缺陷，也不会让老师变成群体心理治疗师。然而，在教室里使用这种充满活力的方式，在很多情况下，却有可能避免将来把孩子送去接受精神治疗。

目前，老师们获得专门适用于课堂的心理学方面的培训很少也很难。因此，我所教授的课程主要针对工作在教育一线的老师们，这些课程给老师们提供了非常独特的教学体验。本书就是希望能将这些体验分享给读者。

本书第一部分介绍心理学方法应用于课堂的理论前提。关于“人”的概念是任何教育哲学的基础。我们的概念基于民主哲学及其所蕴含的人类平等原则，以及阿尔弗雷德·阿德勒心理学的社会目的论的方法。在此理论框架内，人被认为是社会的人，其行为是有目的的，针对某个目的，每个个体都是独特的，个体本身就是一个密不可分的整体。我们以目的论为导向，关注孩子的行为目的，以及必要时改变其目的的方式。

本书第二部分是对精选实例报告的讨论。这些实例报告都来自有问题行为孩子的真实课堂，大多数实例报告由加里市公立学校集团（Gary School System）（加里公立学校集团是印第安纳州加里市公立学校集团，有从幼儿园到十二年级的多所学校，学生主要为加里市居民的孩子们。——译者注）的老师们提供，这些老师参与了我在印第安纳大学加里分校的课程。还有少数实例报告是由西北大学教育学院的学生提供的。这些实例中有些内容体现了老师们刚开始努力时的方法缺陷，我们采纳这些报告主要是为了更清晰地分辨正确的方法和无用的方法，以达到教育的目的。

我非常感激以下老师的合作，他们知道自己在学习过程中所写的这些实例报告容易招致批评，但他们仍然愿意发表，以便其他人能够从他们的经历和经验中受益。

James E. Anderson、Doris Bell、Doris Boese、Althea Brach、Harriet Cohen、Bernice Collins、Mabel B. Cox、Iona Crisman、Carl L. Durkel、John Farley、Bernard Fax、Evelyn Ferguson、Inex Fox、Phyllis Franzman、Ruth Goshorn、Ann Gracin、Joseph Jaco、John Jancose、Joan Janda、Arella Johnson、Mary Johnson、Evelyn Joseph、June Kinser、Sonia Leskow、Marion Levy、Vivien McCray、Ruth Martindale、

Max A. Mason、Elinor Monnix、Doris Neuton、Mary F. Peckenpaugh、Ann Roland、Neal Roland、Helen Scott、Gladys Smith、Sophie Sollers、Anna May Thomas、Ruth Thompson、Doris S. Travis、Ruth VanLiew、Elsie Wendt、Dorothy Werblow、Howard Williams和George T. Wood。

我还特别感谢穆里尔（Muriel）和弗雷德里克·里德（Frederick Reed），感谢他们从教育者的角度对本书中的素材给出非常宝贵的评价。他们对于我们选择的实例给予了极其珍贵的指导和分析。

由衷感谢在英属西印度群岛和牙买加的几位亲爱的朋友，哈特蒙特市（Hartmont）的哈洛德·惠勒夫妇（Harold Wheeler），以及天堂地区（Paradise）的理查德·坦普尔夫妇（Richard Temple），衷心感谢他们为素材综合汇编提供了非常专业新颖的设置。

导语

INTRODUCTION

在我们日常与孩子的接触中，无论是愉快的还是不愉快的经历、满意的或是艰难的事情，通过孩子外显行为、所展示的性格特征以及我们所能看到的孩子的长处和短处，我们能够感受到每个孩子的个性。但这些只是印象，并不能帮助我们对推动孩子行为背后的心理机制或者影响孩子个性发展的历史因素得出直接结论。与之相反的是，和孩子的紧密接触使得我们几乎无法思考他们行为背后的潜在心理动机以及过去经历的影响。在实际与孩子互动时，我们想着这些内容会让我们的思想受到制约，使我们迷惑。事实是，不论是在喜欢还是在被孩子惹恼的时刻，我们都容易冲动行事，根本不会思考很多，也不会进行仔细分析。我们自己投入得越多，我们就越不能、越不愿客观地思考。我们与孩子的很多接触就是由这些直接的、冲动的以及情感的人际关系的本能反应组成，由自己个性的汇合或碰撞组成，由未加评估的行动组成。

家长和老师的日常行为通常都是这样的。如果我们满意孩子，喜欢他，跟他相处得很好，那么就没有必要改变而是继续保持这种自然随性的关系。但是，当我们遇到挑战、当我们和孩子的关系变得不愉快、当我们面对想要改变的缺陷或错误时，如果我们还依照主观意愿和天然冲动行事，则不仅徒劳无功，还会很危险。因为如果我们这样做的话，很可能会更加强化孩子的错误态度和目的，增强以往经历的负面影响，使失败和缺陷继续存在。我们的直接反应其实常常满足了孩子的目的，这个目的或是有意识的，或是无意识的。

进一步说，对孩子的行为做出冲动的反应，还会阻碍我们理解行为背后的原因。我们生气时，就会不在乎去理解孩子。这个时候，我们需要改变态度，才会愿意理解孩子行为背后的原因。需要消除掉愤怒、烦恼、厌恶以及类似的敌对情绪，这样我们才能探究原因并可能得出建设性的结论以及采取相应步骤。除非理解了孩子的个性及引起其困扰行为的因素，否则任何试图纠正孩子行为或个性的努力，都不可能取得多大的成功。这样的理解需要情感准备、理智思考，再加上足够的知识。只有做好了这些准备，我们才能理解孩子，才能理解我们自己在当前挑战中所承担的角色。

我们需要必要的心理学知识，包括对孩子基本需求的认知、对影响孩子发展因素的洞察以及客观的角度和方法，以了解孩子当下的目的与行为。

要了解孩子的基本需求，我们必须全面考虑孩子。首先，他是一个具有生物机制和要求的生理机体。此外，他还是一个遵循心理机制的心理实体。但最重要的是，他是一个想要有归属感并在群体生活和社会气氛中行动的社会人。只有当他有机会充分实现以上三方面职能的时候，他的基本需求才可以得到满足，不论他处于什么年龄。

了解孩子发展的先决条件，不仅是对孩子现在所遇到的刺激和困难有所认识，更重要的是，还要了解孩子对这些无论生理、心理还是社会方面的刺激的反应模式。孩子现在的行为模式是他从过去到现在发展的必然结果，是连接他的过去与他的未来的纽带，这个“现在”只是他不断发展过程中的一部分。

没有人会对这个理论提出异议。然而，在我们制定教育所需依据的具体原则时，却遇到了混乱和争议。因为迄今为止，针对个体个性发展影响因素进行的科学调查并没有明确的结果。对孩子的基本需求、影响孩子个性发展的因素以及起作用的心理机制等方面的调查研究，都还没有取得大众普遍接受的结论。现代知识中存在这个不幸的现状，对于心理学在教育领域的应用及有效性产生了负面影响。

有些教育者试图通过只关注那些没有争议的事实来回避混乱的理论体系和相互冲突的方法建议，而这限制了他们所掌握的数据的范围和意义。还有一些教育者并不去分析影响孩子成长的各种因素，而是只对大多数既定年龄的孩子进行观察，并依据这些观察的描述做出结论。他们不去寻找孩子身上更深层的动力，只依靠调查测验的结果，然后用这些基于很多孩子的平均数的“标准”，拿个体孩子与这个“标准”进行比较。

强调没有争议的确定数据、局限于已经证明的和多数人同意的结论，经常会阻止我们对重要的心理学动力进行解释。在目前的科学发展阶段，提出一个能被所有研究者接受的结论是不可能的，然而，缺乏普遍接受的结论并不代表一定会使科学前进的步伐迟滞或瘫痪。我们需要的是开拓者的勇敢精神。某些观察结果虽然还没有被广泛接受或者没有得到统计学上的证明，但仍然可以作为研究假设，通过自己的工作和经历，我们可以检测这些观察结果的有效性。这样，每位教育者都变成了试验者。

我们正见证教育领域的一场革命。在我们国家，整个教育体制在观念和方法方面正发生着不同程度的快速变化，这种变化反映了在人际关系和社会环境中具有深远意义的民主进程。正如男性优势、白人至上、资本者对劳动者的强权正在崩溃一样，传统的成人对孩子的权威也正在快速消失。民主化意味着平等化。因此，在日益增加的民主气氛中，把孩子当作下级对待是不可能的。家长和老师再也不能“驱使”孩子守规矩或顺从。来自外部的压力已经失去了其效力，它必须被来自内部的激励取代。

由于传统方法已经失去了它们的效力，我们必须找到在民主环境中能够产生效果的新方法。老师们对这种需求非常清楚，但不幸的是，在探索民主方式的过程中，他们往往产生很多困惑。很多老师错误地认为，民主就是不要专制。他们没有意识到，避免专制的方式并不会使老师变得民主，反而可能只会制造混乱。民主气氛是自由和秩序的相互结合，它不是没有自由的专制体系，也不是无秩序的混乱自由。

这种过渡状态必然导致有关教育政策的混乱。一方面，老师面临着新一代孩子在与成人社会斗争中日益增强的独立与反叛；另一方面，老师又受到社会中那些想要扼杀民主进步力量的批评，因为这些人看到了这个民主进程对社会现状的威胁。老师们处于孩子的反抗、学校的压力和感到不安的家长各种要求的夹缝中，还要面临公众监督，而这些监督并不总是充满善意。老师们处在相当困难和危险的境地中，必须尽一切努力减轻这些困难。

本书向老师们展示了这些努力，提供可以让这些努力增加效果和力量的信息。书中讲述了在应对需要帮助的孩子的问题时所得出的心理学观察结果和实践操作经验。教师这个职业担负着对一代人及为人类未来铺路的责任，了解应对教学问题的心理学动机以及相应的有效处理方式，会对这个重要的职业有所帮助。

目录
CONTENTS

第二部分　实际应用

PART I

第一部分 基本原则

BASIC PRINCIPLES

THE TEACHER'S ROLE

第一章 教师的角色

过去，教师的角色就是“教书”，传授知识，孩子则负责吸收知识。如果孩子没有吸收老师所传授的知识，学习过程就会终止。诚然，外部压力可以使孩子努力学习。在专制的社会里，这样的方法能够带来很好的效果，因此大多数处在这样学校环境的孩子都表现出进步并学到一定知识。

今天，这些教育方式则再也收不到预期效果了。我们的学校培养出越来越多的“文盲”，许多学生不肯学习。为了达到教育成效，老师们不得不了解所教文化知识以外的知识。过去，老师的教学方法对学生的学习效果影响不大，反正孩子们都是被迫学习。然而，现在孩子自己决定他们是否愿意学习。强迫他们学习通常徒劳无功，反而增加其对学习的反感情绪。

人们已经普遍认识到这个状况，而且正在努力弥补改进它们。现代教育体系在改善教学方法方面已经取得了一定的进步，只是还远不能满足实际需求。在我们当今的课堂上，还是极少出现学生们所希望体验的那种豁然开朗的学习快感。我们面临着对学生学习过程心理认知不足的困境，然而种种迹象也同时表明，在学习心理理论方面即将发生重大突破。这种突破很大程度上可能是因为人们已经意识到孩子们的学习在上学前就已经开始了，同时也看到孩子们在进入学校后反而容易出现学习缓慢的现象。孩子们巨大的学习潜能正在被浪费。

教学方法需要革命性的变革，而这个变革很可能即将发生。

毫无疑问，好的教学方法会增强老师传授知识的能力。但是，没有任何一种技术层面的方法可以帮助老师克服孩子抵触学习的情绪，除非老师理解孩子的心理动机，并且知道如何改善。所有的老师都可以通过学习一些心理学及群体心理学获得这方面的知识。同时，也有些老师可以不学自通，这就是所谓天然的感知能力。通过自己的直觉和同理心，老师可以知道孩子需要和想要什么。然而，我们不能只依靠这些有天然感知能力的老师，因为这样的老师实在是太少了。所有老师都应该获得这种基本知识，这就意味着无论是本科层面的还是研究生层面的教师培训都需要变革。[我们目前的课程形式很可能也必须修改。卡尔顿·沃什伯恩（Carlton Washburn）1949年在纽约约翰时代出版的《教育的生活哲学》（*A Living Philosophy of Education*）中建议，消除课程中“枯枝朽木”内容的最好方法之一，就是对所有课程内容进行严格检验，看看能不能引导孩子们看到其学习价值，能不能让孩子们觉得有学习它的需要，以及能不能引起孩子们追求这门学问的热情。]

我们经常听到有人反对这个建议，他们说老师的工作负担已经过重了，我们怎么能要求他们再承担额外的责任呢？培养具有健康的学习动机、努力的学习意愿、举止得体的孩子，这毕竟是父母和家庭的责任。老师面对的是，孩子在入学以前就在自己家庭里形成的行为模式和性格优缺点。老师能够抵消家庭和社区给孩子的不利影响吗？根据我们的经验，答案是“能”。

如果老师不花时间理解孩子并改变孩子的错误目的，那么她就得花更多时间去应对那些引起麻烦的学生，而且很难走进他们的世界，对他们产生影响。而如果老师学到克服孩子对立的技能，实际上她也就能够抵消学校外部环境对孩子所产生的那些负面影响。

我们不能责备老师们教学失败，因为我们其实并没有给他们提供工作中必要的工具和技能。只要孩子们努力学习、行为得体，老师就是优秀的老师。然而当孩子们不合作时，很少有老师知道该怎么做。老师还要承受许多其他压力以及其他完全没有准备的要求。我们将探讨以下五个主要方面的冲突——与孩子的冲突、与家长的冲突、与校长的冲突、与社区的冲突以及与老师自身的冲突。

与孩子的小冲突

大多数老师都对教学和激励孩子充满兴趣。当他们接到教学任务的时候，都有明确的教学目标。过去，孩子们进入学校的时候就明白他们必须学习。那么今天还是这样吗？

我们可以很有把握地说，不是。从以往的对权威顺从，到当今日益增加的反抗和自主，这个发展是渐进的，与民主进程有关。

我们的孩子为什么上学？大多数孩子上学是因为法律规定，还有一些孩子上学是因为他们的朋友在同一个学校。现在，越来越多的孩子上学似乎只有一个目的：尽最大可能折磨老师。对于这些孩子来说，挑战老师的权威就像一场游戏。还有些孩子去学校是为了学习，但他们的目的却是错误的。他们学习，是因为他们想要比别人强，想要蔑视那些不如他们成功的孩子；或者，他们学习是为了取得好成绩上大学，以便能赚很多钱。

也有些孩子真正喜欢学习，他们上学纯粹是为了学习，这种情况在低年级更加常见。然而到了五年级左右，第一波学习抵触情绪的高峰期就来到了，尤其在所谓学业后进生中。孩子们对学习不再感兴趣，他们学习只为了考试能够及格而已。再后来，孩子们的厌学情绪继续增加，很多人最后以辍学告终。到了这个阶段，他们学会的，是怎么不学习的技巧。

不管老师们想要还是不想要，也不管老师们有没有意识到，他们通常已经卷入了一场无法摆脱的权力之争。我们的学校里，正在进行着一场战争。

两代人之间的战争和我们的文明历史一样古老，但是年长者支配年幼者引起的反抗暗流并不能公开化，因为那时的社会体系支持年长者的这种权力。这个现象随着民主进程的发展和人人平等意识的增加，正在逐渐减弱。这种意识通过每个人的自决体现出来，这使得孩子不需要继续服从成人的独裁要求。第二次世界大战之后，几乎所有以往处于卑微遵从地位的社会群体都开始要求得到自己的权力以被平等对待——妇女、有色人种、雇员，还有孩子。现在，这些冲突开始公开化，而且暴力现象也随之增加，直到我们学会能够平等相处的方法，这些冲突才会停止。目前只有少数教育者认识到这个就是我们与孩子相处产生困境的原因。

德国教育者维内肯，是德国图林根州维克斯多福郡(Wickersdorf)“免费学校社区(Free School Community)”的创建者，他于1910年指出，[古斯塔夫·维内肯(Gustav Wyneken)，《学校与青少年文化》(*Schule und Jugenkultur*)，纳迪·德里奇出版社，1920年。]我们当今的学校生活遭受两个阵营的分割，分别是老师阵营和学生阵营，他们不同程度地对对方抱有敌意和反对。这种情况在美国也一样。玛丽亚·蒙特梭利[玛丽亚·蒙特梭利(Maria Montessori)：《教育中的解除武装》(*Disarmament in Education*)，《蒙特梭利》杂志，第四卷第9—12页，1950年。]于1950年，在她去世之前不久，提出了一个非常打动人心的恳求，恳请孩子与成人之间停战。她看到教育中存在战争状态——一场成人与孩子、强者与弱者之间的战争。老师是对孩子的“施虐者”，虽然经常是“无意虐待者”。而且这一冲突不仅仅发生在学校，它几乎到处存在，甚至在家里也一样。威廉·科瓦拉西亚斯［威廉·科瓦拉西亚斯（W.C.Kvaraceous），《违法行为》（*Delinquent Behavior*），华盛顿特区，全国教育协会，1959年。］谈到，孩子就是“正常反抗行为的持续”。这个持续行为的一方面，是早上不按时起床，晚上不按时睡觉，不爱护自己的财物，和兄弟姐妹吵架打架，要么吃得太多、要么吃得太少，不愿洗澡，不肯做作业，等等——换句话说，这是个“正常”的美国孩子。这个持续行为的另一方面，则是少年犯，他们的行为是公然与社会反抗、战争。两种行为之间只有量的区别：其中一种的斗争更激烈。

老师们有着非常良好的教育意图，但他们在教室里遇到的困难和挑战对这些意图形成了阻碍，逐渐破坏了他们当初入职时的理想；他们可能觉得自己尽了最大的努力，却遭受挫败。和孩子的冲突可能从一年级，甚至幼儿园时就开始了——当老师遇到不能安静坐着或不能集中注意力的孩子时。（其实人们绝不应该说孩子“不能”安静坐着，老师们都知道，不安静坐着或不集中注意力是孩子的天性。）由于老师很少接受过理解孩子问题行为背后动机方面的培训，而希望得到“理解”是人的天性，所以使用貌似能够解释孩子行为的标签，就成了一个普遍的做法。结果是，我们把孩子称为：不成熟、懒惰、消极攻击、爱做白日梦、天生兴趣不广等等。这些标签其实并不能“解释”孩子的行为，只不过是描述行为而已。

近代的调查研究结果为老师处理孩子的挑战增加了一系列的“解释”。第一就是可以将某些挑战解释为低智商。智商测试，仍然被最频繁地用来给孩子做评估。常规的测试做法就是最后给出一些非常类似的所谓重要信息，但实际上，这是有害的。如果孩子得分很低，人们就不会对他寄予多大希望，结果就是加强了孩子的挫折感。而当孩子得分高时，如果没有发挥出他的全部潜力，老师就会对这个孩子灰心丧气。事实上，孩子真实的能力、创造力以及自发行为，几乎是不能用我们目前的测试方法来进行测量的，这些方法连对孩子的真实智力做出有效评价也未必能够做到。要合理谨慎地使用测试结果，才可能有一定帮助，使用时，必须要了解这些测试结果的局限性。

还有许多其他研究结果为老师不能成功教好某些孩子提供了“安慰”。曾经有一项研究发现，由于发育较慢，男孩子到了六岁才表现出具备足够的阅读能力。根据这个结果，我们就把针对男孩子阅读方面的教育指导推迟到了八岁。然而，在一些国家和地区的文化中，几乎所有男孩子从四岁起就开始阅读了，但我们解释说，这是因为那些地方的人们还不知道男孩子发育缓慢！然而现今我们发现了，孩子学习阅读和写字的合适年龄很可能是两岁半或三岁。

有些老师成功地让自己所有的一年级孩子都学会阅读，但也有另一些老师没有做到这一点，他们从“诵读困难”这个所谓症状中找到了安慰。如果孩子极度活跃而无法控制，那么确实他可能患了轻微脑功能障碍，老师对这一点无能为力是理所当然的。近年来，我们在“文化剥夺儿童”（即Culturally Deprived Children，它以“文化剥夺”理论为基础，认为经济贫困、处境困难的儿童之所以难以获得学业上的成功，是因为其在语言、阅读、认知、社会性、情感发展等方面存在能力不足和缺陷造成的，而造成这种不足的根本原因是这些儿童受社会文化背景限制。——译者注）中发现了大量存在学习障碍的孩子。这些都是为孩子的学习缺陷进行诊断和判定的，然而，一旦老师学会如何理解孩子的心理动机，理解他的“私人逻辑”、目的以及学会如何改变它们，那么这些诊断判定还能否继续，就非常值得怀疑了。这样的话，老师将不再因孩子对自己工作造成阻碍和困难而感到沮丧，反而会发现自己将如何影响孩子，不论他存在何种形式的障碍。

这时，我们就会发现老师处理学生挑战时经常出现的一个两难处境。他们应该多严格，还是多宽容？有一种解决方式就是在两者之间来回摇摆并认为应该有一个中庸之道。然而，这并不是解决办法。民主的课堂基于相互尊重，既不提供来回摇摆的方法，也不提供中庸之道的折中办法。民主课堂中最重要的是，老师要学会适应孩子的情况，而不是让孩子适应他，这样他就不会被那些与自己作对的孩子打败了。

目前大部分老师都在用传统的分而治之的独裁原则来处理学生的挑战。他们和那些循规蹈矩的学生站在一条阵线上，对抗那些叛逆不听话的学生，和“好学生”一起反对“坏学生”，这样反而扩大了战争。老师们在课堂上与某些学生的矛盾冲突，反而导致了学生们相互之间的仇恨和敌意。

许多老师害怕，如果不“强制”孩子顺从，孩子就会爆发混乱。然而其实数不清的挑战和困难都是因为这种不明智的、强迫孩子服从的做法产生的。这样只能让孩子变得更具挑衅性，因为羞辱和强迫服从并不能让老师获得学生的合作。如果对这一点没有意识，老师就会变得对自己权力和威信的兴趣多于对学生利益的兴趣。一旦老师变得充满愤恨、沮丧、恼火，他就不再是一个领导者和教育者，而变成了一个战斗的人——为自己的权力、地位、威信和优越性而战。于是老师就有可能对形势和自己的状况都失去理智判断，就会意识不到自己的行为应该对孩子们负责。

与家长的冲突

每位老师都会尽量跟所有孩子的家长见面，尤其是低年级的孩子家长。如果孩子表现好，那么这些会见往往是愉快的，但是如果孩子表现不好，接下来的可能将是一场拔河比赛。一方面，老师可能会责备家长他们的孩子很难教，要求家长发挥影响力，促进孩子学业进步或改善孩子的行为。老师常常把这个责任交给家长，要求家长帮助孩子搞好学习，特别是留给孩子的作业。她这样的做法，却只能使孩子的家庭气氛变得不愉快，增加孩子的厌学情绪。如果这些家长知道怎么对自己的孩子产生健康影响的话，这些孩子在学校就不会出现挑战行为了。这些家长往往最不适合承担改善孩子缺点的责任，因为通常他们只会把情况搞得更糟糕。另一方面，家长又觉得老师的教学任务完成得不好。他们希望老师知道有效的教学方法，最重要的是，他们希望老师利用自己的影响力让孩子取得好成绩。他们还希望当孩子行为不端的时候，老师知道该怎么办。

这时，我们看到了老师和家长之间仿佛在进行一场推卸责任的游戏。家庭里有个十分常见的现象：母亲越不知道如何应对孩子，她就越知道父亲应该怎么应对。这个现象同样适用于老师与家长之间。如果老师自己能够有效应对学生，他就没有必要抱怨家长缺乏合作。不幸的是，老师只会对家长提出要求，却不能告诉家长具体怎么做，才能成功地达到这些要求。

除非老师接触并接受过亲子教育体系的培训，否则他们无法给家长提出可行性建议。反过来，一旦老师得到针对家长的亲子教育方面的指导，就成为最有希望给家长提供亲子教育指导的人。现代社会文化变革已经让养育孩子的传统方式成为过去时，家长必须了解和掌握在民主文化背景下的更有效的养育方法。没有人比熟知这些方法的老师更有条件帮助家长完成这项艰巨任务。[参见作者与薇姬·索尔兹合著的《孩子：挑战》(*Children: the Challenge*)，生活书店出版有限公司，2015年。]

我们非常理解老师抱怨家长缺乏合作。有个现象很容易理解，越是老师想要努力影响的那些家长，越不喜欢和老师正面接触和沟通。有一个经常引起家长对抗的方式就是老师发给家长的那些便条，我们称之为“爱之信”。比如：“强尼忘了带家庭作业来学校”，“强尼无法安静地坐着”，“强尼太爱做白日梦”，“强尼跟其他孩子打架了”。给家长发这样的便条是一种被人普遍接受的做法。为什么？如果问老师，他们会告诉你家长想要得到这样的信息，但是老师做的都是家长想要的事吗？当然不是。老师们还会说家长们应该知道。为什么？老师是真的希望家长来改善目前状况吗？如果老师坦诚面对自己的话，就会很清楚，其实什么都改变不了。毕竟，类似这样的便条以前已经发给同样的家长很多次了，并没有什么改变。那么，老师为什么还要送这样的便条给家长呢？在我们跟老师的探讨中，情况变得十分清晰。老师感到在课堂上被这些学生打败了，所以要给这些孩子在他们家里制造一点儿麻烦。这是老师的成功。然而，这样的做法并不能改善老师与家长的关系，只能迫使家长把老师跟孩子在学校的战斗在家里继续下去。

与校长的关系

除了行政管理职责以外，校长还要监督课程和教学过程。而对老师来说，更重要的是在自己处理困难和捣乱的学生时，校长能给予帮助。当他觉得无法应对某个学生时，就把这个学生送到校长那里去。但是，校长又能做什么呢？

目前大多数校长都处于一个危险的境地中。因为他们没有受过儿童心理学方面的培训，不熟悉施以感化的有效方法，而是试图用传统的责骂、说教、恐吓以及惩罚的方法来维持学校和课堂的纪律。在这样的情形里，校长是最后的独裁者，他有权力和义务发号施令、执行规则。这样的角色被很多校长接受，他们深信这也是学生们需要的，这一点就是他们“最后独裁者”角色的很好证明。

毫无疑问，这样的严厉方法有时候确实有效果，至少表面上有，孩子的行为变好了，不过只是暂时的。这种做法的危害性通常被忽视了，很明显，表面上的好效果其实是靠不住的，并不长久，不然类似的挑战就不会一再重复了。更糟糕的是，这样的方式其实是权力的炫耀，只会强化孩子的这个信念，即权力就是生活中有效的一切。这样的强权炫耀效果消失后，孩子们通常都会找到新方法，更加有效地利用自己的权力来对抗老师，直到老师再次绝望地把孩子送到校长那里去。

很明显，和学校心理辅导老师一样，校长也需要参加有关更正学生行为方面的培训。过去，人们认为这样的工作仅属于学校心理咨询老师和辅导老师，这些老师的工作是帮助学校里的每个孩子，并且就相关问题提出建议。而现在，看起来校长和教导主任比心理辅导老师更重要。如果他们掌握影响孩子的有效方法，他们就最有条件帮助老师在实际中使用这些方法，那么老师就可以从校长或者教导主任那里得到有效的帮助，而不是担心当自己管不住学生时受到他们的批评指责。

无论校长是否意识到，他都无法摆脱自己夹在老师与学生中间的这个位置。校长所处的位置和接到老师告发其孩子不端行为的苦恼家长一样，这样的家长要么站在孩子一边反对老师，要么站在老师一边反对孩子。不论家长站在谁的一边，其影响只会使情况更加恶化。校长也是如此，他会倾向于支持一方或另一方，虽然通常是不公开地支持。他也很有可能做出和面对两个孩子争吵的家长一样的行为——评判谁对谁错。这样做能有什么好处？在任何冲突中，双方都有对有错，在这样的情况下探讨谁对谁错并不能使冲突减少。

这样就要谈到校长的职责了，他要创建学校的氛围——他可能带来和平，也可能带来更多摩擦。为了共同的目标整合所有力量，这个能力对校长和班级老师来说一样重要。老师所需要的群体技巧，对校长来说也同等重要。如果不和学校的教职工进行常规群体讨论，校长就会发现他很难对他们产生影响。当老师们面临着学生不愿学习或者叛逆敌对等艰巨挑战而仍然要继续教学时，他们需要的是理解和支持，而不是检查和责备。

如果让老师独自应对和处理教学任务、纪律维持以及这些过程中的困难，老师就会担心受到校长的批评。同时反过来，她也会对校长期望很高。如果校长无法解决老师送过去的学生和家长之间的冲突，老师就有可能对校长变得失望和挑剔。校长因此也成了老师与孩子、老师与家长之间敌对的把柄。虽然校长可能尽力解决冲突，但是因为他缺乏培训，所以经常只能暂时缓解一下局面，实际导致双方战线变得更深更长，相互的敌意和不信任增加更多。这样，校长也会禁不住怨恨给他制造麻烦的老师和家长，于是就形成了恶性循环，校长自己也几乎得不到任何人的鼓励。

老师与社区

在大多数情况下，社区成员的期望跟老师的教育目的并不会相互冲突。然而，在许多社区，尤其在那些有很大种族或经济差异的社区，老师很少被社区成员视为朋友，相反，他们被看作爱挑剔、爱耍威风的权威者。我们发现，在这样的社区里，只要没有遇到反对和敌意的，就是优秀老师；很多来自社区成员的敌意和反对经常让老师觉得很无助甚至愤怒。社区成员对学校的期望值很可能十分不现实甚至夸张，或者如果学校想要实施一些新观念、新方法，就会遭到社区的抗议和反对。

学校的权利和义务与社区的权利和义务之间，常常存在着不平衡，这些不平衡带有社区的独有特点。社区里的家长根据法律所规定的义务送孩子上学，但是当老师无法应对挑战的学生，学校就可能开除该学生，那么家长希望学校给孩子提供必要教育的权利得到尊重了吗？目前，就算他们有权利希望学校这样做，学校也很有可能辜负他们的期望，无法满足他们的权利，这仅仅是因为学校的教育工作者和家长一样，缺乏有效处理心理困难和儿童挑战方面的培训。我们还发现，去争辩社区或者学校谁对或错，其实没有什么实际意义和价值。我们必须根据相互尊重的原则，找到协调双方意见和利益分歧的有效方法。然而，从整体来讲，我们的社区和学校还没有学会如何通过协议而不是斗争来解决冲突。

通过学生家长的种种反应和行为，老师能够感受到来自整个社区的压力。老师很难决定什么时候该屈服于家长的要求，什么时候该抵制家长的要求。最重要的是，如何在不让情况恶化、不引起更多冲突的前提下坚持自己的立场。这再一次取决于老师的态度，对于压力，她是怨恨还是理解？是让自己凌驾于他人之上或取悦于所有人，还是愿意承担起领导者的责任？决定他们工作成果的关键因素，是他们对自己的态度。

老师与自己的斗争

老师们正面临着职业瓶颈。他们能看到自己的权威经常受到学生的威胁和挑战，于是他们觉得有必要维护自己的权威。然而，老师们没有意识到，在我们当今这个时代，权威不再得到学生的认可，相反是学生斗争的目标。老师不再有任何办法“驱使”学生学习或循规蹈矩，老师们也很清楚自己对每个学生的失败或不可控行为负有责任。如何激励学生的大多数有效方法还不为老师们所知，而且，缺乏必要知识和培训这个事实也并没有被大多数老师所看到，他们将无法解决课堂里的挑战解释为自己缺乏能力，认为这是个人职业失败的标志。

这种对失败的恐惧是事业中的另一个障碍。这已经成了当今我们这个充满焦虑的社会的一个特征，没有人确信自己足够好，每个人都想优胜，每个人都惧怕自己不如他人。这种对成功和失败、优势和劣势的衡量，在当今的教育体系中尤为根深蒂固。老师们近乎强迫地将此施加给学生，他们自己又如何摆脱这种恐惧的束缚？然而，如果老师希望成为自由思想的传播者，他们就必须摆脱这个束缚。想要完美的渴望，让天然自发和创造力变得几乎不可能，因为后两者意味着有可能犯错。如果一位老师在日常生活中极度小心翼翼，害怕出现不完美的瑕疵，她又怎么可能给予学生接受不完美的勇气？

除非老师对错误有包容之心，否则她无法拥有天然自发和创造力的特质，而这些是教育孩子的必要特质，因为孩子天生就有自发力和创造力，尽管他们常常用这种自发力和创造力来对抗老师。老师们也经常让自己成为孩子们的对抗者，因为孩子们天然有让老师沮丧失败的能力。

如果老师在乎的是自己够不够好，她就会变得非常脆弱。也许她能够成功地成为一名所谓的好老师，引导学生跟她合作、学习并顺从于她。然而，如果她觉得努力了也不能成为所谓的好老师，并为此焦虑生气，她就很有可能变成极差的那类老师，和学生对抗，对学生施暴。这时唯一的解决方法就是开除相关学生或把他调到别的班里。很多老师的班级里都出现过这样的矛盾。这是老师们拥有过分野心的结果，而大多数老师都有这样的过分野心。他们不能容忍有天赋和有能力的孩子不竭尽全力，仿佛竭尽全力取得成功是孩子理所应当的事情。

基于这个原因，老师们很难对所有学生做到不偏不倚。

尽管很难，要想正确客观地分析和理解情况，就需要老师们放下自己的情绪。带着气愤、烦躁或挫败情绪的教育者，很容易冲动行事，为自己辩护防守，以自己为中心，而不是以学生为中心。

类似的冲突还有可能出现在老师和同事、校长、家长、社区人员的关系中。当老师把自己视为权威，认为他人应该听从自己，他就会把别人的批评建议解读为不可容忍的，是对自己的攻击。接下来冲突不可避免，而且如果再涉及个人价值观、威望和社会地位，这样的冲突还有可能恶化，变得极难解决。然而，从上述恐惧中解脱出来也是完全有可能的，只要相关人员不再只考虑自己，而是考虑情况所需，就可以获得自由。只要我们放下一己执念，关注眼前局面即可。对老师来说，这并非易事。但如果老师能够借此获得自己的内心自由，就能将这样的自由传递给学生，给予他们健康的生活哲学理念。

UNDERSTANDING THE CHILD

第二章 了解孩子

了解孩子、影响孩子以及纠正他们的缺点，成人需要掌握儿童性格发展方面的知识。根据我们对人类天性的了解，尤其是对孩子成长经历以及他们怎么成为现在这样子的了解，我们会针对不同孩子采用不同方法。

对所有人而言，想要成为群体中的一员，这是基本的人性需求。人是社会中的人，只有在一个群体中才能充分发挥作用。只要他有归属感，他就能贡献他的精力，进而满足每个具体情况的需要。归属感的程度取决于他的“社会兴趣”（如阿德勒所称）的发展。每个人生下来就具有成为社会中的人、拥有足够社会情感的潜能。这个潜能如果得到充分发展，就意味着他不仅是群体中的一员，而且还能够在群体中发挥建设性的作用。这样的状态可被称为“常态（normalcy）”，它是人际合作和相互满足的基础。社会兴趣发展的不足则会制约社会功能的充分发展。

遗传、环境与创造力

孩子经历两种刺激：一种是通过生理功能和遗传；另一种来自成长环境及身边的人，首先是他的母亲。

关于遗传刺激和环境刺激的讨论，人们经常提到一个问题：在塑造个体性格方面，哪一种刺激更重要？这样的讨论其实忽略了以下内容：每个个体不仅仅是单纯对内部环境和外部环境产生被动反应，他还是解决外部冲突和自身内在冲突的积极参与者。他的行为和发展并不完全是直接受内部或外部环境的影响，而是受该个体对这些环境如何感知和评价的影响。在孩子能够有意识地思考之前，或者说在他能用语言表达之前，他就已经有能力对其所经历的事情采取自己的态度、进行解释——或许是以一种模糊的方式，对他所遇到的情况进行解释，并且得出结论，这些结论成为他的行为基础。孩子不仅会做出反应，而且还会做出行动。

学生的解释角度经常带有价值观的色彩——他的愿望、要求、对于他与别人相比的评价。例如，一个跛脚的小孩不会仅仅认为自己有生理缺陷，尽管他的生理条件确实如此，他的跛脚这个生理缺陷也不是仅仅以生理方式“引发”他后续的性格发展。有可能这个孩子会把自身的残疾看作自卑的原因，看作充分接受和参与所在群体的障碍，也可能将之看作赋予自己特权的资本。当他体验到这一自卑感时，他有可能采取各种不同的态度。这些态度（而不是缺陷本身）决定了最终的行为结果。基于他根据现状对自己所做的评价以及他的勇敢程度，他可能会采取平衡、过度补偿或绝望放弃以维持这个永久缺陷。［详见作者的论文：《肢体残疾的社会心理动力》

("The Socio-psychological Dynamics of Physical Disability"),《社会问题杂志》,第四卷,第4期,1948年,第39—54页。]

在孩子遇到的所有困难中,这三种反应类型都有可能出现。气馁、怨恨以及失望的感觉不是来自外部条件,而是来自个人对自己解决困难能力的评价。他对自己能力的评价是主观的,因此有可能是错误的。基于以上,不能把孩子过去的经历看作他们性格的决定因素,而应仅仅看作挑战。

生活方式的形成

当孩子对内在和外部环境经历进行解释的时候,他会得出结论:什么方式能最有效地参与自己的社会生活。他对待日常生活的态度构成了他的生活方式或生活模式,这对每个人的个性都至关重要。它是个性各方面的统一体,一个人的所有行为和态度其实只是这种生活方式在不同方面的表现而已,都是基于这个人对自己以及自己能力的系统评价。通常,危险和失望在生活方式的形成中起了重要作用,它们会让人发展出行动计划,孩子通过这样的行动计划希望避免将来的丢脸和不愉快,设定一个目标,以为这会带给自己安全感,而实际上这样的设定是假想的和虚无的。例如,如果一个孩子因为弟弟出生而感到自己在家庭中的地位受到了威胁，他就有可能把自己的家庭地位看作生活的主要目标。只有处处第一他才觉得安全。家里最小的孩子通过让其他年纪大、力气大的家庭成员为自己服务，成功弥补了他在家中的无力和渺小地位，这样他就有可能认为获得别人的支持、援助和保护，对他非常重要。感觉被忽视、被忽略的孩子则可能得出这样的结论：只有让别人为自己难过，自己才能成为家庭群体的一员。他的“受害者情结”成了他的基本生活指导原则，给他提供了超越生理强壮者和社会强者的道德优越感。凭借早期的童年印象，一个孩子可能认为取悦他人是获得他人接受的唯一办法，而另一个孩子则可能认为打架是争取群体地位的唯一方式。

在孩子努力参与社会群体生活（他的第一个社会群体就是家庭）时，他会受到家庭成员言行的影响和引导，而且，这样的影响是动态的而不是机械的。人际关系以互动为基础，这些互动大部分都是在人们没有意识到的情况下发生的。任何两个人之间的因果关系都是双方同时积极建立起来的。在孩子与其他人的互动中，在有意识思维产生前，他就已经选择了自己的方式。

意识与言语表达相关，它在人类行为动机中的意义经常被高估。过去绝大部分教育方法都仅仅是在道德、言语和逻辑层面的，且主要针对孩子的意识发展问题。虽然孩子接受社会规范和是非分辨很重要，但仅有这些是远远不够的。行为不仅来自理性思维，更多地来自个体对待生活的基本态度，只有一部分态度是有意识的。孩子对自己的认知可能会阻止他遵从社会的需要。他可能对于自己在该社会群体中的地位、自己如何通过逆社会需要的方式争取群体地位的机会，存留一些错误印象。孩子关于社会群体生活的这些理念和想法就带来了错误的行为方式。

起初跟他人交往时，孩子们像做实验那样探索各种方法，体会成功或失败。只要他们发现这个方法对达到目的有效，就会继续使用下去。起初孩子会逐个处理出现的问题，因此在跟父母、最喜欢的姑姑姨姨、哥哥姐姐或弟弟妹妹等家人相处时，他可能会有各种不同的表现。当他逐渐长大并把这个群体视为一个整体时，他就会开始寻找指导原则，这些原则形成他的总体行动方针。通常到了四五岁，孩子就已经把自己对群体生活的主观印象整合成一幅完整的生活画面，这时，他的基本生活模式就建立起来了。他不用再去摸索那些错误无效的方法，而是根据已经建立的总体行动方针来行动。从那以后，每一个新的生活经历都会融入他的既定观念中。他已经建立了基本的个人角度并通过这个主观角度来感知和对待新情况。因此，在这个年龄段之后，要想改变孩子的个性是比较困难的，而且随着孩子年龄增长，难度也会越来越大。这是由于孩子的智力随之发展，这会允许他维持自己的主观信念，即便有明显的证据表明他的信念带来错误判断。因为这时孩子也学会了合理化解释，也就是说，即使他对事情解读有误，他也会给出自认为正确的逻辑。

这样的基本假设在孩子身上很容易被识别出来，因为与成年人相比，孩子会公开表明他的态度。想要发现成年人的基本生活模式和态度，需要深刻的心理分析，因为成年人已经学会了如何隐藏。然而，不论是孩子还是成人，都没有意识到自己有基本生活信念，也看不到自己的解读有误。因为，如果他意识到了这个误读，就意味着误读不会再继续，为自身安全感考虑，维持这个错误信念则变得十分必要。

自卑感的动力

由于成为被群体接受的人并能参与到群体中是人类的基本需求，对任何孩子而言，和成年人一样，他们最痛苦的经历就是感觉自己比别人差。只要不意味着社会地位的降低，任何苦难、悲剧、痛苦，相对来说都可以容忍。只有在觉得自己比其他群体成员地位低下的时候，群体归属感才会受到损害。没有归属感对任何人而言都是最大的苦难。自卑感会抑制或限制社会兴趣的培养。

不幸的是，我们没有让我们的孩子养成这样的意识，即，他们实际上足够好。我们害怕这样做会阻止他们发展和提高。刺激成长有两种方法：一种是垂直面的，争取提高自己的位置；另一种是水平面的，通过贡献、发展、发现的愿望——朝着别人前进，而不是超过别人。[莉迪亚·西歇尔（Lydia Sicher）：《自由教育》（*Education for Freedom*），《美国个体心理学杂志》，第11卷，1955年，第97—103页。] 两种方法都可以取得进步，然而垂直面的方法成功代价太高。不论外部世界提供什么东西——成就、权力、爱——都无法使孩子获得安全感。无论一个人已经获得了什么，他都有可能觉得不满足或者害怕失去已经获得的东西。现在我们养育孩子的方式，给孩子提供的是一系列令他们沮丧的经历。这种方法使每个孩子都失去对自己力量的体验，而这种体验本身就能够给孩子提供安全感，即，对自己有信心，相信自己拥有面对任何事情的能力。

对自卑感影响的研究，受到“自卑”这个术语语义的限制。自卑感不应与实际的自卑相混淆。实际上，在某些方面低劣的人可能没有认识到他们的缺陷，因此可能不会产生自卑感。相反，许多有自卑感的人对于“我不够好”的信念其实并没有正当理由：他们有可能是具有很高社会地位和成就的人。除了实际的低劣和自卑感之外，我们还必须清楚地了解被称为“自卑情结”的这一种自卑的表现方式。这个术语指使用真正的或假想的低劣，作为借口，作为对特殊服务或考虑的要求，它是一种时常发生的精神病症的逃逸机制。

区分自卑感和自卑情结具有现实的意义，因为两者的心理效果是不同的。不足或自卑感，无论是有意识的还是无意识的，都会允许补偿，因此可能带来优秀品质的发展和成就。自卑情结的情况则非如此：它阻碍进步。无论这个自卑情结仅限于社会生活的某个领域，还是包含社会活动的全部领域，它都是一种自我绝望的定论。自卑感通常是以一种模糊的方式被感觉到，而自卑情结不仅能够让人完全感觉到而且是公开地展示出来；即使客观证据可能并不支持这种假想设定，但该个体“知道”他一点儿都不好或者认为自己没有做某些事的能力。不良适应、功能紊乱或品行不端，都是某种自卑情结的体现，它们总能够被追溯到相应的自卑感，对于这种自卑感，个体经常没有意识到。

每个孩子都在一个“巨人的世界”里长大，并痛苦地意识到自己的无力和渺小，这时孩子都体验过这种社会群体带来的自卑感。而我们现在的教育方法远远未能减轻这一点，实际上，反而更加突出和加强了它。孩子对他的社会地位没有信心，不仅通过与他身边的成年人比较，而且更多地是通过与他的哥哥姐姐、弟弟妹妹或其他孩子，与他们的成就和能力相比较。

这种社会自卑感影响孩子的人际关系，并使他寻找个人补偿。他想要成为社会群体的一员并能够参与其中的基本需求，被自我位置提升的欲望转移。当然，自我提升也是归属需求的一部分。但是赢得群体接受的能力，首先要求孩子对自卑感做出补偿。如果这不能实现的话，那就只有完全退出参与。

因此，我们看到，对自卑感的反应有两种可能性。孩子要么力求补偿，要么就撤退。这种补偿可以是直接的也可以是迂回的：可能通过对社会有用的方式，也可能通过阿德勒所称的“在生活无用的一面”的方式。孩子将采取哪个方式，并没有简单统一的规则。

自卑感是能力和性格发展的重要动力。要了解孩子选择某种特定生活模式的原因，就需要知道孩子在其内部环境——生理体质、可能的遗传缺陷以及外部环境，尤其是在障碍和优势中所遇到的机遇和困难。

家庭气氛

爸爸和妈妈是最先为孩子提供体验的人，这些体验帮助孩子认识社会生活的价值和氛围。孩子将来社会生活朝何种方向发展，源自他对自己家庭特有条件所形成的态度。社区、经济、种族、国家、宗教以及社会各个方面的影响，都是借由父母传递给孩子。父母通过他们的行为向彼此和孩子表达所有上述影响。他们的行为不仅让孩子记住各个社会阶层的特质，而且还为孩子树立人际关系的范例。

父亲与母亲两人之间的关系，为家庭内部所有人际关系树立基本模式。如果父亲和母亲之间是互相竞争的关系，那么竞争精神将是这个家庭所有成员人际关系的特征。例如，假如一对双胞胎观察到自己的父母之间存在竞争，爸爸和妈妈为了优越性不停地相互挑战，这个基本特征就有可能将双胞胎个性发展相似的自然趋势抵消掉，而让他们也相互竞争。如果父母之间是友好合作的关系，两个孩子就有更好的机会在彼此相处以及将来与家庭外他人的交往中也发展友好合作的关系。无论父母亲是有条不紊还是杂乱无章、是合作还是敌对，家庭气氛的特征都会作为“生活标准”而呈现给孩子。

然而，家庭模式绝不会决定孩子的行为。它有可能引发截然相反的行为模式。同一个家庭的孩子们大体上倾向于发展出相似的行为、特有的价值观和道德观，尤其是在这个家庭模式被父母都接受并在家里明确建立的时候。因此我们可以说，兄弟姐妹性格特征的相似性，便是他们家庭气氛的体现，而兄弟姐妹性格特征的差异性，则反映了每个孩子在所谓家庭星座中的独特角色。

家庭星座

孩子的发展在很大程度上取决于他在家庭中的作用。在孩子跟家庭其他成员的早期关系中，为了在这个群体中争得一个位置，每个孩子都会建立自己跟其他人交往互动的方式。出生顺序让每个孩子在同一个家庭里形成不同的角度和观点。作为独生子、老大、最年幼或中间的孩子，位置和情形的不同，带给了他们发挥影响力的不同机会，也给他们带来了独特的挑战。孩子在家庭内部的地位还可能受下列情况的影响：家庭中唯一的男孩（其他都是女孩）、家庭中唯一的女孩（其他都是男孩）、体弱多病的孩子、前面孩子去世后出生的孩子。跟某位杰出家庭成员具有相同的生理特征，或者具有被家人认为很正面或很负面的生理特征，这些也可能影响到孩子的发展。受父母独特宠爱，或父母特别关心另外某个孩子，这些也可能影响到孩子的发展。

在我们这个竞争的社会里，每个孩子都想在社会群体内部找到自己的位置，这个天然需求会遭到来自兄弟姐妹的尖锐挑战。这种情况几乎经常发生在老大和老二之间。老大觉得自己被撵下了宝座，并且必须将妈妈的部分时间和感情让给新来的孩子。他尽力维护自己相对于“入侵者”的优势地位，而老二则反过来不断挑战老大的家庭地位和年龄优势。尽管这样的竞争和“手足相争”(Sibling rivalry)之间有相同之处，但我们必须将两者区别开来。手足相争意味着公开竞争，为了得到自己的立即满足而相互斗争；而孩子因家庭位置不同而产生的竞争则可能没有公开的怨恨、嫉妒和敌对。竞争，对每个孩子在性格特征、能力、兴趣和气质发展方面均产生不同程度的影响，每个孩子都会在其他孩子失败的方面寻求自己的成功。这就说明了为什么在大多数家庭里老大与老二差别很大。

这样的竞争并不仅限于最先出生的两个孩子。中间孩子在家庭地位上也有自己的挑战和难处：他既无老大的权力，又无老小的特权，经常觉得受到不公平对待。当产生手足之争时，他既可能被另外两个孩子打败，也可能成功地把他们推向失败。

年龄最小的孩子——在有些方面跟独生子女很相似——可以找到各种各样的方法来补偿自己的家庭位置，这个位置很容易唤起他的自卑感。他可以表现得无助和无力，得到别人为他服务；可以通过自己的可爱和其他魅力赢得特别关注；也可以充满才华和成就。无论他选择什么方法得到家庭位置的补偿，都会反映出一点：他依靠别人来获得自己的价值、地位和意义。同样，所有得到优待和特权的孩子都要承受来自兄弟姐妹手足之争的冲突和压力，同时，通过和挑战者的互动，发展自己的个性。

孩子们渐渐形成在家庭中找到自己位置的方法，而父母因为对孩子们的这些日渐形成的行为模式没有意识，会继续强化每个孩子的这种模式。结果，爸爸妈妈的反应和行为使得好的孩子更好，差的孩子更差。老大可能被父母宠溺，成为宠儿，这样则使老二不得不学会独立。进而，老大的性格发展则更少地取决于父母的行为方式，而更多地取决于弟弟妹妹的发展方向。如果他完全靠自己发展力量和独立性，并获得人生成功，那么父母所有的爱和偏袒都不会阻止老大向前的步伐。反之，如果老大在父母的帮助下变得更优秀，却有可能导致其他孩子失败。在孩子们通过互动为各自在家庭中找位置的方式达成一致的过程中，父母可以对他们施加有益影响，但在这些行为模式达成一致之后，就要摆脱他们这些无意识形成的决定，而不要进一步强化。

孩子们的个性特点其实就是他们对家庭群体中权力体现的反应。家庭中每个成员之间的关系几乎都可以依据他们的个性相似性和差异性大略描述出来，并表现出联盟与竞争的关系。在性格、兴趣以及成就方面差异很大的孩子，容易成为竞争对手，而那些相似的孩子就成了同盟者。对每个孩子发展影响最大的是他的主要竞争对手，也就是和他差别最大的那个孩子。

因此，每个孩子的问题都成为家庭关系中不可分割的部分，不能作为孤立的问题单独理解和解决。当问题孩子有所改进的时候，他的竞争对手，即原来那个好孩子，经常出现行为变差的现象。他们的行为是相互关联的。父母不是孩子关系失调的根源：他们使关系失调成为可能，并且进一步强化每个孩子的错误目的。

训练方法

家庭气氛通常给孩子的成长经历提供了稳定性，因此促使了孩子个人生活模式的发展。虽然每个家庭对孩子成长的训练方法是家庭氛围、宗教、国家、种族或社会文化的组成部分，但它也会因孩子不同而发生变化，而且还经常因情景不同而发生变化，从而导致孩子的态度和目的也发生变化。孩子的行为，无论好行为还是坏行为，只是他对父母反应的逻辑结果，孩子基于这个结果产生新的行为，父母继续产生反应，于是新行为再次强化这个逻辑结果。由于父母经常对孩子的心理目的（经常是无意识的）没有觉察，他们便不知不觉成了孩子挑衅行为的受害者。

当今社会结构的变化让养育孩子变得困难重重。民主发展要求用新的方法解决冲突。过去的社会模式是以“支配－从属”关系为基础的：统治者通过贿赂与威胁、奖励与惩罚维护自己的控制权。然而在民主环境中用这样的方法训练孩子是无效的，因为在民主环境中，每个人都基于自己做决定的自由取得平等地位。平等已经变成现实。现在的困难是：我们不知道如何作为平等的人相处，这是一个事实，因为我们没有传统做法作为指导。［平等这个术语被广泛使用，但是真正能够理解其含义的人并不多。由于人们在个性、能力、身体素质等方面差别较大，人们到底在哪些方面平等？平等可能涉及平等的权利和价值。在其他语言中，这种区别是用专门术语来表达的，如德语“相等”（Gleichwertigkeit）与“平等”（Gleichberechtigung）。民主不是机会均等，这从来不存在，也不可能存在——这是一种假民主倾向的托词，这些假民主倾向拒绝承认每个人的基本权利。无论在种族、性别、财富、年龄、教育或其他个体特性与品质方面有怎样的差异，个体在平等权利方面都必须得到承认和尊重，这个承认和尊重通过他拥有自决权及平等价值体现出来。平等不是一种理想，也不是对未来的希望；平等意识激励迄今为止所有受支配的群体，比如妇女、有色人种、儿童以及穷人，他们要求得到平等对待。如忽视这个要求，则可能会造成社会动乱。]

平等者之间的关系需要尊敬他人和尊敬自己。当今，在养育孩子的过程中，成人所犯的大多数错误要么是冒犯了成人的自尊，要么是冒犯了对孩子应有的尊重。让孩子无拘无束“表达自己思想”的家长，损害的是自己的自尊，“惯坏”了孩子。他们对民主自由理念有误解，让孩子破坏家庭秩序，并把自己的意志强加给父母。娇惯，是我们这个时代父母最常犯的错误，包括各种各样不明智的做法，比如，过度保护、纵容、过分担心、崇拜等。当这些方法都不能促进孩子行为得体时，成人往往又回到羞辱和惩罚等方法上，而新的方法没有尊重孩子的尊严，包括各种各样的过度管理、责骂、唠叨、道德惩罚和体罚等。

显然，这些方法都不能引导孩子遵守秩序，而更少被看到和认可的，是这些方法对孩子产生的心理影响有很多相似性。娇惯和压制都会导致孩子气馁。受到羞辱的孩子自信心发展会受到影响，这个显而易见。但人们通常没有认识到，娇惯也会对孩子产生同样的影响。被娇惯的孩子实际上是被剥夺了必要的机会，而通过这些必要机会，他们才能体验自己的实力和能力。另外，当成人对孩子过度保护和纵容时，其必然结果就是家长和老师会表现出对孩子的能力、智力和责任感缺乏信心。许多成年人没有意识到孩子有能力在困境中照顾自己。由于对孩子缺乏信心，他们就同时使孩子增加了对自己的怀疑。

孩子不良行为的四个目的

孩子的每个行为都有目的。他的基本目的是在群体中有自己的位置。行为端正的、适应好的孩子通过服从群体要求和做有用的贡献让群体接受。即使孩子行为不端、蔑视形势需要，也是因为他相信这样的行为会给自己找到群体位置。他可能尽力地引起别人的关注，或试图证明自己的权力，或可能寻求报复，或展示自己的缺陷以便获得特殊的服务或避免自己的责任。无论他采取哪个目的，他的行为都是基于他的信念，即，只有通过这样的方法，我才能够在这个群体中发挥作用。他的目的可能偶尔随着情境不同而变化：某个时候他的行为可能是为了吸引关注，另一个时候可能是为了维护权力或寻求报复。他还可能通过不同的技巧来达到目的，反之，相同的行为可以用来实现不同的目的。其结果通常是通过对别人产生影响，及别人的反应得到认可。

孩子行为的这四个目的在所有十岁以下的孩子身上都可以观察得到。我们经常受到指责，说我们武断和随意地把孩子的不良行为归类到这四种目的类型中。然而，我们并不是无中生有地发明了它们，我们只是观察到它们。假如有人能够指出，一个行为不端的孩子有不同于这四个目的的其他目的，我们也会将这个新发现囊括进来。让许多家长和老师相信，孩子的不良行为并不是针对他们，而只是孩子试图找到自己群体位置的方法，这一点很难；而且，这个年纪的孩子在群体中的地位取决于他能从成年人那里得到的反应。这四个目的在青少年甚至在成年人身上也可以观察得到，只不过在成年人身上的体现是不全面的。青少年可以用许多其他方法破坏性地找到自己的位置，比如通过抽烟、性行为、英雄主义行为以及刺激性行为。一个可悲的事实是，取得自己的社会位置和个人价值这一重要需求，与通过贡献取得成就的方式相比，通过无用的破坏性方式更容易实现。

1. 寻求关注机制（attention-getting mechanism, AGM），这在大多数孩子身上都存在。这个机制给孩子带来的好处，就是我们这个文化中养育方式的结果。孩子在小时候，几乎没有什么机会通过有用的、做贡献的方式建立社会地位。凡是需要为家庭利益做贡献的事情都被哥哥姐姐或成年人做了，所以就只剩下寻求关注这一个方法让小孩子感觉他还是家庭群体中的一员。既然不能通过建设性的贡献赢得地位，他只好通过得到礼物、表现情绪或至少是通过吸引关注，来证明他被家庭接受。这些方法都不能增加他的自立和自信，所以孩子经常需要新“证据”来证明他没有被忽视或被拒绝。孩子首先可能会尝试通过家庭群体能够接受的愉快方式来获得这个结果，然而，当这些方法不再奏效的时候——当他的弟弟或妹妹抢了风头的时候或者当成年人希望孩子放弃“孩子气”行为的时候（因为他长大了）——他就会尝试其他任何他能想到的方法，让其他人为自己服务或者引人关注。只要他的主要目的能够达到，即使是不愉快的羞辱、惩罚甚至身体的疼痛，对他来说都没有关系。与被人忽视相比，孩子宁愿受责备、受惩罚，甚至挨打。

2. 成人想尽办法“控制”孩子，导致孩子与成年人之间产生权力和支配优势斗争的僵局。孩子努力证明他能做自己想做的，拒绝做自己应该做的。家长或老师很可能无法取得最终的“胜利”。大多数情况下，因为孩子在斗争方法方面不受责任感和道义的限制，最后他们很容易“获得胜利”。或许家长和老师能取得少数几次“胜利”，制服孩子，然而这样的结果却使孩子更相信权力的价值，更下定决心要反击，下一次使用更加有力的办法。

3. 家长与孩子之间的权力斗争还可能达到一个新高度，家长用尽一切方法想要征服这个“犯人”。这样相互的敌意可能变得更加强烈，以致双方都只有一个愿望：报复，要为自己受伤的感觉复仇。孩子不再只希望得到关注了，甚至也不只是权力；当他感觉受到排斥和不被喜欢时，他只能通过成功使自己被他人憎恨，才能看到自己在群体中的位置。这种类型的孩子知道他们做什么能造成最多伤害，并知道怎么利用对手的弱点。被他人认为残忍，就是孩子认为的胜利。因为这是他们能够取得的唯一胜利，所以就成了他们所要寻求的唯一胜利。

4. 一个消极的孩子，或者一个被成功镇压的孩子，可能会灰心沮丧到无论什么事情都看不到任何意义。他只希望打击和失败，而不想做任何尝试。他躲在真实或想象的自卑后面。他利用自己的无能作为一种保护，这样他人就不对他们有要求和期待。通过避免参与和做出贡献，他试图避免更多丢脸的和难堪的经历。

孩子可能追求这些目的中的一个，也可能是多个，孩子的行为既可能是积极的也可能是消极的，孩子可能——比如在寻求关注的情形中——使用建设性的方法或破坏性的方法。只要觉得被接受，他就会使用建设性的方法；孩子的敌意总是通过破坏性行为表达。孩子是积极应对还是消极应对，取决于他的自信心和勇气。这种积极或消极的基本模式是幼儿在早期最先建立的行为模式之一，而且很难改变。它反映了幼儿对自己的评价，也许是基于出生前和早期培养，也许是基于先天素质。

随着成长，孩子生活中出现的气馁和沮丧，可能使他的敌对和反抗减少，但是行为程度通常是保持不变的。

基于上述两对因素，可以得出四种类型的行为模式：

1. 积极－建设性；

2. 积极－破坏性；

3. 消极－建设性；

4. 消极－破坏性。

在学龄儿童身上观察到的几种典型行为模式，可以作为这四种模式的例子：积极－建设性行为是那种要在班上争第一的极端雄心，通过让自己成为“老师的宠儿”表现自己的有用和贡献；积极－破坏性是班级中的小丑、恶霸，粗鲁和目中无人的叛逆者；消极－建设性是那些用自己的魅力和可爱设法得到特别关注和青睐的孩子，他们自己不用做任何事；消极－破坏性是懒惰和顽固的孩子。

如表中所见，寻求关注（目的1）是唯一一个四种行为模式都想达到的目的。权力（目的2）或者报复（目的3）主要是通过积极的和消极的破坏性方法来获得。（通过“做好事”来获得权力和报复也是可能的，但在孩子身上罕见。）展示自卑（目的4）只能通过消极－破坏性方法。

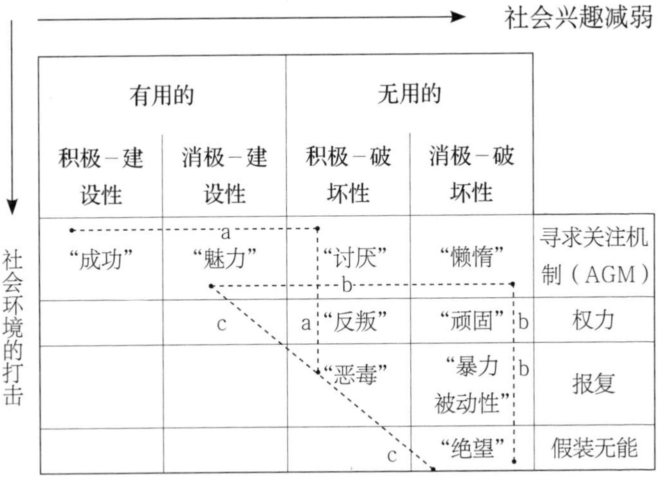

最常见的恶化顺序是从积极－建设性寻求关注机制（AGM）到积极－破坏性寻求关注机制（AGM），再到积极－破坏性权

力，再到积极–破坏性报复（路线a）。另外一条常见的路线，是从消极–建设性寻求关注机制（AGM）到消极–破坏性寻求关注机制（AGM）再到展示自卑（路线b）。在大多数情况下，这条路线是一种消极的权力示威，只是不通过破坏性报复的方式，我们把破坏性报复称为“被动暴力”。有时候，消极–建设性行为可能直接转变为公开的无能展示（目的4）（路线c）。对这些行为的改善，并不需要完全按照相应的线路。即使是一个报复的孩子，即使他呈现的总是最让人困扰的行为模式，只要他确信自己是被爱的和有用的，都可以充分调整和改善。

上述四个目的与个人生活模式之间的关系，可以通过最常见的两种个性模式来描述。一种是认为自己必须是第一个占群体中任何位置的孩子，因寻求关注机制曾经被小弟弟或小妹妹赶下台而必须斗争，以维持他在家庭中的优势，他可能试图先通过积极–建设性寻求关注机制（AGM）来建立优势。另一种，如果上述方法受阻，他可能通过粗暴、犯傻、扮小丑等方法来获取关注。这些都是引起关注的积极–破坏性方法。然后，他可能转为破坏性展示：在变坏方面，他仍然可以当第一。如果他转为报复，他可能试图成为残忍邪恶的第一名，而且他很可能会成功。

一个孩子可能认为在群体中找到位置的唯一机会，就是通过别人给自己提供服务，因为他曾经是独生子女、年龄最小或体弱多病的孩子。他可能首先通过消极－建设性寻求关注机制（AGM），如可爱、撒娇等获得关注。如果这些方法失败，他可能换成破坏性行为以赢得关注和服务。消极－破坏性行为还能帮助他通过强迫别人关注他、哄他，来证明自己的权力。报复的暴力被动性或展示自卑和无能同样可以使别人为自己服务。生活方式可能是这四种目的中任何一种的根本原因。

童年的三个阶段

在通向成人期的路上，每个孩子都要经历各种各样的阶段。发展心理学描述了这些阶段。在此，我们只谈及三种主要划分，它们包含基本的功能区别：学龄前儿童、学龄期儿童及青春期孩子。

学龄前儿童主要在他的直系亲属群体内活动，包括近亲属和邻居。在这个阶段，他力图找到他作为个体在这个群体中的位置。他学习发挥自己的生理和社会作用，并把生理、精神和心理能力整合到他的个人社会功能模式，也就是他的生活模式中。

当孩子开始上学，他成为社群中的一员，社群中的每个个体都具有不同的经济、文化、社会、种族和宗教背景，每个人都在力图从中找到自己的位置。这个时候，工作、任务、责任成为他生活的重要方面。（过去，人们把孩子的游戏和任务区分开。首先，孩子通过游戏来学习。当他到了上学的年龄，他不得不开始“工作”——学习，接受他的这个“任务”。学习对孩子来说，不是变得更加容易，而是变成任务，是一件要完成的、多多少少令人不愉快的差事。当今，我们仍然在学校看到这种哲学信念的残余迹象。如果孩子不喜欢学习，则成人会把学习这件事变得让他更加不愉快。教幼龄孩子读和写的经历表明：其实孩子早期的学习可以作为自然发展的一部分，很容易发生，就像学说话和走路一样容易。而当现在的孩子不想学习的时候，我们不能再像过去那样强迫他们学。）他个人的行为模式、人际关系模式基本定型。老师和伙伴在刺激他个人对社会生活的反应方面，起着重要的作用。如今有一种趋势，降低孩子的入学年龄，这样能让学龄阶段特有的动力在孩子只有三岁或更小和上幼儿园的时候就开始起作用。这是对家庭日益增加的养育难度的必要补偿，以便为孩子的情感和社会调整提供足够的刺激。

在儿童叛逆早期，父母的权威经常遭遇挑战，这种表现在青春期将达到顶峰。在这个时期，孩子力图在全社会找到他的位置，这导致他跟父母和老师发生必然冲突。他会质疑传给他的东西，特别是上一代的价值观。代沟冲突在我们这个时代已经变得非常突出。青少年犯罪的增加只是今天存在于成年人和孩子之间的普遍斗争的一种表现。

当孩子进入青春期后，很多父母在改变已经与孩子建立的人际关系上面临很大困难；对他们来说，他仍然“只是个孩子”。但这个孩子在身材和能力上的发展，已经可以让其他陌生人把他当作成年人来对待。在性方面的困惑进一步强化孩子在社会地位方面的困惑。青春期孩子经历着新的感觉、新的欲望、对异性的新印象等。他们不再把家长当作指导者，因为在社会快速发展和演变时期，家长的价值观和道德观经常显得过时。

在我们这个时代里，妇女取得了全新的社会地位，引发社会的性别模式也发生变化。让青少年困惑的不仅仅是关于性行为不可避免的不确定性，还有自由和放纵之间难以捉摸的界限。过去每个性别都有自己的社会功能，现在却很难找到这样的规则。在这种无政府状态下，每个男女都不得不建立起自己与异性的平衡，而找到足够的平衡，需要极大的勇气、常识和社会责任感。然而进一步，我们这一代孩子却普遍遇到缺乏上述品质的阻碍。在一定程度上，他们已经被惯坏了，因此，他们更倾向于寻求通过性行为得到的轻易快感。地位和刺激正变成青春期孩子最重视的价值。无聊和厌倦被用来当作缺少参与感的正当理由：为了寻求兴奋和刺激，几乎什么行为都有可能出现。

还有一种教育和文化方式也使我们这一代青少年负担更重。他们被成年人培养去参与竞争而不是做贡献。他们如果不能战胜别人，就会觉得自卑。父母和老师努力激发他们的雄心壮志，到了青春期这些则变成他们适应社群需求的最大障碍。他们都想成为很重要和了不起的人物，然而我们现在的文化中，社群几乎很难提供让青春期孩子感觉自己有价值有意义的生活内容。少数人很幸运，上学时在学业、体育运动或社会上做出卓越成就，而绝大多数人很难找到通过有用的方式体验自身的重要性。反过来，只有在他们蔑视秩序和纪律的时候，他们才能感觉到自己有一点点权力和优势。开车、不义之财、赌博、酗酒以及性行为，是让青春期孩子得到“有价值”感觉的最容易的方法。扭曲的过度野心，经常是青少年犯罪的根本原因。如果没有得到帮助和正确引导，那些违反法律的青少年会遭到更多羞辱，这反过来又进一步把他们推向更加错误的方向。为他们提供新的娱乐方式和让他们不要到外面去，不是解决问题的根本办法。我们的社会和成人需要找到方法，帮助青春期一代人在学校和社区能够作为和成人一样平等的社会伙伴，承担起自己的责任；否则，这些青少年的野心和欲望，将会自然地以对社会无用的或令人不悦的方式表现出来。而且，通过无用的方式和不端行为比通过努力和成就获得社群地位，可要容易得多。

观察孩子在各个阶段对满足自己心理目的做出的反应，具有重大意义。孩子对自己不端行为的目的并没有意识到，就像他们对自己生活方式和目的没有意识一样。如果以适当的方式告知十岁以下的孩子他的行为目的，他会表现出典型的“认知反射”，这种反射表明他承认这个解释的正确性（在第三章中我对认知反射做了更详细的描述）。不仅如此，一个十岁以下的孩子一旦认识到某个特别行为的目的，就能够放弃该行为（这里仅指个别特殊行动，不是指他的一般生活模式）。换句话说，小孩能很容易地认识他的目的并改变它们。当把目的解释给青春期孩子的时候，他们对自己目的的认知也没有很大困难，但要改变它们则需要时间和再训练，而成年人认识和改变自己的目的则很困难。这就是“成熟”的结果，成熟可能让成人合理化、文过饰非、故作姿态等能力不断增加。

SPECIFIC METHODS OF CORRECTION

第三章 具体的纠正方法

如果不洞察孩子的心理动机，我们能否和孩子很好相处并给予他们指导呢？这个问题的答案是，能。因为我们既有具体的纠正方法，也有非具体的纠正方法。具体方法针对特定孩子的需要，而非具体的方法适用于所有孩子，包括建立良好的人际关系，鼓励、利用群体，班级整合以及被认为最重要的：小组讨论。（下一章会讨论非具体的纠正方法。）

任何老师都可以通过获得相关知识以及自己的敏感，去理解孩子的行为。有些老师有一种本能，可以感受到孩子的心理并对情况做出快速反应，而另一些老师则需要培训。即使有些老师觉得自己似乎完全不能把握孩子的内心活动，但只要他们愿意，也可以发展出这些必要的技能。

观察孩子

当老师知道通过观察要找到什么信息以及如何解释自己观察到的信息时，观察孩子就能给予老师很有价值的帮助。孩子的行为为老师提供了洞察动机的好机会。要正确了解孩子，我们必须认识到孩子的每个行为都是有目的的，而且这些行为反映出他的态度、目的和期望。教室是孩子展示上述内容的天然环境，展示方式包括与其他孩子的互动、他的举止、他合作或者不合作、他的学习状况等。当老师能够发现孩子行为的共同特性时，她就能够洞察孩子的生活风格与性格的一致性以及孩子的行为所依据的基本信念。

通过系统地观察，老师可以看到孩子的行为模式。一个孩子可能只有在能成功的时候才参与课堂活动，也就是说，在擅长的学科或领域内，他就做得很好；而一旦落后，他就完全放弃努力，甚至当他看到班里一群孩子产生对抗行为或扰乱课堂秩序时，他会认为这是个可以成为领导者的机会，他可能会不服从或者表现得尤为喧闹。而那些局外人和单独行动的孩子，对于善于观察的老师来说，同样也可以理解他们的行为：某个孩子由于不相信能被别人喜欢和接受，即使他可能学业成绩很好，但他跟班上的其他人不合作，这样的关系令人不安。有效的观察能够帮助老师留意到所有孩子互动的任何细节。许多老师忙于自己的事务，孤立地处理每个孩子的问题，而很少关注整个班级群体的互动和孩子之间的相互作用。这需要通过培训来帮助老师开阔视野，以便她能够关注到全班。如果老师能做到这点，她就能够在扰乱刚出现、成为挑战之前，发现问题的本质，并针对孩子是需要关注还是权力等，做出有效反应。

即使孩子什么都不做，他的态度也很显而易见。他的坐姿、脸部表情等，都会透露他的态度，因此这些都值得注意。在一堂教师培训课上，我们做了一个实验。我们请了几位学生，每次只请一位学生进房间待几分钟。我们建议在房间里的老师们只观察，保持沉默，不要主动做出任何行为，这样可以更好地解释他们所观察到的现象。对于孩子来说，这是一个人为情境——我们必须承认——有些尴尬。因为第一次面对这样的情境，大多数老师发现，在孩子离开房间后自己很难做出任何解释。但是，受过培训的老师能够观察并识别出：有个孩子尽力想引起关注和得到帮助，另一个孩子则有对抗的态度。受过培训的老师还观察到：有一个孩子只是无助地坐着，还有一个孩子在很短的时间内调整自己以适应这种情境并且自娱自乐。如果这样静态的情境都能透露孩子们的这些基本态度，那么课堂上持续不断的互动所提供的信息就多得很呢!

心理调查

虽然对班上每个孩子进行详尽研究的时间很有限，但老师还有许多其他方法来了解学生们的情况和背景。有时候，课间一个简短交谈就能给老师提供足够多的信息来理解孩子的性格和态度。老师能够而且应该得知学生的家庭星座、出生顺序以及他们的个性。通过这样的方法，老师能看到学生家庭成员相互之间的关系、学生可能的气馁根源、遇到的障碍。和学生妈妈之间偶尔进行联系也能够给老师提供一些印象。因为母亲是孩子生活中最重要的人，母亲和孩子之间的关系是孩子今后与别人的关系的基础和榜样，所以了解母亲的行为可能会为老师提供分析孩子性格态度的重要线索。孩子们常常模仿母亲。所以如果孩子严苛、跋扈、自我可怜，或者正直正义，或者有完美主义倾向，或者目无秩序，等等，都可能只是他母亲个性态度的延续。但是也有可能，孩子跟母亲的个性态度完全相反。非常能干的母亲很有可能养成了孩子的无助和无能。母亲们经常觉得自己动作利索高效，而自己的孩子行为却缓慢拖拉，对此她们迷惑不解。通过对母亲和孩子的了解，老师可以理解而且也许能做出解释。

但是老师不可以将家庭困难和挑战对学生的影响作为借口，为自己对学生的悲观态度辩护。学生的家庭信息是用来了解孩子现在的个性态度，这样的方式和动机才具有建设性意义。这样的话，学生家庭的过去就不再是障碍，关于过去不利影响的信息可以指导老师找到更好的方法来应对现在的情况。老师能够形成一幅清晰的关于孩子生活风格、个性态度及他在家庭环境中建立起来的目的的图画，这样的图画能够给予老师新的刺激和经历，以便帮助孩子重新思考他的观念，对他自己、对他在群体中找到位置的努力，做出更恰当的评价。

老师可以有效利用课堂等来获得关于孩子心理方面的知识和素材。可以专门设计很多相关主题，例如关于早期回忆（对它们做出正确解释需要相应的训练——它们具有极大的心理学意义，因为在我们成千上万的早期经历中，留在回忆里的都是那些支持我们当下生活最基本的理念。）、关于兄弟姐妹的信息等，这些信息都可以帮助揭示孩子的刺激和挫折。老师还可以通过设计专门的作业来收集孩子的梦想、对未来的规划以及生活中愉快或不愉快的事件。老师可以找到许多方法了解洞察课堂上学生外显行为背后的心理信息，只要她是一个有心去了解学生心理活动的老师。

极其重要的信息是，学生对他现在周围环境的态度，包括他的学校、学业、同学以及最重要的老师。这些信息可以通过简短的私人交谈或书面作业获得。班级讨论也对获得这些信息很有帮助。我们稍后将讨论的社交沟通方式，也是个提供巨大潜力的新方法。一个受过训练、能够使用这些不同方法的老师再提到“问题”这个词语的时候，就不再意味着她毫无办法，而是用这个词语表明这是个好机会，是学生提出了一个有趣的挑战。

用这样的充满生机的态度和方式处理孩子的问题，老师就不再仅仅关注孩子的素质高低、错误多少、能力大小，而是关注孩子的行为及其背后的态度和具体心理目的。素质、能力以及行为表现只是更深层的心理动力的外在表现，必须首先认识孩子的心理动力，并对其施加健康的影响，才可以改善孩子的行为。

行为不端或有缺陷的孩子是气馁的孩子。他的气馁可能通过学业成绩落后、行为举止不当或跟同学的人际关系表现出来。无论哪种情况，他都是根据自己的信念和观念在行动。他的信念和观念决定了他的行为，而不是他的天赋或家庭环境或过往经历。天赋、家庭环境、过往经历的影响被机械地肤浅地高估了，甚至智力水平，即IQ，也被高估了，孩子怎么使用他的智力，比智力水平本身更具研究和思考意义。一个对环境调整平衡的孩子是一个已经找到方法、尽己所有为群体谋利益的孩子。

认识孩子的目的

1. 通过孩子行为背后的含义

第二章介绍过的行为不端的四种目的将会在这里继续讨论，因为老师在处理孩子的挑战时会体验到。对每个目的的正确评价都需要仔细地观察和体验。我们建议老师在每个情况里都考虑孩子可能的目的，看看孩子的不同行为与其匹配程度。

寻求关注：寻求关注机制（AGM）是许多幼儿的行为特征。然而，只有当孩子使用破坏性方法寻求关注时，老师才会意识到这个机制（AGM）。孩子们也会使用建设性方法寻求关注，但经常不被老师意识到，而且老师还会给予孩子称赞，结果更加强化孩子的这个行为机制。特别是积极－建设性的寻求关注机制（AGM）经常被错误地当作对老师的要求产生回应，而受到老师的重视。表面看来，力图通过赞同、羡慕和表扬来胜过别人和赢得地位的孩子似乎是理想学生，然而非常明显，他的目的是提高自己的位置，而不是合作。这样的孩子当他得不到表扬、赞同、赏识的时候，经常在生活中输得很惨，因为他们以自我为中心、只为自己的荣誉而工作。如果他们不能突出闪光，就无法继续合作。大多数老师都会屈服于这样的行为模式，但因此也为下一任老师埋下了困难伏笔，因为下一任老师可能不会像现任老师那样给予他那么多宠爱和关注。给学生评分划级，很可能是强化——或者甚至是开创——这种错误的参与信念。

当孩子遇到必须参与但又毫无机会胜过别人的情境时，原先在他心里形成的过度雄心，这时就很容易成为他的心理障碍。于是，他要么失去兴趣而退出参与，要么变得紧张、焦虑、一无是处。如果他在任何方面都没有机会胜出，那么就可能用破坏性方法来寻求关注，尤其是在低年级期间。而学校里普遍存在的竞争意识又强化了这样的观念，即学生学习主要是为了超过其他人。成王败寇，竞争的社会只给予那些成功提高自我位置的人，而那些放弃努力者则被社会文化精神所贬低。因此，老师有可能会激发孩子形成这些错误的社会价值观，但同时老师也能够阻止他形成。

消极－建设性的寻求关注机制（AGM）在孩子个性发展中更加有害，而且通常被完全忽视。这样的孩子很可能成为老师的宠儿。他们的可爱劲头和依赖性，其实是满足了老师的自负心理。他们很听老师的话，用愉快的方式引诱老师给他们特殊关注和帮助。他们崇拜和尊敬老师，但是几乎没有自己的主动性。由于他们十分讨人喜欢，所以没人会用心思考改变他们的行为。他们的沮丧，也就是他们的这种被动性的基础并不明显，只要他们不用通过不愉快的方式来赢得关注，一切看起来都好。事实上，他们比那些使用积极－破坏性方法赢得关注的孩子要沮丧得多。如果成人向后者指明和打开使用建设性方法赢得关注的方向和通道，他们就能学会贡献与合作，而把一个消极的孩子变成一个积极的孩子则相对较难。

破坏性的寻求关注机制（AGM）很容易被识别，但老师仍然会向这样的行为模式让步妥协。这样的孩子最常见的方法是吵闹、多动、唠叨、说话轻率、胡诌、站起来、扔东西以及各种其他形式的小恶作剧（大恶作剧不用于吸引关注）。虽然与消极－建设性和消极－破坏性孩子相比，破坏性寻求关注的孩子没有那么的沮丧和不适应，但他们给群体其他成员制造的麻烦更多，因此经常被视为更糟糕。事实上，如果老师了解这些孩子想要得到特别关注，就能很容易给他们提供机会，让他们以积极的方式得到这种关注。但是，如果老师被这样的孩子惹得恼火，认为自己的权威受到了威胁，非要恢复或维持自己的秩序，让孩子顺从，那么老师就很容易受挫，并把自己和孩子推向权力斗争。这种从一个目的向另一个目的的转变很容易发生，老师经常不能分辨积极－破坏性寻求关注机制（AGM）和一种更反社会的目的，如寻求权力或报复。

消极－破坏性的寻求关注机制（AGM）必须和有意展示缺陷的目的区别开来。在寻求关注阶段，孩子的拖拉缓慢或无能无助只是为了得到关注和服务。例如，有些孩子的所谓阅读障碍其实是基于他想要别人读给他听的欲望。而拖拉是一种使别人围着自己忙碌的有效方法，凌乱、笨拙、无能也是使别人围着自己忙碌的有效方法。懒惰通常起源于消极－破坏性的寻求关注机制。老师在应对这些孩子挑战的时候必须十分谨慎，避免自己的批评使孩子们泄气，导致他们对自己的能力失去信心，因为这样的话可能令他们把目的转变到把自己无能的坚定信念作为有意展示的缺陷和自卑（目的4）。

权力之争：受到批评和压力的孩子很快就学会有效地跟这些压迫做斗争，方法就是以权力对抗权力。他们实际上对压力有所期待，因此也自然会引发压力。然后，他们对成人给予的压力，即使非常小，也做出十分激烈的反应。在学习方面，他们通常完全拒绝，而且在学习习惯和实际行动上无视学校的秩序和规定。学生的拼读困难现象经常是基于对学校规定的这种无视。这样的学生会反抗任何压力，即使是常规的拼写课业。他高兴怎么写就怎么写，按照自己的感觉随意乱写。这样的孩子在持续地遭到批评时，可能变得非常泄气，最终再也不愿意学习任何正确的拼写了。

渴望权力最突出的迹象就是这种孩子具有攻击性。他们不遵守学校纪律、违反规定、藐视权威，还可能旷课逃学。他们要么通过激烈的方式表达自己的要求，要么顽固地拒绝做任何老师希望他们做的事情。他们常常表现得很无礼。到了社会上，他们可能是恶霸、黑帮头目或孤狼式的角色。一般来说，这样的孩子很虚荣很自负，很容易受到权力的影响。他们通常野心超大，对负面的生活方式有一种扭曲的嗜好。

如果我们对当前的教育条件稍有了解，就不会惊异于上述的权力之争现象在青春期最常出现。这个阶段，来自家长和老师的压力几乎达到了顶峰，这使得权力之争几乎不可避免。当年轻人开始寻求自己的社会地位，结果却发现几乎所有对社会有意义的寻求方式都紧闭其门，这时他和成人世界的权力之争就达到了高潮。本来这个时期的孩子就有质疑上辈价值观、审验并挑战固有习惯的自然倾向，再加上权力之争，对那些想要展示自己道德和智力优势的成年人来说，这些青春期的孩子就是他们最头痛的挑战者。而当青春期的孩子通过被社会谴责的方式来赢得自己的价值感时，双方的斗争就变得更加激烈，甚至十分残酷。接下来，这个阶段的孩子很容易被推向完全放弃成人社会价值观和标准的地步。

通常，七八岁以下的孩子出现捣乱行为，最常见的目的是要求特别关注。然而在过去的10年间，这个现象已经发生了一些变化。成人与孩子之间的斗争呈现出更激烈的程度，而且斗争出现得比过去早很多。权力之争以前是青春期孩子与成人之间的关系特征，而如今在年纪还小的孩子中就可以见到。

寻求报复：最令人不安的孩子，是那些已经完全绝望，认为自己无法让成年人接受的孩子。他们觉得自己——而且实际也经常是——遭到别人的厌恶、辱骂和伤害。他们无法意识到，其实自己对这样的待遇抱有期望，这个期待招来了这样的待遇。无论是学习还是行为，他们制造最大的麻烦，常常显得暴力凶狠或愤怒对抗。虽然帮助他们的唯一办法是让他们相信自己是被他人喜欢的，但他们的行为却经常让他人的努力显得十分艰难，甚至变得无法实现。他们受伤太深，无法相信会有人真正欣赏自己。只有在自己的帮派里他们才觉得有些许归属感。他们被“乖”孩子排斥，只能通过伤害他人的方式来找到自己的社会位置。这样的社会群体中很容易出现少年犯。

然而，青少年犯罪并不仅仅只来自这一种类型的孩子。当怀有过度野心的青春期孩子倍感沮丧泄气时，他们希望轻轻松松地得到优越的价值感，这些也可能使他们出现违法违规的行为。有些违反法律或者违反社会准则的行为，在几乎所有年龄阶段的孩子身上都会发生，但当他们遭到社会坚决反对或被执法部门抓住并定性为少年犯时，他们会逐渐相信自己在体面的人群中不再有任何位置。只要社会认为少年犯罪是邪恶的表现，而不把它当作孩子遇到困难、产生气馁的结果，那么家长、教育者以及社会上的权威人群就会把这一类孩子归到无药可救之列。

表现自卑：这些孩子极度气馁，以致他们看不到任何成功的希望，所以他们停止一切努力。他们的气馁可能是整体的，结果他们确实成为失败者；或者他们也可能只是在某些领域很气馁，所以他们只在少数活动中表现出自卑。大多数学业无法进步的失败者都属于这一类。这样的气馁经常始于正式入学的最初阶段，因此一年级的老师可能负有很大责任。有些孩子没被训练照顾自己，不能自理，于是他们无法相信自己有能力完成任何事情。每当碰到困难时，他们就完全放弃。另一些孩子因为兄弟姐妹在手足之争时经常成功，使得他们充满失败主义的情绪。当某个孩子的年纪最接近的兄弟姐妹特别杰出成功时，我们经常能在这个孩子身上观察到“伪低能”现象。即使智力测验都很难辨别出这类孩子对自己的错误认知，因为他表现得就像他真的是智力迟钝。

阅读或者拼写困难可能源于寻求关注机制或权力之争，而到最后却经常产生导致孩子完全气馁的错误目的。寻找孩子的生理原因是对这个困难的误导。数学方面的困难，最常出现在那些认为自己没有问题解决能力的孩子身上。和流行的理念相反，所谓没有绘画能力或缺乏音乐天赋，也可能是基于孩子的气馁。当一个从来没学过唱歌的孩子加入到一群会唱歌的孩子中时，他很可能得出这样的结论：他和其他孩子不一样，不如其他孩子那么有歌唱能力。基于这样的信念，他和其他人一样也就相信自己真的缺乏歌唱能力。还有一种可能，他在和有歌唱天赋的兄弟姐妹暗自比较时，对自己形成了这个看法。事实上，我们都可以很有把握地说，这并不证明孩子没有这方面的潜力。

2．通过老师的自发反应

正如我们前面所讲的，孩子行为背后的含义与意义可以被理解，他们会通过自己的行为展示。每个行为都有目的。这种从外部观察的现象学研究法，还可以通过老师的内省来辅助加强。老师可以审视自己对孩子行为或者错误的第一反应来确认对孩子目的的印象判断是否贴合。老师那几乎是带着冲动、特别想要采取行动的第一反应，能够为她提供观察孩子目的的线索。而通常，老师的自动反应与孩子想要老师出现的反应行为，恰恰是一致的。如果老师感到恼火，并且通过责骂、警告、哄骗等来表达恼火，那么很可能，孩子积极或消极的挑战行为只是为了得到老师的关注、让她为自己忙个不停。如果老师觉得自己受到了挑战和威胁，而且如果她的想法是孩子怎么敢这样，那么就很可能她正被拖进一场权力之争。如果她感到受到了深深的伤害，并且充满不满和委屈，心想“这个人怎么能这么刻薄”，那么孩子可能正在报复老师，而且很可能已经实现了报复这个目的。如果老师发现自己的第一反应是想撒手不管，并说“我不知道该怎么对你”，那么很可能，孩子原本就是想让老师相信他的无能和无力，这样老师就不管他了。

老师学会观察自己对孩子捣乱行为的情绪反应，这一点非常重要。这种观察不仅能够帮助老师训练自己理解孩子行为背后的目的，对于找到更适当的处理方法也是个必不可少的前提条件。因为如果老师不知道自己冲动反应的意义，就会被自己的冲动反应带走，结果反而会强化孩子的错误目的，而不是纠正和改善它。

3．通过孩子对纠正行为的反应

还有一套观察方法也可帮助老师确认自己关于孩子目的的印象判断是否贴合。孩子对老师的纠正行为有什么反应，也决定于他的目的。换句话说，孩子的行为是一种虽然无意识但却朝着既定目的前进的活动，通过观察孩子的行为方向，老师能够辨认他行为背后的目的。然后，老师可以内省观察自己的冲动反应倾向。最后，在接下来与老师的互动中，孩子的目的变得很确定，甚至可以清楚地表达出来。这就是所谓的纠正性反馈。

我们来举个简单的例子：强尼经常扰乱课堂纪律，要么乱说话，跟同桌聊天；要么随便离开自己的座位。正如我们已经了解的，外显行为即使一样，其背后的目的也可能完全不同：总的来说，要区分报复还是权力之争，或仅仅是为了寻求关注，我们可以观察对抗、敌对以及孩子决心的程度。因此，老师的苦恼通常与孩子的目的相对应。老师努力地想控制强尼，而强尼的反应则会体现他的目的。如果他只是想要得到老师的关注，那么他会停止捣乱——虽然只是停一小会儿，很快他可能会用别的事情再次使老师为他而忙。如果他想要挑战老师的权力和权威，那么当老师想要努力控制他的时候，结果则会不同，老师会竭尽全力让他停止当前的行为——而他不但不会停下来，还会变本加厉。老师的批评和所有努力，只会刺激强尼更想击败老师。因此，如果成人已经和孩子陷入权力之争，成人任何想要控制孩子让他停止的行为，只会使形势更加恶化。如果孩子的目的是一心想要报复，那么当老师努力阻止他的不良行为时，他的反应将不仅是继续当前的行为，而且很可能会变成更激烈更暴力的伤害攻击。

还有一个例子，可以说明同样的行为可能反映的是任何一个目的：学生放学后应该穿上外套，可是小玛丽慢慢腾腾，几乎不动。当老师提醒玛丽甚至帮她穿上外套的时候，会发生什么呢？假如玛丽想要得到关注和特别服务，她会高兴地回应老师的帮助。假如玛丽想要展示她的权力，她可能会开始做其他不用穿外套的事情，或者当老师想帮她的时候，她可能挣脱、走掉，以表现老师不能让她穿外套。假如玛丽决定要报复，她可能用踢、抓或咬等行为，力图伤害帮助她的老师。假如她是要展示自己完全没有能力，展示自卑，可能不管老师做什么，她都被动地接受，而自己却一点儿也不努力、不配合。

因此，老师的明智做法是试图纠正学生行为时，密切关注他的反应，这和前面说的一样，老师应该内省观察自己对孩子恼人行为的第一冲动反应。通过这些留心观察，老师不仅会知道现在自己和孩子互动行为的性质（包括自己是如何诱发孩子的不良行为），而且还能敏锐觉察到孩子可能目的之间的区别。

想要纠正和改善孩子的行为或学业表现，必须以改变他的态度和信念为先决条件，这是外显行为或行动的基础。每个人都基于自己的信念行动，虽然也许对自己的这个内在私人逻辑并没有意识到。常识、好与坏的知识、良心等的确可以对某一个行动方式起作用，但是，孩子通常并不是根据所谓“更好的知识”决定自己的行为。他无法“控制”自己不去听从内在私人逻辑，因为他对自己的“私人逻辑”并没有意识。但是受过培训的老师能够识别孩子的错误态度与信念，并合理健康地应对。

当孩子通过捣乱或自卑等行为表达目的时，老师需要有觉察的意识和能力，才不会陷入与孩子错误目的的互动中。假如老师接受了孩子的挑衅，那孩子的目的就达到了，他更加相信他的这个方法有效。当老师不确定孩子的目的时，可以找一个能够提供帮助的指导者来观察她对孩子行为的反应。十分智慧的做法就是不要做出孩子所期望的反应，就是说不要根据自己的冲动做出反应，而是要有相反的行为。当老师不知道该做何反应时，这个办法特别有用。老师可以观察自己，看看自己最冲动的反应是什么，然后表现出和这个想法不同的行为。

如，孩子频繁地扰乱课堂，想要寻求过度关注，对此老师最明智的做法是给予孩子关注，但并不是给予他预期的满足感，而是用让他的目的少许受挫的方法给予他关注。这时，老师必须练习实践，并根据自己的智慧和性格特点形成自己的技巧。在通常的情况下可能是只需要点一下孩子的名就够了，而不需要继续做出任何纠正和指导他的行为，只是静静地等他接下来的回应。幽默也可以有很大帮助。如果一个孩子跟同桌窃窃私语，让人烦恼，老师可以表达好奇，但用不愠不恼的态度，因为让老师做出烦恼的行为正是孩子所期待的。如果孩子上课注意力不集中，我们可以具体情况具体对待，比如问问他对老师或其他学生刚才最后一句话的看法。这样，老师就可以在不批评他不专心的情况下，把他的注意力吸引到课堂上来。如果孩子做出像小丑一样的喧哗行为，老师可以停下来，邀请全班同学看他表演。这样的做法不会鼓励这种小丑行为继续，反而可以让这个行为停止，尤其当如果这个行为背后有权力之争的目的时，因为这时孩子期待的就是老师强令自己停止。

老师还可以将上述方法跟一些心理学的直接的解释结合起来。可以按照本章前面提到的，加入在课间休息时持续寻求关注的孩子群体中，问他们："有没有想过为什么持续这样做？"孩子回答后老师可以说，"会不会是你想要我为你忙个不停，这样你会觉得自己没有被忽视？"如果孩子的反应表明老师的说法是对的，那么老师可以建议孩子与自己达成一个协议，比如，确定孩子在一个小时里想要多少次这样的特别关注。“十次够吗？”孩子通常不会给老师否定回应，他们甚至会觉得十次太多了呢。然后老师还可以建议，“也许咱们可以先试这十次（或者五次）。”具体次数根据孩子的具体需求程度来定。协议达成后，孩子再出现这个行为时，老师只需要通过协议内容来回应就好了，如，“强尼，一次。”这种做法已经被发现很有效。当然，没有任何方法次次都有效，也不可能所有孩子对同样方法反应都一样。足智多谋的老师会想到不同情境里的很多应对方法，通过这些方法，孩子能主动认识到他为了原来的目的而进行的努力没有用，这样就改变了他的目的。

一般原则下，遇到寻求关注的情况，如果孩子采用的是破坏性方法，老师应该首先引导其转变成建设性方法，将消极方法转变成积极方法，一直到孩子寻求特别关注的需求消失。在实践时，这意味着应该给用破坏性方法寻求关注的孩子机会，让他通过对社会有用的方式和成就，得到只属于他的鼓励和认可。当老师采用关注他通过建设性方式找到位置和能力的做法时，同时需要注意，不要让他通过捣乱行为得到关注的目的奏效，这样才会有效。不幸的是，大多数努力纠正孩子捣乱行为的老师并不知道自己的行为恰恰满足了孩子的欲望和目的。我们必须小心，不要落入这个圈套，并且要把关注只限制在某些特定时刻，在这些时刻，孩子得到老师关注是因为他用建设性的积极方法取得了成就，尽管这个成就可能非常微小。对孩子有效的不是赞美而是恰当的关注。

类似的办法还可以刺激孩子从消极的行为转变为更积极的行为。当他想要通过被动方式得到特别关注时，他的行为可能非常可爱也可能非常挑衅，那么经过仔细观察和深思熟虑后，对他那些积极的努力给予鼓励和正面评价，都可能引起他的改变。最后一步则是引导孩子尽自己最大的努力，而且并不需要他人的关注、赞美和认可。打高分、给星星等做法都和这个原则背道而驰。

当孩子克服了自己的不足感，赢得了自己在群体中有能力树立位置的勇气和信心，他就会喜欢参与和发挥作用，而不是只关注自己的威望和地位高低。孩子会享受自己“有用”的感觉，进而发挥作用，这正是教育者的目标：帮助孩子消除情绪障碍，做好社会调适以及取得学业进步。

当老师使用新方法没有取得立竿见影效果时，不要马上泄气，应该记住这样的重新引导是个学习过程，就像学习读和写一样，需要时间。而且，改变一个孩子的态度，就像教授三个“R”的基本原理一样，需要至少同样多的时间。没有耐心，会让这两项工作进展艰难。

当孩子寻求关注时，老师可能会发现很难控制自己不对他的挑衅做出反应，而当孩子出现权力之争时，老师会发现更难控制自己，因为这挑战了老师的权力和威望。老师想要用自己的位置和权力压迫学生，结果被学生击败，但又不承认自己的失败，这样的情况十分可悲。然而，只要老师发展出对学生的理解态度，摆脱自己的不足感，消除对自己威望的担心，就会发现可以轻松抵消学生寻求权力的目的，并且也很容易用自己的行为给这样的学生以积极影响。显然，因为个性原因，有些老师应对权力之争的学生比其他老师更困难一些。比如有的老师会迎接学生的挑战，对学生做出反击，结果是一次次被学生击败；而有的老师则会保持沉着冷静，最后赢得学生的合作。

被权力欲望驱使的孩子会显得野心十足，但他的所谓野心其实只针对那些试图打压和击败他的人。理解学生的老师能重新引导这样的野心，将其定向到更有用的成就上。学生因挑战权威而容易产生的胜利，这时就可以被取得成就的自豪感所代替。例如，老师可以鼓励这样的学生去帮助其他学生，既可以用对体形弱小的同学给予身体照顾或保护的形式，也可以通过帮助在某门课程上学业较差的同学的形式，对自己权力有兴趣的学生肯定会抓住这样的机会施展自己的能力。

然而，老师需要留意两个陷阱。第一，这样的孩子倾向于滥用给予他的权力。当他滥用权力时，如果拿走或取消这个权力，这会是一个严重的错误，因为这样将使已经开始的建设性方法前功尽弃。然而，这并不意味着完全不管，而是要对这样的学生进行必要的监督和指导，以便帮助他恰当地履行给予他的权力。这个难题与接下来的第二个陷阱有关：第二个陷阱是寻求特别关注。虽然一个渴望权力的孩子表面上可能显得情绪亢奋甚至膨胀自负，但实际上他心里有深深的沮丧感。他的外显行为其实是在挽救他的自尊：他在给自己壮胆。如果老师只看到孩子外显行为的含义，而忽视这样争夺权力的背后实际是个没有自信的胆怯的孩子，这样的做法会大错特错。力图把孩子“从马上拉下来”只会增加他已经潜在的自卑感和无用感，而通过同情和理解孩子的麻烦，直接触动他最柔弱的内心，则可以开辟老师和学生良好人际关系的大道。尤其是当青春期孩子想要通过做“大事情”以隐藏他们其实觉得自己渺小的念头时，用这样的方式应对特别重要。

如果老师公开承认自己对学生没有控制权，那么不得不通过权力之争和显示威望来挽救自尊的学生们，就会更愿意认识自己的错误目的，这样也可以不损害老师的声望。老师可以和学生进行简短的私下交谈，可以向学生解释：老师并不想跟他斗，不想向他炫耀权力，因为老师知道，学生有条件击败她。通常这样就可以引导孩子“解除武装”。只要孩子没有被虐待并产生憎恨，那么他们会很自然地明白事理，产生责任感。相信他们的智力、给予他们同情以及提供协助，通常比威胁或展示权威更加有效，尤其是当他们相信老师的愿望是帮助自己时。孩子们一旦学会摆脱困境的方式，他们就会很愿意采用这些方式。老师必须不断地提醒自己：一个捣乱的孩子是一个不快乐的孩子，他需要的是鼓励而不是羞辱。情绪气氛恰当的时候，他和老师可以达成协议，两个人可以相互帮助以便都摆脱目前的挑战困境。

孩子几乎完全意识不到老师处在压力重重的困境之中，让他觉得自己有权力和能力在困境中帮助老师，帮助老师行使对班级、对全校的责任，这会让他很有价值感，而且是很有建设性的价值感。假如强尼在课堂上公开对抗，老师可以坦然地做出反应，在全班同学面前指出强尼想要展示权力的意图，用实事求是的真诚态度承认强尼的优势所在。没人挑战的时候，展示权力就没有什么意思了。权力只有受到竞争时，才变得十分重要，否则就一无是处。当强尼的权力展示没有了舞台，这就有可能激发他重新考虑自己在这个群体中的位置。老师用这样的方法从权力之争中退出，并不会妨碍当孩子提出过分要求时，通过逻辑后果来树立界限。

展示权力的欲望到达另一个程度，形成另一个目的，就是报复和反击。寻求权力和寻求报复很容易重叠。应对想要报复的孩子成为老师面临的严重难题之一，因为这些孩子几乎毫不讲理。他们绝望地相信自己不受人喜欢，在社会群体中没有地位和机会，他们带着极大的不信任回应他人试图说服他们所信不实的所有努力。因此，老师需要拥有很大毅力和不断努力，才能说服充满仇恨的孩子，让他懂得其实他是能够被人喜欢的，而且眼下他已经被人喜欢了。这种情况下，集体特别有帮助，然而集体也可能成为这种危险的帮凶。比如，“好”学生急于向老师表明自己和老师是统一战线，反对捣乱报复的学生。而与此同时，老师通常会因为自己在处理这种对抗报复时没有安全感，而欣然接受“好”学生的联盟。结果导致“好”学生与“坏”学生之间裂痕加深，这不但不能解决问题，反而使问题更加恶化。通过小组讨论的方式，可以帮助和促进学生之间的相互理解。在私下谈话中，老师可以请某个学生帮助，请他特别关注那个感觉自己被抛弃的学生，把他拉进班级群体，展示对他的关爱和鼓励。这样就可以逐渐地在充满仇恨，更重要的是在充满恐惧的学生和整个班级之间搭起一座桥梁，跨越原有的障碍。

在这项工作中，老师和学生需要相互给予精神上的支持以免泄气。充满仇恨的孩子面对友善，可能会表现出敌意，这难免让人泄气，但这是完全可以理解的。

老师最常面临的任务是帮助学生克服学业上的沮丧。要理解和帮助这些所谓的失败学生，可能首先需要我们的教育体制和教学思想发生一些本质上的变革，简单粗暴逻辑和道德谴责必须被理解学生所取代。老师不要只关注孩子的行为表现，还必须考虑孩子的生活态度、行为目的以及与他人的关系。当老师更多关注孩子行为的目的，而不仅仅是行为本身时，那么即使非常出色的表现，老师也可以分析出其背后的目的和态度是否健康。如果不健康，如孩子抱有过分的自负或在寻求特殊关注，那么老师要在学生最终失败或者发生冲突之前就采取相应的措施纠正它。十分重要的一点是，不论纠正怎样的行为缺陷或问题，所采取的方法都必须是不会让这个行为缺陷继续，也不会使它恶化或增强。为了避免发生这两种情况，老师必须很清楚，在孩子学业沮丧方面自己可能的失误在哪里。

学业沮丧的孩子已经深深地建立了失败主义的想法，那么低分数、重写有错误的文章或者让他在全班面前蒙受羞辱，只会加剧他的失败感。事实上，大多数孩子很容易相信，老师对自己的不信任完全有道理。孩子的破坏性力量非常之大，而老师的建设性力量经常很难与之匹敌。常常是老师不但没有影响到孩子，反而是孩子使老师更加相信自己没有能力。当孩子用友善或不友善的方式，引发老师的关注，他其实是被推向了更深的绝望。

对老师来说，最重要的是学会如何避免和克服自己及学生的自卑感、气馁情绪，以及想要争夺权力的欲望。只有这样，通往与学生产生深刻友谊和建立群体归属感的道路才会畅通。不成为学生朋友的老师不可能成为好老师，但仅有友好的感情是不够的，老师还必须掌握方式和技能，把自己的友好态度转化成建设性的行动，在孩子的艰难成长过程中，给予他适当的指导。

心理披露

老师不仅是各门学科的指导者，更是广义的教育者，因此他们必须给学生们提供指导和引导。即使他们只是想教给孩子三个“R”，如果不把孩子的问题一起考虑，不把孩子的各个方面看成一个整体，就无法达成有效成果。认为学习过程只和智力有关，这是个错误的认知。智力会受性格特质和情绪感觉的影响，如果不考虑这些，那么孩子和老师在面临学习过程中的障碍和困境时所做的努力就会白费。忽视孩子学习过程中的心理动力，经常是孩子和老师发生冲突以及老师应对失败的原因。

寻找新的教育理念现在已经到了关键阶段，当前我们知识观念的改变正和人际关系的改变同步发生。过去，优越－低劣是典型的人际关系，成人几乎完全不注意孩子的感觉：孩子的愿望、爱好和目的，对成人来说都无关紧要。孩子就是必须顺从。孩子的顺从，是当时社会人际关系以及教育过程的目的和产物。在过去，合作意味着“要他做什么他就做什么”。但是现在，合作需要成人和孩子双方达成协议。当今我们需要用新方式唤起和获得孩子合作的意愿。发号施令已经不够了；仅仅因为老师是正确的，孩子就顺从，这已经不太可能了。影响师生关系的心理因素变得比正确与否更有决定意义。老师可能逻辑上是正确的，但是心理上却是错误的。

老师希望学生的学习和行为良好端正，但仅仅在口头上强调这样做的必要性是不够的。每个孩子都会偶尔抵制和反抗老师的要求，有时候他们自己都不知道为什么会这样。一遍遍跟学生重复，他应该做什么，这并不能使情况好转；相反，这会引起更多的冲突并刺激学生与老师公开对抗。但是如果一个老师能判断出是什么心理机制阻碍了学生的正常行为，老师就能够帮助学生走上正轨、取得进步。

课堂学习并不妨碍老师对影响每个学生心理态度的直接努力。相反，这样的努力还可以给老师提供新的更有效的方法，能教给学生学业以外更多的内容，能帮助孩子学会了解自己。学生们学会了解自己的动机，特别是那些妨碍自己恰当行为的动机，这样的教育能够达到双重目标：既排除孩子学业进步的障碍，还对孩子的一生产生长远影响，激励他们为现在和将来适应社会做出积极调整。我们必须记住，捣乱、不学习、行为不端的孩子并不知道自己不当行为的原因。认为孩子是故意不想做好，这是错误认识。其实孩子行为不当时是身不由己的，因为他并不知道自己正在追求的目的是什么。这就是为什么告诉孩子“你要表现好”并没有用——他早就知道他应该表现好，但他并不知道自己现在为什么表现不好。然而，告诉孩子他行为背后的目的，可能会对他非常有帮助。

和学生进行这样的讨论和沟通不需要太多时间，可以在简短的私下谈话中或者在课堂讨论中进行。首先要考虑的是时间点。当某个不良行为发生之后，不要立刻进行这样的沟通，因为这时候孩子和老师都有情绪，如果讨论很容易双方都带有谴责、辩护和对抗。讨论和沟通应该是没有情绪化的，只关乎事实。如果含有批评和谴责，就会激起对抗，谁也不会认真聆听对方。心理学可以成为最有帮助的工具，但同时也可以是具有极大破坏力的武器，以羞辱性方式使用心理学工具，可能比身体虐待带来的伤害更严重。为了提供心理学上的解释，教育者必须沉着友好。不论你的分析和解释有多正确，如果以争强好胜的方式或者在错误的时间点提出，这样的沟通就会无效，甚至令人非常不安。

跟孩子进行的讨论要想有效，则不应关注孩子为什么失败或行为不良，不应责问他为什么要这样做；跟孩子进行有效讨论，应该引导孩子或向他解释这个行为的目的。“为什么”和“为什么目的”之间，貌似没有太大不同。然而，它其实表明了本质的区别：一个是强调过去的原因，一个是强调现在的目的。孩子发生的行为和态度，可能有一千个原因，没有受过专业培训的教育者，通常不太可能知道孩子过去经历对他的所有影响，几乎不可能对这些因素做出准确评价。而且，探究过去，对孩子没有什么意义，不论是他自己，还是其他任何人，都无法改变过去。探究过去，与对孩子现在的目的做出评价，两者完全不同。他现在的行为只有一个目的，而接下来的信念是可以改变的。

再进一步，给孩子解释他行为的原因，和给他解释他行为的目的，孩子的反应会完全不同。解释原因时会提及孩子可能是因为嫉妒、没有安全感、缺乏自信、觉得自己被忽视、想要控制和支配别人、被他人拒绝、有负罪感或自我可怜，不管这些解释多么准确，孩子最多是以友好的冷漠态度接受。只是这样告诉孩子他是什么样的，很可能使他更加沮丧和泄气。然而，帮助孩子意识到自己的行为有什么目的时，他的反应则会完全不同：比如，当他意识到自己是想得到关注或者想显示自己的优越，或者想发号施令，或者想展示自己的权力，想得到特别服务或关心，想报复或惩罚别人。如果解释正确，就会立刻引起孩子的典型本能反应。这种本能反应包括调皮地微笑、眼光闪动，就是所谓的“认同反射”。［参见作者的《父母：挑战》（*The Challenge of Parenthood*）一书，纽约，Duell，Sloan & Pearce出版社，1948年。在此书中，作者详细介绍了认同反射及其意义，此书中译本同时由生活书店出版有限公司出版。］孩子可能会什么都不说，甚至否认，但他的表情不会撒谎。认同反射能够确保对孩子的目的解释不发生错误，因此，以这种方式进行的心理目的的讨论几乎没有误解的危险。

如果以适当的方式在适当的时机给予孩子正确的心理披露，我们可以从几乎所有的孩子身上观察到认同反射。只有从两种类型的孩子身上观察不到这种认同反射，一种是面无表情的孩子，这一类孩子已经不相信任何人，完全不愿意流露自己的内心活动，这样的表面不容易突破；另一种是无论说什么他都用尴尬傻笑回应的孩子。这是另一种掩饰。对这样的两种孩子，我们首先需要和他们建立起真诚认真的人际关系，他们才会用认同反射对心理披露做出真实反应。

恰当的心理披露必须避免直截了当的指出。直接说出孩子的目的是错误的，即使老师的想法和判断是正确的，这么做无益于让孩子接受。孩子会感觉“被逮住了”，很可能心生厌恶，因为在孩子听来，直截了当的表述很像被指控，即便老师语气友好。在给出心理披露的解释之前，老师总是需要先询问孩子，想不想知道为什么会有现在的行为，或者为什么没有某个行为。（在和孩子说话时，这两个词：“为什么”和“为什么目的”，可以交替使用，只要老师心里清楚自己是为了帮助孩子讨论目的即可。）如果孩子愿意和老师进行接下来的讨论，老师可以用含混笼统、不确定的猜测，提出自己的解释。比如：“我想知道你不想……吗？”“有没有可能……？”“我有印象，你想要……”像这样的解释绝不可能造成任何伤害。老师的解释如果不对，学生就不会有什么反应，那么老师可以接着做下一个猜测，孩子的自然反应会表明老师的猜测是否正确。

确定了孩子的目的之后，接下来可以和他讨论，想要在群体中获得心仪的位置，还有什么其他可能的方式。老师可以与孩子讨论哪些因素影响他并形成了他的目的和态度。这时候，老师必须多听少说、多观察孩子、理解孩子的想法。孩子对眼下情况有自己的独特诠释，这肯定有他自己的充分理由，即便他的诠释来自对客观事实的错误评价。可能孩子觉得自己不被喜欢，而事实上没有人不喜欢他；可能孩子觉得自己很笨、不如其他人、处在严重危险之中，而事实上这些想法并没有事实依据。对于孩子的行为来说，他的诠释是否正确，并不重要，重要的是他依据自己对情况的诠释所形成的信念。在成功纠正孩子的误解之前，老师首先必须表达对孩子感觉和想法的理解与同情，老师在课前、课间或课后跟孩子交谈几分钟，就可与孩子建立联系、洞察孩子的问题并帮助他找到解决方法。

常常有人质疑老师，认为他们没有资格参加和心理学有关的讨论、做出心理学角度的解释方式，认为这样的工作应该只由心理咨询师或精神科医师来实行。如果一位老师使用心理学的语言和解释方式，可能会被认为超越了工作界限。然而，我们的经验说明：老师有必要了解孩子的心理动机并跟孩子讨论他的错误观念和态度，这样能够帮助孩子克服他面临的障碍。获得心理学角度的信息并把自己的洞察传递给孩子，是老师工作职能的基本组成部分。这样，以前老师和孩子之间那些毫无意义的谈话——多半是说教、唠叨、哄劝以及重复“解释”等孩子早已了然于胸的内容——就能够被更具意义的沟通所取代，并就孩子自己没有意识到的态度和信念来沟通。

然而，心理学角度的解释不是企图分析他人、窥探他人的潜意识、探究他人的情感深层根源，两者不应相互混淆。心理学角度解释不是精神科医生和受过专业培训的采用精神治疗法的医生所采用的深度心理疗法。它们的区别在于机制不同：深度心理疗法关注的是过去经历以及个人生活模式及其背后根本信念的形成过程；而心理学角度的解释则只关注当下的态度和行为的直接目的。任何从事和儿童相关工作的人，都应该了解心理学角度解释的知识和艺术！

NONSPECIFIC METHODS OF CORRECTION

第四章 非具体的纠正方法

老师是在处理一个所谓情绪障碍的孩子，还是在处理一个正常孩子的各种问题，这两者几乎没有什么区别。能够带来改进的解决方法都是相似的。在现有文化条件下，几乎所有孩子都偶尔会需要帮助，除了考虑每个孩子动机的心理学方法之外，还有其他各种各样的方法。通过这些方法，老师可以激励孩子学习、参与、成长以及与人合作。

赢得孩子

一个人除非已经与他人建立起了友好的人际关系，否则他无法影响任何人，这个基本前提经常被人忽视。有关孩子的大多数困难都是因为孩子与成人之间存在不良人际关系，出现困难是这种关系合理自然的结果。同一个孩子，对某个老师来说他似乎难以相处，却常常与另一个老师非常合作。如果存在良好的关系，严重的合作障碍几乎不会出现。然而，老师经常不注意自己跟孩子发展的关系就力图影响孩子，纠正孩子的行为或缺陷。于是，在努力纠正孩子的不良行为或错误时，她把已经恶化的关系搞得更加糟糕。如果把老师跟销售人员做比较，我们就可以认识到，老师其实享有不公平的特权。销售人员如果不运用适当的心理学方法克服顾客的抗拒心理，他就会失业；而老师如果不能使用适当的方法克服孩子的抗拒心理，孩子却会失败。

赢得孩子合作的技巧需要不断思考。它没有捷径，没有合适的处方。它在很大程度上依靠每个老师的人格、个性特质、健康态度的巧妙表现、情感动力以及精神价值。每个老师都必须找到自己的办法。某个老师也许可以通过自然真诚的甜美态度获得成功，而另一个力图表现甜美的老师却可能让孩子觉得可笑和讨厌。然而，所有有效的方法有一个共同的因素：真诚。真诚本身可以赢得孩子。孩子们已经在性格形成期学会了敏锐观察，他们能够在几秒钟之内对每个成人做出判断。如果成人试图装腔作势的话，孩子马上就会感觉到他的伪装。孩子只会对那些坦然做自己的人基于真实做出回应，那些人坦承自己拥有人类的错误和缺点。承认自己的错误是赢得孩子信任的最好办法。试图显得高傲、比别人懂得多、比别人更有头脑以及胜过别人，是对与孩子恰当关系的最糟糕的破坏。如果成人足够谦虚而不是炫耀，孩子们会非常渴望并愿意接受成人的远见卓识。

外向的个性和热情可以促进良好关系的建立，然而，这些品质是学不到的，它们也不是必不可少的先决条件。如果良好关系的基本要求得到认可和满足，即使冷淡严酷的个性也可以让孩子接受。

老师与学生之间的健康关系与合作的基本规则有关，并体现在清晰的秩序观中。这个事实也经常被人忽视。结果，我们常常看到与健康人际关系基本原则相反的或者混乱的各种想法。如果老师假设，自己和学生健康关系的基础是满足他们的情感需求和使他们的每个要求达到满意，那么老师会相信自己有正当理由强化对孩子的热情和宽容。不幸的是，这个假设是错误的，后果经常是灾难性的。

民主氛围中健康适当的关系需要相互尊重和信任以及平等的意识，这种平等意识独立于个人的知识、信息、能力和地位之外。一方面，一个适当尊重每个孩子的老师、一个以尊严和友谊对待孩子的老师，是可以引导孩子接受任何社会文化所要求的秩序和规则的。另一方面，教育者也必须自尊，需要坚定的地方决不屈服妥协。许多和善的老师不坚定，许多坚定的老师不和善，还有许多老师又和善又坚定但却不是同时做到。和善与坚定结合，是良好稳定关系的唯一基础。孩子们想要尊敬他们的老师，同时也想要得到尊重。得到平等对待和有机会积极参加学习任务，可促使学生尽最大的努力。老师可以这样做，让学生把自己当作朋友，同时发挥公认的领导作用。

老师要想和学生建立健康适当的人际关系，在遇到一个新班时，从第一次接触起就要用心投入，因为孩子是通过第一时间的接触来建立自己的态度的。他们会立即对老师做出评价并且知道可期待之事。他们能猜到接下来会有多少乐趣，或者有多少麻烦，他们是可以敷衍了事，还是必须遵规守纪，所有这些学生们都猜得相当准确。把和新学生见面的第一个小时用在伏案工作上，是老师的一个错误。这时老师最好是开始熟悉孩子并把自己树立为孩子的朋友和领头者。有些老师，甚至过了几个月都还不知道学生的名字。这种疏忽意味着缺乏对孩子的兴趣，这会制造距离。对孩子的兴趣不能只用言语来表达，它还需要体现出来。跟孩子说，所有的惩罚、批评、纠正和低分数都是为他好，这不会让任何孩子信服。老师对孩子真正的兴趣，通过几句话就可以表达出来，可以是关心，也可以是表达自己了解和熟悉他们的活动、兴趣与烦恼。对每个经历过麻烦与艰难的孩子表达同情，是人类友谊情怀的体现，孩子不会对这样的仁慈和宽容提出过分要求。

幽默是一种很有效的工具，能帮助人们更易接受不愉快或紧张的局面。错误的面子观、对个人威望尊严的过度在意，这些都会阻碍老师展现幽默。然而，也需要小心，因为幽默也很容易为羞辱他人服务，那不是善意的幽默。孩子们其实很容易发出善意的笑，有时候老师只需变换一下说话的语调就可以了。如果老师总是和孩子们一起欢笑，那甚至可以向孩子们学习如何笑。我们不建议扼杀教室里的笑声。

然而，要成为一个效率高的老师，不仅需要跟学生有良好的人际关系，只拥有所教学科的知识也还是不够的。更重要的是，老师需要有能力使学生对自己所教的科目有学习乐趣。学习能否成功很大程度上取决于学习欲望。我们可以逼迫孩子学习，但这样的方法不能保证成功，相反它会阻碍学习。我们只能通过适当激发学生的学习兴趣来获得他们的充分合作。如果一门学科让学生感觉索然无味，那些听话的孩子也许会继续努力学习，但他们内心会有抗拒，而这会阻碍他们从学习中充分受益。更常见的是孩子们会放弃学习，至少是暂时放弃。学生不可避免会出现觉得学习枯燥乏味的时候、遇到障碍的时候以及分心的时候，老师必须具备帮助学生克服这些情绪障碍的技能。孩子应对这些困难的韧性取决于他们提高和进步的愿望。如果布置给孩子的学习任务很难、枯燥无趣，孩子不愿意，那么孩子提高和进步的愿望很可能就此被遏制。很多老师认为自己的工作仅仅是激发孩子提高雄心。他们给孩子提出要求，希望孩子分数高、胜过别人。这样的诱导也许对少数孩子有效，但对大多数孩子几乎没用。这种通过外界激发孩子雄心所付出的代价太高了。一个孩子对这样的激发做出响应并且获得成功的背后，是更多孩子的失败。

老师希望孩子们成长，就必须激发他们的真正兴趣。学习过程应该成为所有孩子的愉快经历。这要以老师对自己的工作充满激情为先决条件。许多老师意识到了这一点，并且以一定程度的热情开始他们的工作。但是，当他们因为不能激励学生进步以达到他们自己或他们的上级或学生家长的标准时，他们就会很沮丧，然后变成给学生施压。

要使家长以及老师相信压力妨碍孩子进步也妨碍学校达成愿景，需要做大量的工作和努力。尤其在目前的状况下，这种重新定向更加困难，因为某些显而易见的成功来自给孩子施加压力。没有压力孩子可能不会学习，还有些进步是通过哄骗、强迫、威胁和严密监督取得的。可是，这样的方式意味着耗费大量精力，同时教育者及孩子都饱受折磨。这些方法代价高昂却收效甚微。可以用枪口逼迫任何人，但是威胁一消除，合作就会停止。通过激发孩子的真正兴趣，其实可以取得更多成就，而且所有人都会耗费更少精力。

现在流行的给孩子施压的方式，是许多孩子形成不良学习习惯的原因。很多老师还在继续使用施压的方法，只是因为他们没有掌握更加有效的激励方法。想要对孩子个性和学业发展给予有利影响的老师，会避免任何形式的施压，会通过寻求和尝试赢得孩子、促进孩子合作及成长来最好地实现目的。

鼓励

每个行为不端或有行为缺陷的孩子都是气馁的孩子。只要他对自己的能力有信心，他就会使用建设性方法找到在群体中的位置。气馁是错误表现的根源。每个孩子都想做好孩子，只有当他看不到成功希望的时候才会变“坏”。而同时，只要我们的教养方式让孩子沮丧，孩子就会出现行为缺陷。过度保护和纵容跟严厉、羞辱和惩罚一样，具有令人灰心丧气的影响，并剥夺了孩子体验实力、发展克服困难和照顾自己能力的必要机会。孩子学会的是依靠别人而不是依靠自己。批评和羞辱无法使孩子增加自信心和勇气，然而，这两个品质却是社会调适和学业进步的必要基础，可以给人提供安全感。

现在老师面对的孩子，经常是已经被家庭教养摧残了的孩子。一方面，老师应该尽力消除孩子已经产生的气馁，而另一方面，老师又常常发现自己被迫继续使用家长们的那些令孩子气馁的方法。孩子对这样的教养方式已经习惯了，也自然预期老师和家长方式一致，他们很知道怎么应对这样的方式。所以，要抵消孩子的这种自然预期，需要老师给予他们很多理解和内心力量。

老师在孩子的一生中占据重要地位。除了孩子的父母之外，老师是第一个对孩子专门施加教育影响的人。而且，老师通常也是第一个跟孩子强调学习和责任感的人。如果老师的影响令孩子感到气馁，那么这可能永远阻碍孩子在相关方面努力。因为在刚上学阶段，有些老师（不自知地）让孩子相信他们完全无能或部分无能，结果很多孩子到了成年期仍遭受着影响，为自己的无力感而痛苦。比如，有些人很聪明，博览群书，见多识广，但拼写很差，可能是因为当年老师没让他们相信自己能够正确拼写。还有些人厌恶书本，认为书本是自己“无能”的象征。对有些人来说，数学题始终是一种折磨。如果成年人对某个学科知识抱有持久的强烈厌恶，这很可能源自上学时的沮丧经历。很多老师带着最良好的意愿想要帮助孩子发展知识和智力，然而他们工作和努力的前提却是错的，而且没有意识到这样的错误会给学生带来多大危害。

有意识地运用鼓励并有效使用鼓励的知识和技巧，是任何建设性感化的前提条件。这对任何老师来说都是必要的，它不仅可以避免给学生造成伤害，而且可以抵消孩子以前不良经历的影响。我们都知道如何使别人泄气，我们发现批评和瞧不起别人是件很容易的事。但是需要鼓励他人时，我们变得很笨拙，而且经常背道而驰。我们不知道该从何做起。结果，我们明明想要帮助某人，却指出和纠正他的错误，以为这样的方式会奏效。我们为自己辩解，说这样做都是为了对方好，而没有意识到这样的方式其实给我们自己的好处比给对方多得多。孩子很少改变自己的行为模式，这常常成为老师批评他们的理由。然而，这却形成了一个负面循环，越多批评越不改变，越不改变越多批评。每当我们努力却收获灰心时，我们就会寻找替罪羊。那些不知道如何影响孩子的老师都很容易因为自己方法无效而去批评孩子。就算老师想要用鼓励的方式，结果却可能令人沮丧。比如，跟孩子说“你可以做得更好”“你可以是乖孩子”“只要你……就……”这样的话意思其实很明显：孩子你现在不好，而且如果不做得更好，就是你的错。这根本就不是鼓励，而且几乎没用。

很难定义鼓励的方法，因为每次都取决于孩子的反应。同样的话说给两个不同的孩子，可能会鼓励到一个孩子，却打击了另一个孩子。比如，告诉孩子他已经做得多么好，可能会使一个孩子自信心增加而激励他更加用功，而对另一个孩子来说，他可能认为这不过是“瞎猫逮到了死老鼠”，今后不可能再做得这么好了。因此，鼓励需要不停观察效果，无法机械地学习。它远远不是一个单独的动作或语句：它体现了两个人之间人际关系的全部。鼓励和气馁之间的差别非常微妙。对一个孩子什么期望都没有或者期望太多，都可能使他气馁，所以再次强调，“太少”或“太多”要取决于孩子——只有通过孩子的反应才可以确定鼓励的方法是否令他鼓舞。说话的语调、音调变化以及附加含义，都可能改变一句话或一个动作的意义。正如前面所说，愿望可能是好的，方法可能以前在许多场合都有效，但这个孩子也许仍会误解你的意思，因此结果反而变得有害。

鼓励，在很大程度上取决于态度而不是具体行动。它是一种很微妙的、无法以具体语言或行动为特征的方法。它不是我们说什么或做什么，而是如何说如何做。它的目标是增加孩子的自信，因此，以对孩子的肯定评价为先决条件。只有对孩子有信心、能够看到孩子身上优点的人，才能真正鼓励孩子。常常出现的情况是，“对孩子有信心”这个词语被错误地用来指对孩子的潜力有信心，这样的概念违反了对孩子的基本尊重。我们必须对孩子的现在有信心，不论他将来怎样。

这种信任的表面是和善与赞扬，但是我们必须记住，爱和赞扬不一定表示信任。人们可以很爱一个孩子但是仍然不相信他的能力、力量，甚至他作为人类的基本价值。因此，爱并不一定意味着鼓励。相反，爱经常意味着占有、过度保护、纵容——这些都会降低孩子的自尊和尊严。而赞扬则可能被当作恩惠、给予，这意味着高高在上的恩赐，不一定会有鼓励效果。

赞扬，虽然很有必要，但是必须谨慎使用，否则有可能导致孩子依赖他人的任何赞美。赞扬使用过度会增加孩子的不安全感，因为一想到可能达不到他人的预期，他们就会变得很害怕。非常重要的一点是，孩子需要意识到，作为一个人，他拥有永久的价值，而且老师认可这个永久价值，不论他现在怎样，也不论他可能会在哪里失败。这样一种无条件信任的态度，并不会误导孩子忽视自己的责任或者停止努力。相反，它会为孩子开辟一条为了无私的目标而竭尽全力的大道。

我们现在的教育体制并没有帮助老师把“鼓励学生”变得容易。在当今的竞争气氛中，没有哪个孩子对自己在群体中的位置有信心。成绩十分必要，“展示学习结果”成了老师的义务，这都有可能引导老师用对孩子有害的、令孩子气馁的方法来应付。孩子出现错误，就被认为是因为他没有听老师的，这令人无法忍受，出现这样的情况，恰恰说明我们过分强调了每个孩子的缺点和错误。结果，时间和精力都浪费在纠正一个个不良行为上，而不是用在影响孩子的整体上。所有的努力都以这样的错误为中心，结果孩子的错误行为模式或行为缺陷进一步根深蒂固，接下来更多的气馁不可避免。

当今，我们清楚知道对孩子的义务，这一点也许比人类历史上任何时候都更明白。但我们的良好愿望并没有用鼓励的行为，而常常是用纵容放任的方式履行，这种纵容放任并不是接纳和承认孩子的基本价值和权力，而仅仅是给他们权力，纵容他们可以无视他人。经常被放任方式对待的孩子并不会变得自信：他只会成为一个暴君。放任与鼓励，两者经常被认为相似，其实效果完全相反。

这样的局面不仅令孩子而且也令老师感到沮丧，因为老师尽了最大努力却遭到挫败，他们变得迷惑，对自己有效处理孩子问题的能力失去信心。一个气馁的老师不太可能成为鼓励孩子的源泉。只有当老师对自己的知识和能力有把握的时候，才能帮助孩子克服困难。老师对孩子的实力和能力看得更加清楚，也就更能给孩子传递真实、客观、乐观的信息和态度。这就是鼓励。

鼓励的复杂技巧需要专门研究。我们在让自己和孩子都泄气方面真是太“训练有素”了，有一部分原因是我们习惯通过贬低别人来赢得自尊。很少有老师能够给予孩子真正的鼓励，尽管他们都想这么做。但是因为不熟悉鼓励的复杂性，他们以为对孩子好就是给他足够的鼓励和支持。然而，我们已经发现“支持”和“威胁”这两个词经常被混淆。当一个孩子深信自己很笨，而老师深知他不笨，并且告诉他“你其实一点儿都不笨”时，这时老师提供的其实不是支持也不是鼓励，而是对孩子自我认知的威胁。我们必须用孩子的眼光看这件事，才能帮助他改变自我意识和自我评价。孩子是如何解释听到的话或别人对他做的事，理解这一点非常重要。

尽管鼓励比较复杂困难，但我们完全可以学会它。它只需要系统的培训，所有的老师都应该有机会参加这种培训。[唐・丁克迈耶（Don Dinkmeyer）与作者合著的《鼓励孩子学习：鼓励的过程》（*Encouraging Children to Learn: The Encouragement Process*），新泽西州恩格尔伍德克利夫斯出版社，1963年。]

师生互动

虽然孩子的个性、目标及态度在踏进校门时就已经定型了，但老师必然会鼓励、激发和诱导孩子出现变化。孩子在学校的方方面面，包括学业成绩、行为举止，甚至与其他孩子的社会关系等，在很大程度上都取决于老师的态度和行为。孩子的行为，无论好坏，从全局整体的角度看，都是符合逻辑的。学生与老师的互动方式，正是老师对学生教育方式的真实反映。

许多老师担心，如果他们不“强制”学生顺从规则，就会出现放纵和混乱，但其实正是这种逼迫孩子顺从的方式制造了无数的挑战。孩子只会变得更加肆无忌惮，因为我们不可能通过羞辱和压迫赢得学生的合作。老师没有认识到这一点，结果她对自己的权威比对孩子的利益更感兴趣。一旦老师充满愤恨、沮丧、恼怒，她就不再是个领导者和教育者，而是变成了一个斗士，为自己的权力、地位、威望以及优越而战。这个时候，心理理解和自我认知变得不可能，老师也不可能认识到其实自己的言行应为学生的行为承担责任。

考虑群体影响

随着社会民主模式的发展，成人对孩子的控制和支配减弱，同龄群体变得日益重要。过去，老师和家庭有权强制孩子顺从规则，虽然叛逆总是存在，但在大多数情况下只能间接地、微妙地表现出来。而群体通常接受权威人物的标准，这更加强化了每个成员的屈服和顺从。今天，在民主气氛中，群体经常支持叛逆。而且，群体中同伴的赞许变得比成人、家长和老师的赞许更重要。不论是在家里还是在学校，孩子都可以随心所欲地表达他的反叛和蔑视。单独的个人权威再也不能压制反抗的孩子，只有发动群体压力才有可能达到这个目的。

孩子在群体中活动时，老师可以观察到这个群体对每个孩子的影响。使用群体影响孩子，不仅是有效的教学和改善行为的方法，对创建民主氛围也是必不可少的，在这样的氛围中，群体的权威已经取代了某个成人的权威。群体是孩子生活的现实环境。通过他人的反馈，孩子在这个环境中逐渐建立并强化自己的生活态度和行为模式。同龄人的群体越强大，忠诚度越高，越会加强孩子对家长、老师所规定行为的反抗。

班级这个群体可能特别有帮助，也可能非常危险。总体来说，借助群体压力是一种强大有效的方法。有些老师不知道这一点，有些老师缺乏技能去激发有利于教育的群体压力，这些老师班上的麻烦制造者结果会成为群体压力的领导者，因为其实是老师允许这样的情况发生。那些反对教育的、挑战的和敌对的孩子有一种超强的能力，他们会产生很强的团体凝聚力。很自然，这样的团体凝聚力是针对老师的，尤其是当老师发挥不了领导作用、不能建立良好教学环境的时候。日常教学活动中出现的无效和挑战，往往是因为老师应对和处理班级群体无效。

作为群体领导者的老师

老师们通常认为他们的任务就是教学、影响孩子以及必要时纠正孩子的行为。因此老师通常反对大班制，这让他们给予每个孩子的关注度受限。而老师不知道的是，她并不是在教25个、35个或50个碰巧坐在一个教室里的孩子，而是在教一个班，无论这个班是由25个、35个还是50个孩子组成。在不知不觉中，她就是这个班级群体的领导者。有些老师天然具有领导力，但是如果想要成功，所有老师都需要习得这种能力。除非老师能有力地发挥这个群体的力量，否则它就会成为障碍。事实上，无论孩子做什么，他在班上的行为举止，都是他和其他孩子互动的组成部分，而不仅仅基于他跟老师的个人关系。

清楚了解每个班级大群体中各个小群体的情况，能够帮助老师充分理解通过恼人行为哗众取宠的孩子或者自卑孤僻没有自信的孩子，掌握他们行为背后的意义。如果没有这些，老师可能会在无意识中激化目前已经不利的各个小群体之间的矛盾，而且也无法重新调整它们以促进自己对全班和每个孩子的影响。

如果不使用这样的社会关系方法，老师就不知道班级课堂的关系结构，也不知道这些小群体的特质。社会关系图，既能够帮助老师判断班级群体的关系结构，又能够帮助老师完善改善的方法，以调整大小群体。通过这种办法，老师可以成功地削弱班上的“敌对势力”，加强积极的合作要素，这样孤僻的学生可以融入进来，而敌对群体的学生领导也不会有追随者。

詹宁斯［在课堂应用群体动力这个领域，一本非常优秀的入门书籍是海伦·霍尔·詹宁斯（H.H.Jennings）所著的《群体关系中的社会测量学：教师工作指南》(*Sociometry in Group Relations: A Work Guide for Teachers*)，华盛顿哥伦比亚特区美国教育委员会，1948年。］指出，如果不掌握社会关系方法，老师就不知道班级的群体关系并且经常会干涉这些关系，如不顾学生愿望错误地安排座位或分配任务，这可能破坏原本良好的学习环境，或者使原本有利的学习条件变得失效。这样的错误可能引发课堂挑战，让班级人际关系糟糕。

老师作为课堂的领导者，必须领导和调动学生，不论是孩子群体还是其他群体，有些领导品质是通用的，如创造兴趣、激发热情、激励和增加自信心、促进合作和激发学习动机、排除学习障碍。老师需要理解所有行为不端或有行为缺陷的孩子，否则，就很可能继续和强化孩子的错误目的。在教室里，老师不仅需要知道孩子的直接目的，还需要知道他在大班级群体或者小群体中扮演的角色。老师需要仔细观察孩子之间的互动，才能发现孩子群体角色的线索。这给老师提出了一项任务，通常老师并没有为此做好准备。

课堂气氛

老师很容易只想到师生之间一对一的关系，因此他们发现很难认识到群体构成和群体动力的各个方面。老师必须学会如何与班级群体合作而不是跟它对着干。那些处理学生个体成功的老师可能对课堂群体也采用同样的方式方法，结果却令她失望。事实上，班级群体跟老师的关系与个体学生和老师的关系并不完全相同。一般来说，班级群体不仅仅是学生个体的集合，它也具有自己的个性特点。[H.C.林格伦(H.C.Lindgren)：《教室里的教育心理学》(*Educational Psychology in the Classroom*)，纽约，约翰·威利出版公司，1956年。]

一位老师，无论其言行如何，都会在课堂上创建出一种明确的氛围。这种氛围要么增强学生的学习动力，要么阻碍学生的学习动力，不论哪个方面，它通常都具有决定性。学习动力的基础是在全班建立起来的规范和标准，以及在此之上所形成的学习态度。如果班级群体发现学习难题极有趣并值得花精力，那么群体中的学生就会被激发出努力找到解决方案的态度。如果班级的基础态度是玩世不恭或漠不关心，那么大多数学生就会抵制主动学习。这个基础态度也决定了学生被允许和被鼓励参与的程度高低，程度越高，学习动力越强。老师如何制定促进全班学生学习的规范和标准，通常是一个难题。这是因为在传统教育方法中，老师不可能跟班级群体分享很多自己的决策权力，而团体方法是新方法，尚没有经过大规模的实践检验。高效群体的精神面貌通常是很高昂的。而影响群体精神面貌的主要因素之一就是乐观的态度，即那种相信结果一定会是积极的、会成功的感觉。这样的精神面貌中包含了整个班级群体行为背后的目的。对于积极健康的群体行为来说，良好的沟通、凝聚力、精神面貌，这些因素既是原因又是结果。气馁、厌烦、无动于衷的群体会对抗和抵消老师的努力。每个班、每个老师都有自己的“气候带”。虽然这种“气候”是由班级所有学生和老师本人的个性为基础形成的，但是后者要对班级的“气候”负主要责任。

库尔特·勒温[库尔特·勒温（Kurt Lewin）、诺那德·利比特（R.Lippitt）、诺尔弗·怀特（R.K.White）：《实验创造的“社会气候”中的攻击行为模式》（*Patterns of Aggressive Behavior in Experimentally Created “Social Climate”*），《社会心理学杂志》，第10卷，1939年。]在他的爱荷华州男童俱乐部实验中确定了三种“社会气候”，这三种“气候”都由每个群体的领导者建立起来。领导者可分为独裁型、民主型或放纵型。独裁型和民主型领导下的群体都很高效，而放纵型领导下的群体效率很低。这个现象应该令老师们深思，因为很多人认为，民主就是大家都很自由，喜欢干什么就干什么。他们认为，只要停止独裁，就变成了民主。然而这却是谬误的，这是变成放纵，在所谓的“进步教育”中，这是个常见的错误方法。如果一个人对群体发挥积极领导作用，产生积极有利的影响，他就不是独裁型的，正是这样的领导性质把独裁型教师与民主型教师区别开来。

独裁型领导下的男孩们和民主型领导下的男孩们有一个主要区别，即当领导者不在场时，男孩们行为表现不同。民主型领导下的群体，即使领导者不在场，男孩们的行为和群体运行也依然良好，即使离开群体他们也相互友好。相比之下，独裁型领导下的群体当领导者不在场时，男孩们开始打架，离开群体后隔阂仍在继续。

库尔特·勒温这个实验还有一个方面，具有极大的社会文化意义，不幸的是它鲜为人知。民主型领导接到命令，他必须变成独裁型领导，这时发生了什么？事实是，什么都没有发生。孩子们已经信任这位领导者，按照他的新方案行动，但是不久后孩子们就开始出现独裁型领导下的行为特点。但当独裁型领导突然变成民主型领导时，又会发生什么？情况变得一团混乱。用了一个星期或更长时间，孩子们才平静下来，开始习惯这种民主领导方式。

类似现象不仅在美国而且在全世界都出现过。无论哪里的孩子，从独裁型环境转换到民主型环境，起初往往因为没有了原来的高压控制，而开始滥用他们新得到的自由，因为他们还没有学会重要的一点，就是当外部压力不再逼迫他们服从时，他们需要依靠自己的内在约束。因此，我们遇到的最大的教育困难，往往出现在那些孩子原本一直被支配控制而现在可以按照自己选择行事的场合。

独裁型和民主型领导

如果有人从在班级里建立“社会气候”这个角度去评价

一个老师，他会发现我们经常观察到的一个现象——现在的教育者们既不是独裁型的也不是民主型的班级领导者，而常常是这两者的独特混合体，只是更偏向其中某一种类型。在民主文化背景下，即使所谓的独裁型老师，也不可能如以前年代的前辈老师那样残酷和强硬了。而很多所谓民主型老师则其实倾向于放任和纵容，同时偶尔出现独裁型的行为。库尔特·勒温的实验需要被重复。所有这三种方法在训练老师时，都应让他们体会，然后让他们来选择。此外，也应该给他们的学生以同样的选择：给孩子们机会，面对独裁型和民主型的教育方式，选择他们更喜欢的方式，这样会给他们留下十分深刻的印象。那些完全没有在民主中受过训练的孩子会更喜欢被独裁对待，因为这是唯一阻止他们捣乱和出现问题行为的方法。而大部分孩子会意识到他们更喜欢民主方式，即使这样的方式会带来更多出于自愿的责任！显然"让老板处理一切"看起来更容易。要达成这个民主的目标，人们需要更清晰、更稳定、更广泛地了解独裁型和民主型领导方式之间的本质区别。下面这个独特区分方式已经在教师培训课程中得到了证明，在判断老师是强权独裁者还是优秀民主者方面很有价值，它消除了两者之间的含混不清。下面列表中的内容并不是永远一成不变的，也不是绝对完整的。这是给老师们的建议参考，实践时，还可以加入其他的特征内容。

下面两列内容应该可以把独裁型领导者与民主型领导者区别开来：

独裁型	**民主型**
老板	领导
声音尖锐	声音友好
命令	邀请
权力	影响力
压迫	激励
要求合作	赢得合作
我告诉你你应该做什么	我告诉你我会做什么
强加自己的观点	推销自己的观点
支配	引导
批评	鼓励
挑剔	承认成绩
惩罚	帮助
我告诉你	讨论
我决定，你服从	我建议并帮助你做决定
老板单独负责	群体共同负责

两栏之间的特征差异是什么？左边一栏显示了来自外部的压力，而右边一栏则显示了来自内部的激励。这是根本的区别，每个对评价自己“民主指数”感兴趣的老师都可以用这个区别来检查自己的教育行为和方法。这个区别很明显，只要愿意看，就不会看不到。

在这两栏内容里，“惩罚”被清楚地列为独裁方法。奖赏与惩罚都会产生来自外部的压力。在独裁环境里，它们会有效，并是强迫学生服从的必要手段；而在民主环境中，这样的方式不仅无效而且有害。如果孩子得到奖赏，他一点儿都不会感激所谓权威人士的仁慈，相反会认为这是理所应当的，是他的权利。而且，除非再给奖赏，否则他什么都不做。而惩罚就更加糟糕了，恰恰是那些讲理的孩子，也就是最不需要惩罚的孩子，使用惩罚才有效果。那些老师想通过惩罚给教训的学生，往往对老师的惩罚毫不在意，不论胜败，他们都认为这是“兵家常事”。而且事实证明，当老师惩罚一个孩子的时候，孩子的反应是：“如果老师（或家长）有权力惩罚我，那我也有同样的权力惩罚成人。”结果在我们的家庭里和教室里充满了报复行为。大约一百年以前，赫伯特·斯宾塞（Herbert Spencer）就指出了在民主环境中惩罚的无效性，并且区分了惩罚与自然后果。皮亚杰通过区分报应性正义（retributive justice，即惩罚）和分配性正义（distributive justice），对斯宾塞的理论进行了对冲。分配性正义是社会群体的现实权力和力量，它影响每个人，无论成人还是孩子。然而我们绝大多数的家长和老师却仍然寄希望于那些只能得到暂时顺从、不会真正改善行为、不能“教给”孩子任何事情的方法，期待这些方法产生积极健康的结果。害怕惩罚的孩子只会对不太强烈的负面情况做出反应。就此而论，我们也许非常需要重新评价我们的评分制度及其有效性。通常，只有高分才会让孩子印象深刻。低分数对提高学习效率几乎没有什么效果，而害怕惩罚的孩子对低分数这样的强烈负面情况通常不敢做出反应。还有比让孩子害怕低分和不及格更好的方法来激励学习。即使这种让孩子害怕低分和不及格的评分制度带来了短暂的效果，它也是以师生关系紧张和无谓的浪费所有人的精力为代价。如果老师掌握了用民主方式激励学生，而不是用严厉的分数表现苛求学生，效果就会更好。

斯宾塞首先认为，“自然后果”是民主环境中比独裁有效的方法。在我们现在对家长和老师的工作中，在建议使用逻辑后果和自然结果方面，我们非常谨慎。逻辑后果需要成人有敏锐的知觉和技巧，才会有正面效果。逻辑后果和惩罚之间很容易发生混淆，而孩子很快就可以分辨是正面逻辑后果还是被掩盖的惩罚。而自然结果指发生错误行为后，符合自然逻辑的直接结果，这个结果不是由权威强加在孩子身上的，而是由现实情况给他的。老师可以维持一个友好旁观者的角色。自然结果不是主观武断的，而是不言自明的。但是，如果老师已经卷入了和学生的权力之争中，就不能使用任何逻辑结果的方法。仅仅是老师的语调就可能把一个自然结果的好机会，变成对学生的惩罚和报复。

如果老师不再认为自己一人要对每个孩子的行为负责，其处境就不会那么困难。老师可以而且应该和孩子们一起分担责任。老师要能够创造一种团队合作精神，否则自己就会总是被班里学生的分歧和利益冲突、“好”学生和“坏”学生、与老师一派的学生和对抗老师的学生、学习领先的学生和学习迟缓的学生之间的各种拉锯战所困扰所阻碍。

班级的团结

老师是否成功，很大程度上取决于他使全班为共同目的团结起来的能力高低。这样的能力常常不仅决定孩子们学到什么，而且还决定他们在智力和社会能力方面的发展与成长如何。如果老师只是关注少数几个优秀的或有“正当动机”的孩子，那么这少数几个孩子成功的代价，就是许多其他孩子的半途而废。只有使所有孩子团结成一个整体，他们才能受到影响并都取得进步，而班上的“敌对阵营”让这项工作产生很多困难。而且，很多老师不是消除两个阵营的隔阂，而是几乎故意地强调两个阵营的区别，以赢得友好阵营的支持去反对敌对阵营。最终所有人都受害。士气低落，即使气氛不相互敌对，学生们之间也不友好。所有学生的学习，甚至所谓好学生的学习，都受到影响。

团结全班的需求很容易被认识到，然而，如何实现这种团结，各人意见不同。由于班级缺乏团结和巩固合作的氛围，许多教育者提倡按同等水平划分更多班级，把学得慢的学生和学得快的学生分开，把遵纪守法的学生与捣乱的学生分开。按照能力划分虽然可以带来教室安静，但它具有破坏性，会导致等级制度产生。那些所谓“离经叛道”的孩子成了少数派。这样的话，我们的学校反而培养了智力和道德方面的势利小人。而且，这种划分并不能解决班级团结的难题。没有能力让班级团结的老师，在这样的划分体系下，即使带领等级统一甚至所谓高等级的班级，也依然会遇到类似的敌对情况；而如果老师知道如何把全班团结起来，那么即使碰到学生多元化的班级，也一样能做到（参见案例61）。

老师可以用什么方法呢？创造共同兴趣、提高全班精神面貌、建立目标感等，这些都可以帮助老师把全班团结起来。许多老师只要认真思考一下，就有办法让自己的课变得更有趣。他们通常太忙于准备教材、控制学生等等，至于学习趣味、激发学生的自发性和创造性等方面，都被忽视了。

詹宁斯建议，建立长社交链是把每个孩子联结起来的好方式，这样就可以创造相互团结的步骤和方法。他建议每个老师都找到方法，建立班级中不同小群体之间的联系，以发展整体团队精神、培养各群体之间的联结和支持、找到分裂的原因以及找出编写什么样的教材有助于抵消可能引起分裂的信念和行为。学习中的正向互动，能够帮助班级群体成员实现各自能力和优势的互补，有助于取得更好的整体成绩。

许多老师在对待学生时，仅仅把他们看作一个个独立的个体，根据他们的表现来分配任务、让他们承担责任、把缺点看作个人的事，因此对学生的系统引导只依据个体特性，只看个人成绩的升降。这些老师给予孩子指导时，并没有考虑到将来孩子面对的问题具有综合的社会背景，也没有考虑到要帮助孩子发展与他人合作解决问题的能力。这种只强调个体的方式，会带来许多有害的影响。越是只靠自己、只为自己学习方面取得成功，孩子作为个体所承担的损失就越大。

竞争与合作

班级里的竞争气氛会阻止孩子融合到集体里。在这样的环境中，所有孩子对自己的位置都没有安全感，而安全感是群体和谐的先决条件。竞争气氛破坏教室里良好的群体关系，而且可能损害群体精神。它不但不能给孩子提供价值感和平等感，还会使一个孩子感到优越而另一个孩子感到自卑，于是不可能有合作或团队精神。

合作氛围里的学习行为和竞争氛围里的学习行为，两者之间的差别得到了非常广泛的研究。当班级成员看到大家都在为自己的优越相互竞争时，共同努力这件事就变成了不可能；思想交流、工作协调、友谊以及对班级群体的自豪感，会大大减少甚至消失殆尽。

合作是一种相当难的综合技能，如果竞争冲突存在，这种综合技能就不容易获得或实践。老师可以通过班级群体项目来消除教室竞争冲突。这些群体项目是帮助班级融合的重要方式，可以激励学生共同努力。当学生参与这些群体项目时，他不是为了自私的目的，而是为整个班级的目标而努力。这样，他可以赢得自己在班级里的位置，并享受贡献的价值和意义，即便他的贡献没有其他同学那么大。每个同学都能够并有机会做出自己的重要贡献，而不用与别人作对比，或被别人评价。

人们对我们的建议——即家长和老师应该避免在孩子组成的群体中形成竞争冲突——提出了很多反对意见。我们被告知，应该让孩子在竞争努力中得到训练，因为他们将来会不得不生活在一个激烈竞争的社会中。这个假设是不成立的。一个人越不争强好胜，就越能在激烈的竞争中站稳。如果他专注并满足于自己的工作，那么无论他的竞争者做什么或取得什么成绩，都不会对他造成干扰。争强好胜者只有在自己成功的时候，才能面对竞争的局面。

班级讨论

教室的群体讨论是民主氛围中的必要部分，它可以起到很多作用：［德国教育家维内肯于1910年在他的著作《学校与青少年文化》(*Schule und Jugenkultur*) 中写道："老师和学生都相互不知道，也不相互分享各自的生活及兴趣。这造成了最原始的先决条件缺失，即群体讨论缺失。因为缺乏这样的开放性群体讨论，学生们会在背后议论、批评、谴责老师，大多数学校都有这样的现象。学生们会随便谈论，但是完全不受控制、言论不成熟，也没有责任感。然而，一旦学校规定学生可以公开表达自己，这样的言论就会停止。通过这样的方式，就可以形成新的学生公众舆论，消除原来的谩骂和批评。只有当整个学生群体可以表达自己的意见、得到倾听，并提高了自我意识时，这种新的公众舆论才能形成。"

他的话在今天还依旧具有革命性。] 第一，它让孩子们完全融为一体，因为所有孩子都参与，而且能够表达意见，也能了解其他人的想法。第二，在自由讨论中，每个孩子都产生价值感和责任感，有权利表达自己的意见，也有义务倾听别人的意见。第三，孩子们与老师共同承担责任，一起寻找解决方案。老师可以依靠全班同学帮助她解决共同的常见问题。

团体讨论主要起三个作用。第一是每个人都必须学会倾听。现在的状况是，没有人知道别人的感觉。很自然，老师还不习惯倾听孩子。虽然孩子被迫听老师的，但他们很少知道老师的真实感受，因为老师通常会把自己的感受掩藏起来。第二个作用是帮助孩子了解自己以及相互了解。为了做到这一点，老师必须熟悉孩子，尤其是对他们行为背后的目的，进行心理了解。我们的群体讨论以孩子的行为目的为中心。这样就消除了违背自由讨论精神的挑剔、说教和评判。一开始，老师可以不提姓名，只点出一个孩子的问题。很快，这个孩子自己会站出来，因为他会很快就意识到自己没有危险，而且孩子们天然地对这样的群体讨论极度感兴趣，他们很快就开始提出自己的相关问题。他们会主动提供关于如何力图赢得关注、展示权力、报复或气馁放弃的各种信息，尽管群体讨论前他们也许还没有意识到这样的行为。

班级讨论的第三个目的，是激励孩子们相互帮助。不再是老师通过权威和优越“指导”孩子，孩子们可以互相帮助，找到自己问题的更好解决方案，因此，群体讨论把全班变成一个具有凝聚力的团体。孩子们会感觉相互之间有很多共同之处。竞争氛围被同理心和相互帮助的氛围所取代。弱者，以前是被嘲讽被蔑视的对象，现在成了给帮助给协助的挑战机遇。而那些在人际关系和学业上成功的幸运儿们，则不会继续被笼罩在光环之下，而是会意识到自己为别人服务的责任。

这样的群体讨论给孩子机会表达他的担心，帮助他理清对学校、老师以及对家庭成员的态度。他在家里和兄弟姐妹的交往互动、和他们的竞争，现在在群体讨论中可能会以一种全新的角度出现。他对自己能力的错误怀疑及对别人的错误观念都有可能变得明显。

与单独指导相比，群体讨论在改变行为方面更加有效。群体讨论中的语言和行为，比说教或单独指导具有更强的影响。孩子们互相学习，学到的东西能比从老师那里学到的更多。许多情况下，尤其在处理年龄较大的和行为肆无忌惮的学生时，群体讨论是唯一可能有效的办法。班级讨论甚至可以阻止犯错的倾向，因为孩子的错误行为其实反映了他们的价值观，这些孩子的行为基于该价值观，而这个价值观通常和成人社会的价值观相对立。这些孩子的价值观只能通过群体来改变，每一个群体是价值观的形成载体。用这种方法，在其他同学的帮助下，老师可以提出全班每个同学的观点和价值观，大家可以在安全的环境里一起讨论审视。然而，老师要克制说教，并阻止其他孩子说教、评判和羞辱的行为，这样才可以保证群体讨论的安全。

事实上，几乎没有哪位老师不和学生进行讨论。但是那些讨论大多是为了处理班级项目或恼人的行为，对于理解学生和提高学生并没有多大影响。大多数老师用这样的所谓“讨论”只是为了发表自己的想法、解释和说教，以及得到同学的确认和赞同。另一些老师开展的讨论则非常放任，没有组织和界限，每个孩子都可以随心所欲地发表自己的观点，老师不发挥任何领导作用。接下来自然会产生混乱，这时老师不得不实施领导作用，结果常常变成独裁型领导。

群体讨论的领导者需要很大程度的自信、自发、自律及内心自由。这些品质让老师毫无畏惧地发挥自己的影响力，而不用担心她自己的声望权威，或害怕孩子们可能会说什么。

很重要的一点是，在师生通过群体讨论共同解决问题之前，老师不要先跳进来找解决方法。老师需要保持讨论活跃，并引发学生产生新思路，可以用的好方法有提问，如，“你们对这件事情怎么想？”于是孩子们就会大胆地说出关于原因和可能的解决方案的想法。这样会给老师一个机会，听到那些更有利的信息，最终更容易找到相互尊重的解决方法。

可以放心地鼓励所有老师去试验、实践并练习这样的群体讨论，它是有安全保障的。只要老师运用自己的常识，启发孩子自由地发表想法，只对孩子行为背后可能的目的（而不是行为的原因）得出心理学角度的解释，就是很安全的。有时候这个解释可能是错误的，但也不会带来危害。建立群体士气、提供群体归属感、把困难看作理解与改进的机会（而不是嘲讽打击的理由），这些就能胜过任何可能的危害。

显然，没有全体平等参与的群体讨论，好生与差生、学得快的学生与学得慢的学生、遵纪守法的学生与捣乱滋事的学生之间的差距，就不可能缩小，一个团结的班级群体就不可能实现。

民主课堂的构建

和人们经常假设的不同，民主氛围并不意味着放任与纵容。民主型群体需要秩序和纪律，但是不能通过某一个主导的成人用自己的权威来建立。

在给孩子们提供平等意识的民主进程中，孩子对成人的控制和支配已经无动于衷了。他们变得更加爱自由，但还没有学会为自己承担完全的责任。这种责任缺乏在家里和学校都是显而易见的，主要在于所有责任仍然取决于成人、家长和老师，他们不知道如何引导孩子自由但负责地朝着民主生活发展。在专制社会里，自由与秩序互相排斥；在民主环境里，我们既需要自由，也需要秩序，不然我们得到的只是混乱。从老师的角度讲，需要他们掌握新方法，并且不断提高学生的自律和自治能力。

有人提出这样一个问题：是否应该给学生权力，让他们自己决定是否愿意学习以及学什么内容。而事实是，是否让他们做决定要不要学习，早已经不再是个问题——他们已经能够为自己做此决定，我们不能逼迫一个不愿学习的学生去学习。

我们大大地低估了孩子们的行动能力、智力以及负责任的能力。既然我们不能再控制和支配他们，我们就必须在所有方面成为他们平等合作的伙伴，赢得他们的合作。不能再只由老师或其在班里的“盟友”进行计划和做决定。那些挑战者，也就是眼下与社会文化和学校教育目标对着干的学生，必须被接纳吸收进来。教育者需要有领导力，把“敌对分子”也团结过来，为了对所有人对全社会有益的目标，把大家团结进来。

我们完全可以寄希望于孩子们，他们有能力开展有效的班级群体活动，但这需要老师信任学生，信任学生的决定；另外反过来，孩子们也要学会互相信任以及信任成人。学生可以被允许参与课程设置规划和其他为满足学生各项需求的规划活动。任何年龄的孩子，只要他们明确得到老师的理解、尊重、合作以及支持，都可以对学校生活的所有内容开展创造性的工作。我们有很多学生参与课程内容、教学方法和学校管理的决策，这方面的例子很多。

关键点是，学校所有的班级、班上所有的人，都要有机会参与这个教育过程的规划。许多学校设立了学生会，但他们的活动通常很有限，往往负责处罚违反成人标准的事件和人，这和民主原则恰恰相反。即使学生会的活动涉及教学规划，通常也是在很小的范围内，或者只是规划课外活动等。往往恰是那些被排除在学生会代表以外的学生们最需要参与学校项目，因为他们要么对学校内容漠不关心，要么公开反对学校和老师的教育。没有他们的积极参与，学校在教育目标的达成上，就很容易受到严重阻碍。

学校可以在很大程度上帮助学生和成人缩小两者之间

的差距，可以提供论坛让学生、老师和家长定期见面，一起讨论他们共同面临的问题。他们学习相互倾听和理解，最终达成共识使问题得以解决。通过这样的方式，给每个人机会发表想法和意见，而且学校尊重他们的意见，年轻的学生们甚至可以帮助解决社区问题。

如果我们的学校和社区不给年轻人值得尊敬的位置，那么他们独立的决心、他们要求平等权利的决心，都很可能通过对社会无用的，经常是极度讨厌的，甚至是有害的方式表达出来。

PART II

第二部分
实际应用
PRACTICAL APPLICATION

ENCOURAGEMENT

第五章
鼓励

第一部分所讲述的心理学原理既具有普遍性又具有特殊性。有些原理可以普遍应用于各种情形，而有些原理则需要根据具体情况、孩子具体的性格、他遇到的具体困难以及他的行为进行具体分析与评估。

鼓励是所有纠正方法中必不可少的手段。毫无疑问，鼓励的方法应该被普遍采用，以改善孩子的情况。然而，鼓励也是一个具体的方法，当孩子行为失调完全是出于沮丧时，可以采用鼓励的方式作为具体的纠正方法（目的4）。因此，鼓励既是一种普遍方法，又是一种具体方法。

普遍方法和具体方法的特征差异之一就是效果不同。针对某一特定情形或某个孩子制定具体方法，能取得持久的效果。而普遍方法则能够形成良好的氛围，从而促进孩子间相互合作，因此，鼓励可以帮助每个孩子；在改善孩子（目的4）的过程中，鼓励能够产生持续的效果。

老师不但要充满热情，关爱孩子，而且要善于鼓励孩子。孩子能够轻易地感受到老师的关爱，而鼓励的方式比较含蓄，不甚明显，所以需要对鼓励的使用技巧进行探讨与试验。

本章及本书余下部分的案例均来自印第安纳大学及西北大学的课堂作业，学员将这些案例作为课堂讨论的基本内容来分析教学方法，后面的章节中也会引用该部分的案例。

参加讨论的学员绝大部分是在职老师，为避免混淆，在此把这类学员称作老师－学员。

➢案例1

弗雷德在上视力矫正课程，同时每天和五年级学生一起来上我的科学课。第一学期的大部分时间里，弗雷德不能像班里其他学生那样完成作业，他看起来特别气馁，一副完全无能为力的样子。当我发本子的时候，弗雷德告诉我，视力矫正老师不希望他写笔记。而在我的科学课上，当别的学生看课本时，弗雷德只是看课本中的插图，有时甚至连书都不翻开。学生进行分组实验并在课堂上展示，而弗雷德对此似乎也不感兴趣。

我并不强制要求弗雷德参加课堂实验，只是把选择权交给他，同时确保只要他愿意，他能随时参与到课堂活动中来。

慢慢地，弗雷德开始表现出参与课堂活动的欲望，并开始在课堂上做力所能及的事情，这个孩子突然对科学课产生了兴趣。弗雷德的变化让我十分高兴，我欣然接受弗雷德的帮助并表扬了他。有一天，弗雷德告诉我，视力矫正老师说他现在可以写字了，所以他也想要一个本子。从那以后，弗雷德一直写下他的实验记录，似乎对自己能够与其他孩子一样而感到非常自豪。当我布置阅读任务时，弗雷德问我能否让班里的男同学帮助他，因为视力问题让他阅读印刷体非常吃力。弗雷德的视力矫正老师告诉我，弗雷德对科学课产生了浓厚的兴趣，而且正积累着宝贵的经验。

评语：弗雷德的气馁是双重的，由于视力问题，他怀疑自己不能完成作业；由于与别人不同，弗雷德有深深的自卑感和被忽视的感觉。案例中的老师成功地让弗雷德感受到了自己是受欢迎的。老师忽略孩子的缺陷，并没有强调弗雷德的这个生理不足。这其实并不容易，因为人们往往很难忽视孩子的缺陷。而且，鼓励在这个实例中起了至关重要的作用。该老师取得的第一个成果是对弗雷德一视同仁。由于老师并不对弗雷德的缺陷给予特别关注，这让弗雷德对班级产生了归属感。弗雷德对课堂产生了更深厚的兴趣后，自然有了积极参与的念头。而此时，该老师又采取了正确的做法，没有对弗雷德提出任何要求，而是让他自己慢慢突破自我。当弗雷德做出决定性的举动后，老师给出了充分的积极回应。回应中有一个细节应值得我们注意，老师不仅表现出愉悦的心情，而且对孩子给予“感谢”。在这位老师的报告中，字里行间都透露出他谦逊和友善的品质，而这种谦逊和友善起到了十分重要的作用，并让弗雷德融入课堂活动中。弗雷德在科学课上的经历，已经超越了简单的知识层面的学习。尽管有视力缺陷，弗雷德对科学课堂也产生了归属感。因此，弗雷德迈出了重要的一步，适应了正常人的生活，能更好地同他人相处。

➢案例2

午休时，我遇到了一个二年级的学生，这个男生正拖着脚步垂头丧气地去吃午饭。

他说："P老师，我不想学习阅读了。"

我问："你为什么不想学习阅读了呢？"

孩子说："我感觉自己太笨了。"

我拉开抽屉，拿出一个写着他名字的大文件夹，对他说："约翰尼，我很确定你一点儿都不笨。因为你刚刚入学时，有个老师问了你许多问题，而你回答得非常好。所以，我们知道你不是一个笨孩子。"

评语：在本案例中，老师敏锐地察觉到了孩子的问题（沮丧），然后还举出确凿具体的证据证明他并不笨。老师的做法是正确的，这样的做法肯定会带来好结果。

➢案例3

玛丽，八岁，智商106，可是在一、二年级时，她的阅读没有什么进步。虽然在课堂上玛丽专心听讲，善于合作，但一到布置课堂作业时，她就表现得非常无助。老师一度认为是因为玛丽的阅读基础比较薄弱，所以她没能提高阅读能力。有一次，在做手工制品时，玛丽哭着说，别的孩子都能完成任务，只有自己不能。最后，通过别人的一点儿协助，玛丽完成了任务。

评语：玛丽完成自己的手工作品，是通过先掉眼泪，再借助他人帮助的方式。在这种情况下，给予玛丽帮助是特殊服务，不是鼓励。

但是此后，更有教育意义的方法代替了这种错误的做法。

在课堂上，我让孩子们用彩纸剪字母，拼成一首儿歌，然后画一幅画来描述这首歌。我发现，有两次玛丽都把彩纸给了她后面的女生，让她帮忙。于是，我又给了玛丽两张纸，并告诉她，我相信她能剪出很好看的字母，希望她能帮我剪一个字母来做图。玛丽很快剪了两个字母，非常开心，很骄傲地把其中一个放在了我的桌上。

评语：这个案例体现了适当鼓励的作用。老师的鼓励让玛丽克服了心中的不自信，不再依赖别人。能够帮助老师，这让玛丽很受鼓舞，最终完成了自己的任务。

在本案例中，老师选择了明智的做法。批评只会让孩子更加气馁，所以当玛丽让别的女生帮助自己剪纸时，老师并没有因此责怪玛丽，而是采取了鼓励的方法帮助孩子。

➢案例4

汤米，七岁，是个“左撇子”。刚开学时，汤米字迹潦草，在作业本上乱写乱画。我告诉汤米，很多优秀的作家也是“左撇子”，我相信他知道怎么写字。过了一段时间，有一天，我请汤米在白板上书写今天的作业，检测他是否有进步，果然，汤米字迹工整了许多。今天，我邀请汤米上来，在讲台上把他的作业读出来。汤米字迹优美、工整。然而，我其实从来没有给汤米任何指导。

评语：在本案例中，老师恰当地使用了鼓励的方法。汤米需要的是鼓励。汤米显然并不想学书写的规范。通常，很多老师会产生教孩子正确书写的冲动，然后再纠正孩子的不足和错误。然而，这样的额外“指导”只会让孩子更泄气。老师告诉汤米“左撇子”也可以成为优秀的作家，从而打消了孩子的不自信，促使孩子提高书写水平，最后让汤米在班里展示自己的书写能力。

➢ **案例5**

约瑟夫一周至少迟到三次。班里选管理员时，我发现约瑟夫举手——他想做纸条管理员（Captain-Slip）一职，我同意了。作为纸条管理员，约瑟夫的职责是在第一节课前到校办公室拿这些纸条，把它们交给每一节课的老师，迄今为止，约瑟夫再没迟到过。

评语：在本案例中，老师没有言语上的鼓励。约瑟夫有迟到的问题，但老师依然让约瑟夫担任管理员，肩上的责任促使约瑟夫每天按时到校。老师并没有纠结孩子迟到的心理因素和原因，而是抓住这个机会，消除导致孩子迟到的因素，关注解决方法。如果一味责骂、处罚或者无视孩子的迟到行为，只会使情况更糟。老师无条件地信任约瑟夫，也没有向孩子强调管理员的责任。对此，约瑟夫用行动证明了自己的价值。老师的信任就是鼓励。

➢案例6

罗伯特是一名高一学生，在簿记课上有困难，他无法算出不同列的数字之和。我曾经看到罗伯特在他父亲的商店里使用计算器，因此，我允许学生在课堂上使用计算器。班里只有罗伯特会使用计算器，所以我让他帮助其他同学。后来，罗伯特的计算能力提高了，能够轻松解题。罗伯特本来落后于同龄学生，也清楚地明白自己的不足，但是掌握计算器的使用方法以及教大家使用计算器的经历，让他意识到了自己的重要性，由此产生的自豪感激励罗伯特提高学习效率。

评语：老师把罗伯特从一个消极状态引向了积极状态。他不再被自己的不足困扰，而是在课堂上变得高效有用，心里也充满了自信。

➢案例7

雷是一个六年级的男生，经常在操场上打架。有一次雷欺负了罗伊，而罗伊在班里十分受欢迎。罗伊哭着跑来找我，我看到他胸前有一大块擦伤。我先对罗伊的伤口进行了处理，他的情绪也随之稳定了。我没有去责备和惩罚雷，而是和罗伊一起讨论雷在校园里的好斗行为这件事。经过讨论，我们俩认为可能雷觉得别的男生不喜欢他，因为在男生的游戏中，雷从来没有被选做领导者过。然后罗伊决定，去劝服别的孩子对雷友善一些。

一周之后，班里进行了新的管理员选举，雷被选为了财务管理员，职责包括收齐午餐费，交给午餐室的主管，并报告班里需要热餐的人数。

集体的鼓励让雷变成了另外一个人，他已经几周没打架了，同时在课堂上付出的努力比过去一年的总和还多。课堂上，他积极完成作业，并且努力参与到小组讨论中。最重要的一点是，别的孩子更尊重雷了，如果雷做了值得称赞的事情，他会得到其他人的赞许。雷第一次完成数学作业时，所有的学生都为他鼓掌，雷并没有感到尴尬，而是十分开心。

评语：老师的做法不仅鼓励了雷，而且由此产生了一系列连锁反应。老师很明智，得到了班里最受欢迎的孩子——罗伊——的帮助。该案例再次证明：如果老师抓住机会，不但可以改善不利的状况，还能创造有利的条件。在罗伊受到伤害和屈辱时，老师请罗伊帮忙，最终成功地得到了罗伊的帮助。老师本可以站在好孩子的立场，惩罚坏孩子，但这样做只会更加恶化孩子们与雷之间的对抗程度，老师利用这次挑战，唤起了罗伊的同情心。雷成为班级里的财务管理员，很显然，雷出色地完成了自己的工作。我们可以猜到，这位老师和善的态度和持续的鼓励，对雷和全班同学起到了积极的影响，不仅让雷表现得更好，也促使其他孩子改善了社交能力。

➢案例8

罗伯特家在学校对面的街边，学生们在校园里就能看到罗伯特家残破的窗户、杂乱的庭院以及到处的尘土。罗伯特家名声不好，他的几个哥哥曾进过少管所。家里的状况让罗伯特觉得自己和同学格格不入，不想与其他人接触。罗伯特从没有尝试参加课堂集体背诵，也没有主动参加过其他课堂活动，有时他会欺负低年级的学生。

我开始思考如何激起罗伯特的自信，如何改变班里同学对他的看法，结果答案自然而然地出现了。在一次点名中，我问了罗伯特一个问题："你姐姐在哪里教书？"有几个学生抬起头来表现出好奇，罗伯特的脸上也散发出兴奋的光亮。

那天以后，情况发生了细微的变化，罗伯特开始尝试完成背诵，偶尔还会参与课堂的自由讨论。再后来，罗伯特的课堂出勤和表现都有所提高。

评语：并不是哪个具体的问题、某一件具体的事情促使罗伯特发生改变，让他发生变化的是老师对他的尊重，这个尊重可能是罗伯特从未得到过的。尊重本身就是一种鼓励。

➢案例9

丹尼，智力中等，已经八岁了，但是仍在读一年级。丹尼曾经是个不遵守课堂纪律的孩子，注意力不集中，爱插话，出现过欺负同学的行为。丹尼能阅读，但阅读水平没有提高。他经常转学，在每所学校待的时间都不长。再加上他和家里人常常生病，导致他经常缺课。因此，丹尼无法适应校园生活，难以融入集体中。

我告诉孩子们，我很忙碌的时候，如果谁需要帮助，可以向丹尼求助，想以此来鼓励丹尼。同时我还向孩子们解释了丹尼的家庭背景，让大家知道丹尼仍在读一年级的原因。我还让丹尼负责阅读小组，帮助阅读能力较弱的学生。丹尼对自己的新角色充满热情，其他的孩子也开始尊重丹尼。最重要的是，丹尼克服了自身的纪律问题。责任感让丹尼有了归属感，感觉自己是班级的重要一员。

评语：在孩子公然的挑衅行为背后，这位老师感受到了丹尼内心深处的羞愧感。在本案例中，老师发现了丹尼的优势：年龄比其他同学大，由于环境经常变化而具有一定适应能力，也发现丹尼一直没有正确利用自己的长处。另外，除了让丹尼负责阅读小组外，老师并没有给丹尼分配过多任务，因此，即使丹尼的行为没有改善，也不会对其他孩子产生太多负面影响。事实证明，新的角色成功地发挥了丹尼的长处，从而抵消了他的社交自卑感。

➢案例10

莱昂纳多读五年级，总是一副焦躁不安的样子，似乎对任何事情都不感兴趣。一天，莱昂纳多来到办公室，要求参加一个只面向六年级学生的项目。这个项目对莱昂纳多来说难度太大了，因而我没有同意。当莱昂纳多失望地走开时，我改变了自己的决定，同意让他尝试一下。

莱昂纳多想要做一条勋带。刚开始的两个小时，他只出现了一个错误。我表扬了他，并告诉莱昂纳多我为他感到骄傲。接下来的时间里，莱昂纳多一直坚持，非常投入，也非常认真，结束的时候，他已经完成了四分之三。

第二天，莱昂纳多在课间拿着勋带来找我，我称赞了他的勋带，并告诉他，如果完成时也是这么漂亮，完全可以把这个勋带作为圣诞礼物送给校长。就在这时，莱昂纳多的班主任走了进来，抓着他的头发把他拽了出去，并告诉莱昂纳多不许再来办公室打扰我，也不许在课堂上做勋带，理由是太难了。

我不明白班主任最开始为什么反对莱昂纳多制作勋带？开始做勋带之后，莱昂纳多在课堂上变得十分安静——班主任后来告诉我——都不再像原来那样在课堂上跑来跑去了。事实上，班主任后来也承认，她没有办法让莱昂纳多跟她一起做任何事。

25分钟后，莱昂纳多又在课间来找我，又给我看他的勋带，已经全部完成了，很漂亮很精致。我表扬了莱昂纳多，告诉他可以把这个作为礼物送给校长。莱昂纳多说："F老师，我喜欢你，如果我从现在起在课堂上保持安静，你可以教我做一些手工，送给我妈妈吗？"其实我从没要求莱昂纳多在课堂上保持安静，但此后他一直遵守课堂纪律。

评语：通常情况下，采取心理学方法会与比较保守的做法有所冲突。该案例证明了即使班主任老师对孩子并不信任、采取了错误做法，这位老师具有建设性意义的方法仍会起到重要作用。一个老师的鼓励能够抵消其他人对孩子的不信任。

案例中的老师采取了什么做法？她看到了一个表现不好的孩子想要做自己能力范围之外的事情，老师敏锐地察觉到了孩子的需要——成就感，因而给了他这个机会。并且，老师一直给予孩子鼓励，在反对的声音中仍坚定地支持孩子。孩子也感受到了老师的信任，最后成功地完成了任务。

➢ 案例11

有位老师给我们举了她利用“报告卡”对孩子进行鼓励的例子。在这个例子里，她注意到这些孩子在原本不足的方面取得了显著的进步。报告卡里她对孩子的评语都是真实的，而且她完全没有指出孩子的不足之处。

其中一张报告卡上写着：“威廉在班里很受欢迎，大家选威廉当班长，威廉出色地完成了本职工作，同时作为班级的代表参加了学生会。在‘未来教师’俱乐部的活动里，威廉陈述了自己想做老师的想法，并给出了很充分的理由。威廉学习很刻苦，希望他很快能够参加另一个阅读小组。”

背景：威廉的智商只有75，阅读水平落后于同龄人三年。在报告卡的评语中，我并没有提到威廉在学习或别人背诵时大声说话的现象。

另一张报告卡上写着："桃乐西在学校午餐餐厅里帮忙，还协助学校的巡视工作。她擅长背诗，能够克服自身的胆怯，这一点让我很骄傲。桃乐西很友善，有很多朋友，同时喜欢助人为乐，桃乐西帮了我很多忙。她的阅读能力较强，数学水平在提升。"

背景：桃乐西十四岁了，智商60，有过两个继母，曾在收容所待过。如今和姑姑住在一起。政府相关机构建议姑姑把桃乐西送到弱智儿童福利院。我告诉她的姑姑，我不相信所谓的智商测试，希望桃乐西能在我的班里至少再待一学期，姑姑同意了。现在桃乐西读四年级，能够计算一位数的加法。

还有一张报告卡写着："玛吉的各科成绩都超出年级平均水平，作为老师的办公室助理，玛吉获得了非常宝贵的处事经验，玛吉乐于助人，有求必应。"

背景：玛吉，六年级，智商113，阅读9.7分，词汇10.3分，数学7.6分。玛吉很成熟，但从来没有当选过任何职位，也从不主动争取。在组织女生巡视小组时，玛吉失败了。但是至少我对玛吉的评语是真实的，希望这个评语能够鼓励到她。

评语：在这个案例中，老师写评语的方式可能会引起一些人的质疑，如，如果不明确指出孩子的不足，孩子能够

提高自己吗？一份“表现良好”的成绩单会不会让家长不知道孩子的真实情况，让家长误以为孩子在学校表现很好？报告单确实不应该有虚假评价，但是在这位老师的评语中，孩子的优点都是真实的。在评语中体现孩子的长处以及取得的进步，能够有效鼓励孩子；而在评语中过分强调孩子的不足，其实并不能起到任何积极作用。强调弱点不能助人进步，只有发挥优点才能更好成长，自信能让人进步，同时也能弥补不足之处。孩子的进步可能不明显，也不迅速，即使这样，在报告卡中强调孩子的短处，却不能解决问题。更何况，恐怕家长施加给孩子的压力已经够大了。如果孩子已经很气馁，报告卡里的批评更不利于改善情况。

➢案例12

我用图画方式给学生评分——“笑脸”和“皱眉脸”。成绩不好的学生收到“皱眉脸”时，不会像过去收到“D”或者“F”那样闷闷不乐，相反他们会露出微笑，并向同桌展示自己收到的图画。而在原来的评分方式下，成绩较差的孩子经常会藏起试卷，十分气馁沮丧。

评语：综上所述，老师可以发挥自己的创造力，利用不同的评分及评价方式给予孩子鼓励。

➢案例13

乔是个十二岁的男生，智商102，阅读能力是4.1。阅读水平和智商之间的落差，说明乔以前没有受到良好的阅读指导，或者没有完成课堂作业，结果导致了乔的阅读能力落后于同龄人。

开学后第一周，我尝试用口头鼓励的方式让乔参与到课堂活动和小组阅读中，但他只是坐在教室里，什么也不做。

第二周，我和去年教过乔的老师交流了一下，发现乔以前也是这种状况，不积极参加课堂活动，虽然他有能力完成作业，但却从不做。

于是，在之后的两周，对于让乔参加课堂活动，我只字不提，只是让他做自己想做的事情。

这种状态持续了两周，最后乔来找我，询问能不能在教室后面的图书角读书，那里有很多课外读物。我告诉乔由他自己决定，我支持他的选择，如果想去后面的图书角读书，就可以过去；他也可以像以前一样什么都不做。因为对我的教学来说，这两个行为并没有什么区别。最终，乔决定去图书角读书。

评语：显而易见，老师的做法起到了作用，老师认为乔不完成阅读任务是因为逆反心理，老师的猜测是对的。之后，老师发现了好的迹象，仍旧不要求乔完成课堂阅读。实际上，这个案例体现了“自然结果”的方式而不是鼓励。让我们继续看看乔的其他变化。

最初，乔只是看书中的图片，然后慢慢开始阅读简单读物。不久之后，乔融入了课堂学习，并提高了阅读能力。

评语：案例中的老师提交此报告作为鼓励的例子，后来经过深思，他得出这是“自然结果”这一结论，并在接下来的报告中进行了具体分析。

对于乔的情况，这是不是最好的方法，我难下定论。但自从我不要求乔完成阅读任务以后，他在课堂上无事可做，很快感到无聊，随后提出了读书的要求。更重要的是，作为老师，我的反应让乔很意外，我并没有因为他不配合我而被他干扰，所以乔决定读一些书。或者，也可能是因为不能引起老师的关注，乔改变了自己的方法。

评语：老师对乔采取了放任自由的态度，因为老师想做出乔意想不到的事情，这种方法取得了效果。上述分析中，除最后一句之外，老师的分析都是正确的。如果乔是为了吸引老师的关注，他很可能会在课堂上捣乱，所以很显然这是一场权力之争，更确切地说，这是一场关于课堂活动和阅读的权力之争。

➢案例14

强尼是个二年级的留级生，拼写能力较差，但更糟糕的是他对拼写毫无兴趣。一天，我请强尼在黑板上拼写出当天学习的单词。通常我只是请学习好的学生来完成这个任务，强尼很激动。自此之后，他对拼写的兴趣迅速提高，拼写成绩也提高了。

评语：这个案例证明了鼓励产生的有利影响，更重要的是，老师坦承自己也犯了教育体系中一个常见的错误：荣誉鼓励常常被给予那些最不需要的学生，即那些已经非常优秀的孩子，这是教育体系的一个弊病，而最需要得到赏识和重视的孩子往往得不到恰当的鼓励。

➢案例15

我负责一个由八个孩子组成的阅读小组，他们在阅读初级读物方面有难度，教学主管不建议他们阅读更高一级的读物，因为新读物会让孩子们更加困惑。因此，我需要一个理由来重新温习这些图书，以便巩固他们的基础词汇。我决定让孩子们采用情景剧的方式来表演书中的故事。孩子们复习了故事中的词汇之后，要编一个情景剧，成功编完剧本后，要给班里的其他学生表演，还可以给同一栋楼里另外一个高一级水平的阅读小组表演。他们的表演很成功，得到了其他小组的认可，孩子们很受鼓舞。

在上述教学过程中，我实现了两个目标，给了孩子们一个真实的理由复习原来的读物，同时让孩子们相信自己的阅读足够好，可以完成一项特殊活动。

评语：老师可以发挥想象力，让枯燥的事情变得有趣，更重要的是，老师让学习的过程变得有意义。因此，避免了矫正阅读中常见的问题：无聊、缺少动力、无用等。学习是有趣的，而且应该一向如此。

NATURAL CONSEQUENCES

第六章 自然结果

让学生承担不良行为的自然结果并不需要进行调查研究，也不需要了解孩子不良行为或障碍的心理原因。对情况进行恰当的评估并发挥充分的智慧，就可以使我们想到某个特定情况的自然结果；自然结果会让孩子对于继续不守规则、无视秩序及其他形式的不合作行为所带来的结果留下深刻印象。自然结果法不是唯一纠正孩子行为的方式：很多不良行为的特质不适合使用自然结果。不过，对训练有素和足智多谋的老师来说，自然结果适用于很多情况。

对许多老师来说，理解自然结果中蕴含的动力比理解鼓励更加困难。稍后的老师－学员实例体现了这个困难。显然，正如许多老师混淆了奖赏和鼓励，许多老师也混淆了自然结果和惩罚。鼓励不同于奖赏，尽管作为鼓励的方式之一，表扬有时可能呈现出奖赏的特点，但是鼓励比奖赏更深远：孩子失败时，鼓励传递出对孩子的信心和信任。

同样，老师允许自然结果发生，可能在某些方面与惩罚很相似。但是这种相似性是表面的。如果我们进行仔细审视，可以发现老师让自然结果发生的行为背后，毫无惩罚的报复特性——如果应用适当，也不具有强调惩罚的老师个人权力和优越的特性。自然结果体现的是社会秩序的权力，而不是个人的权力。虽然老师可能要对自然结果如何发生负责，但老师代表的不是强大的个人权威，而是一种影响所有人的社会秩序。

➢ **案例16**

对我来说，确保操场上的安全一直都是很重要的原则。刚开学的时候，我在课间休息时把一年级学生带到操场玩之前，和学生们进行了一场有关操场安全的简短而生动的讨论。讨论了他们可以玩的器材、可以使用的操场（我们共有三个操场），最重要的是，他们可以玩的物品和玩具。经过讨论，我们确定了不能玩棍子、枪、玻璃以及不能扔石头。然后我要孩子们做出这份他们指定的规则清单，并且讨论如果有人违反这些规则该怎么办。他们决定，其他人在操场上玩的时候，“顽皮的孩子”应该待在教室里，坐在自己的座位上一周。所有孩子都同意，我们也遵循了这个规定，接下来唯一的一次意外就是有个学生摔倒造成了膝盖破皮。

评语：该方法在一定程度上是好的。老师开始时做得很正确，首先，她赢得了孩子的兴趣和合作。她说清楚这些规则存在的原因，并做好充分准备坚持这些规则。这很可能是她方法有效的原因。但当她试图执行自然结果的时候，她失败了，因为她还不完全熟悉自然结果蕴含的动力和使用方式。让孩子们决定该如何处置违反规则的孩子，这样做也许可行，但是孩子们还没有受过民主方式的训练——他们会像自己的长辈那样，出现独裁行为。孩子们对老师提问的回应，本来给老师提供了一个极好的机会，可以用来让他们记住需要通过相互尊重和更民主的方法来维持这个规则。但遗憾的是，老师似乎并没有反对把不遵守规则的孩子称作“顽皮的”，因此她错过了一次告诉他们班上没有“顽皮”孩子的机会，即使每个孩子都会出现顽皮行为。我们不必为此惩罚他们，而是应该帮助他们学习如何做得更好。

那么在这种情况下，我们怎么实现这个目的呢？一旦某个孩子违反规则，很自然地，他需要离开操场，因为很显然他还没有学会如何在操场上守规则；但是第二天，或者下次，应该再给他一个机会。如果他继续表现不好，他可能得再等一天才可以跟其他孩子一起玩。如果他还是不能遵守规则，他可能必须离开一个星期。老师这时还可以跟孩子们说：“但是我们完全可以肯定，你们每个人都能很快学会，这样我们就不会错过太多活动。”

这就是自然结果的精神实质。“罚顽皮的孩子待在教室里，坐在他的座位上一个星期”这个决定是惩罚，是纯粹的报复。“你做错了，我要让你看看坏孩子会有什么后果。”并不是因为所有孩子都同意，它就不是惩罚。

惩罚和自然结果之间的细微区别非常重要。使用自然结果既可以维持秩序，又不对孩子造成羞辱。而且它对孩子的影响要深远得多，因为它不包含妥协，因此不会在孩子心中制造出潜在的敌对心理。假如孩子受到羞辱的话，他就会伺机做出报复回应。

➢案例17

欧尼是一年级的学生，他最开心的时刻就是成为关注中心的时刻。从开学第一天起，他就坐在椅子上不停地前后摇晃——通常向后晃到极限之前他能停住而不会摔倒。他的老师指出这个动作的危险后果，但欧尼还是继续摇晃。有一天，他重重地摔倒了——因为他晃动的幅度太大了。欧尼爬起来，自己擦了擦，然后静静地坐下。孩子们没有给他关注，老师继续指导小组阅读，好像也没有注意他。

我认为这是一种自然结果的情境，因为欧尼承受了自己行为的后果，而且他没有获得他所希望的全体关注。现在欧尼把椅子当作座位，而不是体操器材了。

评语：摔倒是一个自然结果，但是这个自然结果的发生与老师没有很大关系。老师对欧尼摔倒没有给予关注，这个做法是对的。如果老师不停地说教或用其他方式转移欧尼对自己行为结果的注意，那么自然结果就不会发生。

不过，老师可以早点应用自然结果法，但却没有。老师其实并不需要向欧尼指出他摇晃椅子的危险后果，他自己早就知道了这一点。老师本来可以早点采取另一种自然结果方法，比如用友好的态度向欧尼说明，如果他不正确使用椅子，那他的椅子将被搬走。

对于那些可能涉及危险的自然结果，老师的处境远不如家长有利。如果是妈妈，有些自然结果还可以冒险一试，但老师却不能尝试。因此，让一个孩子，特别是一个一年级的孩子，摇晃椅子直到摔倒，让这个自然结果发生是不明智的。谨慎的做法是更早地干预，安排另一种“自然”后果发生，比如像前面所说的：把椅子搬走。然而，这个自然结果的方法，必须用和善友好的方式提出。不然的话，它就含有惩罚报复的意味。

➢案例18

几个星期之前，教室里有个男生不停地离开他的座位，靠在课桌上，半站半趴地做功课。这个举动重复了好几次。最后，我问他是喜欢站着还是坐着做功课。对于我来说，他喜欢哪种方式都没有多大关系。这个男生说他喜欢站着。我向他解释说，这样的话他就不再需要座位了，我们就可以把他的椅子搬出教室。我们把椅子搬走了，结果在那天的其余时间里，这个男生就一直站着。

第二天上课之前，我问这个男生他想站着还是坐着。这次他选择坐着。此后，我们不用再对他的半站半趴姿势感到为难了。

评语：这是一个实施很恰当的自然结果的好例子。每天给这位学生一个选择，让他决定他更喜欢哪个，这是很合适的。

➢案例19

艾米是个独生女。她妈妈花了很多时间和努力，给她报名各种培训班，尽力为她提供自我提高的机会。一年级的9月份，艾米和妈妈来找我，要求每周五提前一个小时离开学校去参加舞蹈班。我解释说学校政策不允许这样的要求，因为如果所有孩子都获得这样的特许，会使同学、老师以及学校都很为难。这位母亲承认这项政策的合理性，但是仍然觉得应该给艾米特许，因为她是个优秀的舞蹈者，对舞蹈非常感兴趣。由于我没有让步，她就直接找了校长，最终得到了特许。

这年晚些时候，碰巧连续三个周五班上要举办晚会，表演节目和看电影。第三周，艾米和她妈妈来找我，要求改变电影时间，这样艾米就不会错过这场电影。我说这完全不可能，因为这样会给后面的教室安排带来很多不便，于是她们决定这个周五不去上舞蹈课。我跟她们说，既然你们已经决定对于艾米来说周五的最后一个小时舞蹈培训比留在学校更有价值，你们就必须遵守这个决定，不要让艾米在这个周五选择她更感兴趣的活动。

评语：这是老师如何试图对孩子和孩子母亲施加影响的例子。这个例子很有意思，因为它显示了区分报复性惩罚和自然结果的难度。有些人可能会认为这是“纯粹的报复”，并且觉得只要接受这个改变就好了，就会使老师更优雅从容，教学也更有效率。而另一些人则认为，老师是在平静但坚决地应用自然结果，而且很可能给这位母亲和她女儿都带来积极影响——老师只需要不妥协，现状和已经建立的秩序就能自然让母女俩学到。毕竟是这位母亲做决定要让女儿在上课时间去学舞蹈的。老师所做的，只是坚持母亲与学校领导达成的协议。然而，她这个做法会不会也是因为她记恨这位母亲不尊重她的决定，跑到校长那里得到特别批准呢？

➢案例20

课间休息后，吉姆总是迟进教室。这种情况发生好几次了，结果造成吉姆错过老师讲解课堂作业——课间休息之后老师会立刻布置课堂作业。老师告诉吉姆，仅仅因为他想多玩一会儿，而老师需要在课堂上花时间再重复讲解一遍课堂作业，这对其他孩子不公平。

下次吉姆又迟到了，老师没有给他讲解，所以他不会做课堂作业。他问老师要做什么，老师告诉他等其他同学放学之后再给他讲解。然后，他不得不做完作业再放学离校，从此他再也没有迟到过了。

评语：这是一个非常好的自然结果的例子，它表明了自然结果法与处罚之间的区别。老师只是在上课期间不给这个迟到男生提供特别服务，所以他不得不调整自己以适应新情况，而且他事先知道结果会怎样，因此接下来发生什么后果完全取决于他自己。

➢**案例21**

当第一位老师－学员汇报他的自然结果实例时，他所讲的经历听起来相当大胆，但是其他的老师－学员也做了同样的尝试，也都产生了相同效果。以下是相关实例：

我的这个七年级班级由22个学习迟缓的学生组成。有一天他们非常吵闹，而且每当我开始讲课的时候就有几位男生肆无忌惮地大声说话。最后我说："我会在图书馆看本好书。当你们准备好上课时，就到图书馆来叫我吧。"我坐在图书馆，手里捧着书，心里揣着疑虑，心想要是他们一直都不来叫我，我该怎么办。然而，过了大约8分钟，由两位神情严肃的孩子组成的"代表团"走了进来，对我说："我们现在准备好了——如果您愿意回来。"之后，每当这群学生很吵，我表现出不赞同的神情时，就会有人对那些不安静的学生说："小心点，不然我们又会没有老师了。"这次经历表明很有帮助。

那天我告诉我六年级的学生，我们要等他们安静下来才会上艺术课，但是他们继续说话。我离开了教室，并且跟他们说等他们准备好上艺术课的时候来叫我。我一离开，教室里就安静了下来，他们来叫我。那天，我们上了一节很棒的艺术课。

上课铃响了，但是教室里的学生还在继续讲话。我站在全班面前，要求他们安静下来，因为上课铃已经响过了，但他们还是继续讲话。我仍然等他们安静下来。最后，大约过了1分钟，我宣布："我不打算教这么吵闹的班级。"我拿起公文包，离开教室的时候说道："当你们准备好了，就来告诉我一声。我就在隔壁。"我离开了教室，到了隔壁的教师办公室。过了三四分钟，两个男生来找我，说全班已经准备好了。当我走进教室时，教室里鸦雀无声，以致我无法板着脸孔。

当时我们正在教室里开始下一个活动。我觉得我已经给了这些四年级学生足够的时间去收集材料，为下一个活动做准备。我站在黑板旁，准备开始介绍新任务。通常，我站在黑板旁，就足以让他们保持安静，但是这一次他们继续喋喋不休。我用一把尺子敲打黑板，但他们还是继续说。我更使劲地敲打黑板，说："我猜，这个班的同学们不想学习了。我正准备给你们上阅读课，但是很明显你们不需要老师。我到隔壁教师办公室坐一坐。当你们准备好上阅读课的时候，派个人来叫我，我会非常乐意回来。”

我在教师办公室坐了一两分钟之后，一名叫安的学生过来告诉我，同学们准备好上阅读课了，他们想要我回教室去。我通过衣帽间来到教室，甚至不用走正门。教室里静得连针掉在地上也听得见！（我差点禁不住大笑——那些天使般的面孔）

评语：这种方法可谓“威力无比”，但是我们不能频繁使用，而且对于那些使用其他方法就可以解决的小事件，就不要使用这样的方法。在使用此方法之前，我们建议老师先对班级情况进行明智分析。如果班上已经有很多反抗者或者对抗老师的领导力量很强，老师需要非常小心谨慎，要确保大多数同学都站在自己这一边。如果确保这是班级的实际情况，那么老师可以试试这个方法。（有趣的是，我们班上的老师－学员们都不反对这个方法，而且在第一位学员汇报了自己的实例后，好几位老师－学员也都尝试了这个方法。相比之下，我跟几位同事讨论这件事时，他们却对这个方法的可行性表示深深怀疑，特别是不事先跟校长协商好。他们一想到要是学生不来叫老师回去，就感到很担心害怕，据说这种情况曾经发生过。坦率地说，我没有他们所说的那些担心和忧虑。这个方法在很大程度上取决于老师的自信。有些方法，有些人能使用并获得成功，而另一些人则不敢尝试，而且他们很可能确实会失败。）

➢案例22

汤姆，五岁，一年级，他是个机灵聪明的男生，他要求得到很多关注。有一天上午，他戴着帽子，穿着外套、靴子，戴着手套来上课，并加入同学中准备开始活动。（大厅中有衣帽柜，孩子们上课前都要脱下外套等放在那里。）老师要求他到衣帽柜那里把外套挂起来。第二天，上自然科学课的时候，我们讨论了穿衣服，以及我们为什么在室内要脱掉外套等问题。（汤姆自己说出了在室内脱下外套的许多理由）然而，接下来的三天，他还是全副着装来上课，每次都要老师来请他去衣帽柜。第五次，他又这样做，这次我什么都没有说，让他保持全副着装。过了大约一个小时，他浑身不舒服，想要去衣帽柜。我告诉他必须等这节课下课才可以去，当时离下课大约还有40分钟。从此，他再也没有穿着外套来上课了。

评语：老师把汤姆的行为解释为寻求过分关注，这是非常正确的：汤姆总是要等老师跟他说，他才去做应该做的事。（假如它是权力斗争和对抗的话，他不会那么快服从老师的吩咐。）

当他这样违反规矩的时候，老师不是浪费口舌对他说教，而是在第二天适当的时候举行班级讨论，这样做也是正确的。但是，假如老师真的以为汤姆不知道应该怎么放置衣服、不知道为什么衣服需要放在衣帽柜里，那老师就错了。很明显，汤姆从一开始就知道脱掉外套的所有理由，但是这些知识并没有阻止他反其道而行之。

最后的解决方法非常棒。如果老师一开始就知道如何有效应对一个寻求过分关注的孩子，她很可能不必等到第五次才想到自然结果。不过，即使等了几天，最后找到合适的办法，总比用责骂、说教、威胁诸如此类的错误方法应对要好。这个情境还有很多其他适用的自然结果，比如，等所有人都准备好了才开始上课；请汤姆先离开课堂，准备好了才回来——这和请他出去“脱掉外衣”不同。看起来老师找到了有效的方法之一，因为它根本不用浪费口舌。如果条件许可的话，可以一直这样做。

➢案例23

我教小学阶段（四、五、六年级）体育课的时候，第一学期组织了好几个体育团队，第二学期我打算再多组织几个。我觉得制定这样一条规则很有道理：即只有参加训练课的学生才可以参加学校定期组织的运动会，不论他的能力水平如何。

在足球赛季期间，有几位优秀球员引起了关注，他们缺席了训练课，但想要直接上场参加比赛。对于我从教练的角度来说，难处不仅仅在于他们几个就算没有参加训练，技术也更出色，不让他们上场我于心不忍；难处还在于这种情况对足球队的士气、名气和声誉都可能会带来负面作用。但是由于我们制定了规则，结果那些参加了训练课的男生参加了比赛，而那几位优秀球员在旁边坐板凳，他们在那里批评、发牢骚。那个赛季，我们的成绩不如原本可能的那么好，但我认为我们确立了规则。现在，正值篮球赛季，我没有再遇到困难，球员们每周都参加练习赛。

评语：这位教练本来很容易心软而对那几位球员让步妥协，这样他就得忍受学生违反已经建立的秩序。教练是对的。他没有采取容易的方式，结果收获很大。秩序太珍贵了，不能为了权宜之计而牺牲它。有时候也许自然结果对孩子和对老师都不容易。责骂、说教或者惩罚也许来得更容易。但是结果表明，耐心，甚至牺牲眼前的既得利益，通过实践去坚持和维护已经建立的秩序，这非常值得。只有这样，我们才能获得孩子们真诚持久的合作。通过威胁和压力获得的服从意味着屈服，大多数情况下那样的服从都不能持久。

➢案例24

一位初中生曾拒绝为当天的英语作业写一篇作文。我让他第二天把文章写好，不然就不要来上课。第二天到他朗读作业时，他已经准备好了自己的文章，所以他做了朗读。这篇文章写的是一个学生和一个老师之间的分歧，在文章对话中学生把老师称作“老母牛”，很明显，指的是我。一读完，他就准备离开教室，因为他预料反正我会赶他出去。然而，我并没有赶他出去，只是请他就座，因为他已经完成了要求的作文。

经过这件事之后，这个学生上课的态度、对我的态度都改变了。他不仅变成了一个好学生，而且一直跟我做朋友——他的一个姐姐告诉我，她弟弟说他对所做的事情感到很羞愧。

评语：这个实例的结果及好效果使自然结果的因素有点模糊不清。这位老师自己把这份报告作为“估计孩子觉得你会有什么反应，然后表现相反的行为”的例子。在这一点上她是对的——这也是这份实例报告中令人印象最深刻的部分。这个例子说明我们不知道该怎么办时可以采用这个方法。

不过，我们特意把这个例子放在这里，主要是因为它表明了自然结果法的一个重要内涵。最开始的问题，是学生拒绝带作文来。在这种情况下，老师使用了自然结果："除非做好作业，否则明天不要来上课。"这是一个很好的方法，而且这个学生也遵守了，但不是没有反击。老师显然猜测自然结果的原则是，如果想让孩子对自己行为的自然结果印象深刻，就不要被其他问题带跑而偏离原本问题。如果你想让孩子通过承担自然结果而记住带作业的必要性，那么这时其他问题都不重要。不然的话，你就会被孩子用其他问题分散注意力，而偏离了原本的问题。这位老师没有被学生文章用语的问题带偏，而是公开表明她对作业这个问题的满意——毕竟学生把作业带来了。拒绝被拖进其他问题，这个自然结果的因素，和老师之前提的"表现相反的行为"这个原则相结合，使这个方法很有效。

➢案例25

我们是四年级的班级，正在背诵，坐在一起的南希和维奥拉则在用手语私聊。我看着她们，想以此吸引她们的注意，但她们太忙了，没有看到我。最后我说："南希和维奥拉，你们两个好像有很重要的事情要交谈，重要到不能等到下课。现在你们俩可以到大厅里去，告诉对方你们想说的话，等你们说完了，就可以回来。"

当她们往外走的时候，维奥拉说："我没有讲话。"我说："我知道你没有讲话，但是你的手在讲话。"

两个孩子出去了，但是只过了几分钟就回来了，开始参加班级的口头讨论。放学后，维奥拉来找我，问我第二天能不能给她换个座位。我给她换了座位。

评语：这段情节包含很多要点。老师没有讲废话。她首先试图通过看着她们，使她们停下来。有时候遇到这种情况，点一下名字也就足够了，很可能就可以使她们停下来，至少会停一会儿。但是老师觉得她还应该多做点什么，然后她也确实做了，她恰到好处地使用了自然结果。这里面很重要的是，老师成功地向孩子说清楚了后面的逻辑关系，而且没有使自己被孩子带偏，去争论有没有"讲话"的问题。

整个事情只花了几分钟就解决了。孩子回到教室，一切都回归正常。对这样直接的忽然出现的挑战，通过平和镇定的方式处理，对挑战背后的原因也能产生有利影响。这个解决方式还能刺激孩子消除有可能出现的新挑战。在整个过程中，老师都很坚定，同时又很友好和通情达理。

➢案例26

算术课期间，彼得吊儿郎当的。我跟他说："要么你现在做算术题，要么放学后留下来做。"彼得没有说话，只是继续瞎搞、浪费时间、左顾右盼。下课后，彼得把卷子交上来，只做了一道题，而且连这一道题的答案也不对。我跟他说，放学后他必须留下来完成作业才可以回家。他什么都没有说。放学后我把他的卷子还给他，要他完成作业。他说他不能留下来，他必须回去。"对不起，你知道你必须完成作业。"我对他说道。而他坚持说："但是我必须回家。"我说："你一做完作业就可以走。"彼得拿着卷子到座位上，过了1分钟，他突然哭起来，哭得很厉害。我对他说，"彼得，我知道你的感受；我也想回家，但是当工作没有做完时，我必须留下来直到把工作做完。"彼得继续哭。我注意到，他时不时地抬起头看看我。过了一会儿，他不哭了，而且在较短的时间里做完了所有的题，除了一道题之外，其他题目的答案都是对的。

评语：放学后让孩子补做作业这种自然结果是相沿成习的了，在此无须讨论。然而，这个事件值得思考，因为有一个点，老师把孩子很容易认为是惩罚的行为，变成了真正的自然结果，即老师说能理解彼得的感受，把他看作和自己一样的人：自己跟他一样，也很想回家，但也不得不先完成自己的工作。这些就是关键时刻的关键话语。这些话使老师从一个权威的位置上下来，并建立起基于平等的秩序，这个秩序才是处在学生和老师之上的权威。这些话语中包含了谦逊，但又丝毫不减少老师的坚定。

这个例子还体现了学生放学后留校时和老师之间的关系，这个关系跟学生上课时与老师的关系不一样。有个笑话可以很好地阐释这种关系：放学后，强尼被留下来完成作业。他表现得很乖很好，老师感到很吃惊，对他的良好行为评论道："我真搞不懂，为什么上课时你那么顽劣、捣乱，让人不高兴，而现在你这么友好，让人愉快，而且很合作。"强尼抬头看着老师说道："我正好对你也有同样的想法。"

➢**案例**27

下面这个自然结果的例子描述了一个有趣的，可能会引起争议的做法。

我的数学班的学生们有个倾向，喜欢互相寻求帮助，不仅仅是日常作业，甚至在考试时都是这样。有一天我告诉他们，就我看来，这没有什么问题；但是如果要两个人合作才能得出正确答案，那么他们每个人都只能得一半分数。有些学生当时就立刻停止了这个行为，而另一些学生想等着看实际情况，想看看在他们放弃相互帮助之前，新的方法到底对他们的成绩有什么影响。

评语：这个例子会引起抱持传统观点的老师的反对，传统观点认为考试中如果学生不独立解题，就不应该得分。然而正是这位老师对这个问题本质抱有非传统态度，使得这个例子非常有意思。

真正的问题是作弊。在这一点上，老师表明了自己鲜明的立场：就本质而言，相互帮助不应该被反对。同学们喜欢互相帮助。有些老师对此完全不赞成，有些老师忽视这个问题，但有些老师能够接受。而相互帮助的精神，是所有组织良好的班级里必不可少的部分。这种相互帮助的精神，在竞争氛围中受到阻碍，在学生联合用敌意对抗老师的氛围中则会加强。不能指望孩子们一到考试时相互关系就会突然改变。大谈信用荣誉、威胁和惩罚都改变不了这个事实。自然而然地，只要权威老师想通过惩罚的方式，把自己的意志强加给原本就顽抗、经常反叛的班级，考试作弊就一定会出现。考试作弊被有些人认为是走向违法犯罪的第一步，而事实上，它是可以理解的，是人之常情。如果老师能不小题大做，就能够有效处理这个问题。

就此而论，这个例子具有十分重要的意义。实例中老师并没有摆出一副义愤填膺的架势，她既不厌恶，也不愤怒，相反，她甚至清楚地阐明，就她看来“这没有什么问题”。而老师的理由，如果要两个人合作才能够得到正确答案，那么每个人只能得一半分，这里面没有愤怒、权威的报复；老师对这个情况举重若轻，甚至还有点幽默的意味。尽管50分是个不及格的分数，但和不独立做题则记零分的做法相比，这个做法更合理。对考试作弊很悲哀的做法，就是常见的惩罚方式。

如果考试有意义——有人对考试的价值和必要性提出了质疑——使考试作弊的后果成为自然结果，而非惩罚性后果，这样做才是明智的。从这个意义上来说，这个例子做出了有益的贡献。

UNDERSTANDING THE CHILD'S LIFE STYLE

第七章 了解孩子的生活方式

老师接受心理学培训具有双重目的。首先，老师必须学会了解孩子的当前目的，以及孩子行为背后的动机。所有有效应对孩子挑战、施加有利影响的行为努力，都需要以此为基本前提。如果不清楚孩子行为背后的目的，老师将会不自觉地被孩子的目的牵着鼻子走，还会刺激他冲动反应的强度。然而，对于训练有素的教育者来说，孩子的当前目的其实非常明显，他们通过观察就能洞悉。

心理学培训的第二个目的更为复杂，即，帮助老师发展了解孩子生活模式的能力，也就是了解孩子的基本生活观、行为倾向。清楚地认识孩子的生活模式要求更为细致的观察；老师还必须获得孩子成长经历、家庭成员、与父母及兄弟姐妹之间的关系、接受过的教育等诸如此类的信息。这需要大量的准备工作、相关培训，以及并不总能在课堂上体现的、复杂的探索过程。

下面是这些方法的实例，通过这些方法，训练有素的调查者能够确定孩子的生活方式和目的。实例中访谈和跟进执行由指导老师在一个班的老师－学员面前进行，作为示范。

➢案例28

鲍勃，七岁，与他的母亲和老师一起接受访谈。在母亲接受访谈时，孩子一般待在访谈室外，但在这个案例中，我们决定让他坐在访谈室后面，以便在母亲和老师讨论他的问题时观察他的反应。

母亲所提供的背景信息如下：鲍勃是哥哥，他的弟弟迪克比他小一岁半。鲍勃九个月会走路，一岁开始说话，十六个月开始训练如厕。他的语言表达能力完全没有提高，但身体发育正常，他只有在极少数情况下才迸出几个字，通常通过行动表达他的想法。

除开这方面的不足之外，他的适应能力很好。他吃饭没有问题，但完全不会自己穿衣服。除了语言表达之外，其他事情他都能够很好地完成，他看上去是个快乐的孩子。老师说，鲍勃很合作，但他似乎总是听不见别人说话并且根本不开口说话。老师认为他没有学过阅读，因为他无法用语言表达自己，因此让他重读一年级。老师也认为他听力有缺陷，因为在叫他名字的时候他也经常听不到。母亲认同了老师的意见，因为叫鲍勃吃饭时他经常听不见。

家人已经将鲍勃送到语言治疗师那里接受治疗，治疗师也认为鲍勃的语言和听力存在某些问题。

鲍勃的弟弟迪克独立、健谈，不轻易服从。他很容易抱怨和哭泣。鲍勃有时激怒他，当他感到挫败和无法表达自己的想法时，他会发脾气。

我们这时没有做出明确的诊断，尽管显而易见的是，鲍勃没有能力表达自己的需求。母亲显然为两个孩子代劳了他们应该自理的事情，当鲍勃能够穿衣的时候仍然为他穿衣。鲍勃不可能偶尔听不见；之前的检查由于缺乏任何病理性依据，所以可以认为，这只是一种情绪障碍而不是生理疾病。应当向鲍勃老师指出的是，她不应该仅仅因为鲍勃无法进行语言表达就断定鲍勃不能阅读。其他方法也可以测试鲍勃的阅读能力，如简单的书面请求以及其他方式，但显然老师并没有尝试此类测试。

母亲和老师离开访谈室后，我们要求鲍勃走到访谈室前面来。周围一些老师－学员在别人讨论他时观察了他的面部表情。他似乎对讨论很感兴趣。当我们要求他走上前来时，他静静地坐在那儿，好像什么也没听见。当我们再三邀请时，他可能知道接下来要做些什么，开始局促不安，用一只手遮住脸，这样他可以用一只眼睛观察，不会错过周围发生的事情。远距离的讨论继续进行，他的行为告诉学员们他是假装没听见，这样他才能够对抗来自我们的压力。他开始微笑，这是典型的识别反应。于是有一个学员试图将他带到前面来。此时鲍勃强烈反抗，奋力挣脱，最后抗争无果不得不来到前面。此时，我们不再怀疑之前的诊断。

当鲍勃坐到面试官旁边的椅子上时，他平静下来并开始“合作”。他以“是”“否”或耸肩回答了他愿意回答的所有问题。大多数时间，他都半掩着脸。随后进行了一次相当热烈的讨论，他不需要用言语表达。除此之外，他不知道他长大要成为什么样的人（耸肩），他也拒绝回答是否想要长大。然后，小组对这个问题进行了讨论，鲍勃一直听着。也许他不想长大，但希望得到别人的照顾？他没有回答，但显然不喜欢这个问题。每当我们问他是否喜欢他的母亲、父亲、兄弟或老师时，他都摇头。无论这是一时冲动脱口而出还是他的实际意愿，他都表示他不喜欢任何人。当被问及是否能够阅读时，他并没有说“是”或“否”，而是做了一个手势，表示他不想就此做任何解释。然后我们问他是否想知道为什么用手捂住脸和眼睛，他重重地摇头：他不想知道。尽管他的回答是否定的，但是我们仍然讨论了这个问题，有人指出，也许他正在等待有人把他的手从脸上移开。另外，有人指出，他还表示希望能做让自己高兴的事情，在这里他一直感到很高兴。于是，他立即拿下他的手，表明他认可了我们的假设。

然后母亲和老师进来了。她们一进来，鲍勃立即再次用双手盖住脸，于是母亲立即将他的双手拿开（对他希望得到的帮助做出的反应）。

我们向鲍勃母亲和老师解释了鲍勃的行为表现以及他不说话

的原因。他不仅想要关注和帮助，而且拒绝来自所有权威人士的要求。他以一种消极的方式发号施令。典型表现是他拒绝被带到访谈室前面以及用手盖住脸。有人解释说，尽管他的弟弟出生了，他回到一岁半，成功地保住了他母亲的关注和服务。他并不公开对抗强大的母亲，而是以一种消极的方式在对抗。通过拒绝说话，他不仅打败了母亲的权力和压力，而且还得到了服务。他其实并不像看上去的那样。他显然明白旁人所说的一切，只要他愿意，也许他可以好好和别人说话。

母亲和老师对此都持怀疑态度，老师比妈妈更甚。母亲无法相信听话、合作的儿子会设法击败她，而老师确定鲍勃听力有问题，他是真的不会说话。

我们给母亲提供了具体的建议。例如不要重复自己已经说过的内容，不要多次叫他吃饭。她不应该认为他听不懂。相反，她可以多和两个孩子一起玩耍，并向他们表达自己的爱。在鲍勃发脾气时，她应当离开房间。同样，老师也应该认为鲍勃“好像”能够理解和说话，如果他没有做到，也不必大惊小怪的。

两周后，母亲和老师回来了。她们的怀疑消失了。母亲已经清楚鲍勃要求的服务量。她拒绝为鲍勃代劳，鲍勃自己穿衣并照顾自己。母亲吃饭只叫他一次，他没来就错过用餐，错过一次以后，他每次都“听”得到母亲叫他。几天后，鲍勃的堂弟来访，母亲听到他们在楼上自由大声地说话（当时鲍勃以为没人会听到），她终于开始相信我们向她解释的心理原因。从那时起，她能够做到对鲍勃的命令和暗示视而不见，几个星期后，鲍勃几乎能够正常谈话了。

本章的剩余部分包括一系列简要的实例报告，由老师－学员们在学习了解孩子生活模式时提供。一个案例阐述一个问题，并附带一些背景资料、情况分析和纠正方法建议。由于初学者对心理探究方法的掌握程度不如受过培训的学员，很自然这些实例报告的深度和广度会有差别。

在老师的教学中使用的方法和本章的方法类似，我们用这样的方式进行案例研究讨论。指导老师－学员们围绕对孩子行为的心理学角度解释正确与否、信息充分与否、对个体幼儿进行可靠评估的数据是否缺失等主题发表意见。有些初始实例报告后来成为第11章研究项目的主题。

这些实例研究显示了信息充分性和准确性的不同阶段。它们并不用于对儿童的最终分析，而是用于说明应对这些挑战问题的动态过程。换言之，他们只是用于教学的目的。我们并不是从临床角度去暗示或界定实例中所采用的纠正方法是否绝对正确。虽然在讨论过程中可能并不明显，但必须牢记，这些实例都是对新理念、新方法的尝试和努力。

由于这些方式方法基于目前许多人还不熟悉的理论，因此后面实例中有一个方面可能需要澄清。那就是，与孩子的背景及以往经历相关的信息并不完整，老师采用新方法时只能基于已有信息，需要进行一些尽可能合理的推断来弥补未知信息所造成的空白。我们只能通过猜测，但我们的猜测并不是简单的直觉，它们都有一定的科学前提。

正如我们所了解的，人的行为具有目的驱动性，且由于个人“特质”并不是隐藏在性格之中难以看见，而是通过个人行为及与他人互动表现出来。每份关于孩子性格，特别是行为的报告，不仅仅体现出孩子在做什么事，更体现出孩子是什么样的人。任何事都不会凭空发生。每个人的性格特点都是他在家里与家人互动、在课堂上与老师同学互动的表现。出于这个原因，在许多案例中，我们可以想象孩子在家里和学校互动的对象如何。提供实例报告的老师–学员可能并没有提供家庭成员和学校成员的任何信息，但我们可以从报告的信息中猜测各种可能性。诚然，我们无法做到百分百确定，而且由于我们并没有对这些案例进行长时间的跟进研究，我们将永远不能确定猜测的准确性，但是如阿德勒所述，“朝着正确方向猜测”是增进相互了解的必要手段。在实践中，我们可以而且已经通过所获得的其他信息检查了这些猜测的准确性。我们必须对人为设置的教学环境中的各个因素抱有相信和满意的态度，即使这些因素没有在实际情景中检测。出于这个原因，我们的结论只能是推断性的。然而，我们的经验表明，如果情况允许进一步探索，我们的“猜测”常常被证明是经得起实际检测的。

类似这样的推断结论，可以用兄弟姐妹的情况来举例子，正如我们所认为的，孩子的性格特质其实是他和他人互动的表现，因此，我们可以就此推断某个孩子兄弟姐妹的个性、父母对待他的方式和其他类似情况等等。一个孩子爱笑且表现出相当的魅力，则证明他的家人爱笑且有魅力。无论老师是否确认这个信息，我们可以十分肯定，这个孩子的重要家庭成员会对孩子给予互动和反馈，而不是对他不理不睬。如果孩子生长在一个匮乏表达爱和亲热的家庭氛围里，他也不可能学会对别人产生这样的情感回应。根据孩子的描述，我们可以得到一些结论，这些结论可以帮助我们推断人所不知的信息，或否定学员之前的推断。

基于这一点，后面每个案例中猜测和假设是否正确，相对来说其实并不重要。错误的猜测比完全不猜测要好。错误的猜测总是可以纠正的，但如果不做任何猜测，则无法得到更好的理解。最重要的是，老师－学员们要让自己熟悉和掌握这种思考和探索的方式。他必须学会从孩子总体状况的角度了解孩子，而不是将他视作一个孤立的个体。我们强调老师－学员们进一步探究孩子身边的人以及孩子与他们之间的互动，就是为了这个目的。

➤案例29

汤姆，十岁，因为极度容易紧张和严重的语言障碍被选入研究。

评语：选择此类孩子需要相当的勇气。对于心理学研究来说，紧张和语言障碍都会造成干扰，进行心理分析时需要悉心钻研并有一定的技能。这篇报告来自一名初学者，尽管她拥有硕士学位，但她尚未熟练使用心理学方法。

我与学校的护士、校医、老师、同学、父母以及心理辅导员都进行了面谈。

评语：该学员从各个渠道获取信息。她是否准备好获得相关的数据？

学校护士对汤姆进行检查，发现他双眼视力正常，但体重略微偏轻。

评语：在这个实例里，视力正常似乎没有显著意义。如果老师得到了其他重要信息，这样的细枝末节可能不大会引起异议。但是，上述这样一条简短的报告，能不能给我们提供重要信息呢？老师必须记住什么信息是重要的和必要的，如果没有做到这一点，那么很有可能她会获得大量信息，但是都没有什么太大意义，而同时却遗漏了那些她应当了解的信息。

校医指出，汤姆整体健康状况良好。他患有支气管哮喘和鼻塞。根据医生的意见，他不应该承受压力。汤姆的母亲说，汤姆得到过敏专科医生的护理，每周两次。她还表示，汤姆食欲一般，很多食物他都不喜欢。

评语：这里有一些重要的信息：汤姆患有支气管哮喘

和过敏症。这些疾病表明可能家庭成员存在过度敏感。鉴于此，护士提到他体重偏轻，以及母亲说他不喜欢许多食物，这些信息就变得很重要。他喜欢什么，不喜欢什么，对周围人来说重要无比——很可能汤姆无法忍受任何他不喜欢的东西。他过去，直到现在仍然存在饮食问题。这个事实体现出母子关系的某些特点。

汤姆家是一个有六间卧室的公寓，处在一个普通的社区里。门前草坪修剪齐整，家里干净整洁。地板上是白色的地毯，一尘不染。然而，这个家看起来不是为了舒适和快乐，而似乎只是为了令汤姆的母亲——R女士引以为傲，以它的完美无瑕、井井有条为骄傲的房子。

评语：从心理学角度来看，这里又是大量无关紧要的信息。事实上，学员仅用最后一句就已经足够了，即这位母亲十分争强好胜，可能是一个完美主义者。这一句就够了，对于理解孩子非常重要。

汤姆的父亲在钢厂工作，母亲是一名秘书，她在汤姆8个月大时开始工作，意识到汤姆紧张而且有口吃现象，而且还注意到汤姆在吃饭的时候无法安静地坐着：他总是不断地动来动去。

评语：到目前为止，这是第一个重要线索，可以据此对汤姆进行了解。我们知道，汤姆吃饭有问题：他不吃应该吃的食物，而且他的焦躁不安在用餐时非常明显。显然，这种焦躁不安是他抗争的一部分，可能主要是与母亲抗争。他不喜欢食物以及他的焦躁不安可能是同一个目的：以一种消极的方式，而不是公开的反叛，来表达对母亲的反抗，同时也让她为自己忙碌焦虑。

母亲说，孩子们让她很担心。而父亲则认为，她经常对孩子们大吼大叫，是她让孩子不安。她解释说，其实她尽量满足孩子们所有的物质需求，但是当她下班回家时，她很疲惫，孩子们“让我心烦”。

评语：到这里对汤姆的家庭总体情况有了深入的了解。首先，母亲自己属于“神经质型”；孩子们打搅她，让她心烦。难道汤姆是模仿她？母亲就像一个斗士，但她并不是公开搏斗，而是假借关心之名。她的大吼大叫在她自己看来仅仅是为孩子们好。她可能没有意识到她在与每个人对抗，并且认定别人在与她作对。她和孩子的父亲的意见相左。我们可以想象，她认为自己尽其所能地为孩子们付出一切，可是丈夫却不这么想，这对她非常不公平。

汤姆是老二，他有一个哥哥。

评语：不幸的是，这名学员并没有更多谈及汤姆的哥哥。他可能是了解汤姆的关键人物。我们想知道他年纪多大，最重要的是，他是一个什么样的男生。通常，每个家庭的老大和老二性格都非常不同，越是争强好胜氛围的家庭越是如此。我们可以想象汤姆的哥哥是什么样的，因为汤姆扮演的是弱者，所以很可能他的哥哥很独立且“强势”。汤姆以消极的方式与母亲对抗，那么他的哥哥则可能以积极公开的方式跟母亲对抗。这一切都有必要知道。汤姆与哥哥的关系对于汤姆的成长意义重大。

汤姆似乎与同龄人相处融洽。和同龄人在一起时，他似乎很放松，能够开口说话，并且能轻松地与其他孩子一起玩耍。他的问题似乎出现在他与成人的关系上。母亲不允许他的朋友来家里，因为“他们会把家弄得一团糟”并制造太多噪音。

评语：在这里，我们看到汤姆其实具有良好的社会适应性。他是个好孩子——很可能像他母亲一样，是个所谓“优秀的人”。和同龄人在一起时，汤姆是平等的，他不对别人有特殊要求。但很显然，他的问题在于难以应对“尊长”。和长辈相处，让他很紧张。他可能和母亲一样过分争强好胜，并害怕不能达到她的高标准。这些标准也表现在母亲不愿意邀请他的朋友来家里。只要对汤姆没有要求，他就能放松下来；当必须达到一定要求时，他则无法放松。

R女士单独来见面，以便确定这对父母之间的关系。

评语：可能说“掌握这对父母关系的更多细节”会更好，但因为汤姆的母亲提过汤姆的父亲对她的批评，我们已经了解到：父母之间的关系不太好。

R女士解释说，她的丈夫经常喝酒。他经常一回家就开始跟她争吵。她和丈夫已经分居多次。要么她带着孩子们离开，要么她丈夫离开，而孩子们跟着她。

评语：R女士很可能是典型的“酒鬼妻子”。此类女人非常优秀，没人能达到她们的标准。因此，丈夫觉得自己的缺点越来越多，他们或者向酒寻求慰藉，或者用酒来获得还击之力。他们喝酒的行为，就是他们沮丧和反抗的表现。R女士就像一个典型的酒鬼妻子所做的，总是一再让步并将丈夫带回家。她太“好”了，因此不能让丈夫对自己完全失望，然而同时，她又在一直压制丈夫，一点儿一点儿地压制。

我们可以推断，汤姆站在母亲一边反对父亲——他的哥哥则可能站在父亲一边。汤姆已经了解到：做个乖孩子有多么重要；否则，只会像父亲或哥哥那样处境糟糕。

学校的心理辅导员对汤姆进行了智力测试，结果是中上水平(IQ114)。他的老师们似乎都认为，他非常努力并希望遵守课堂纪律，但是他的神经质使他无法安静地坐一个小时。他似乎必须动来动去。当老师要求他背诵时，他经常激动得说不出话来；当被要求回答问题时，他则变得紧张不安。

评语：现在我们可以理解汤姆的行为：他在必须做出表现时，会变得激动和紧张不安；他从不相信自己是个足够好的孩子，或者能做得足够好，因此，有时他甚至无法说话。害怕无法恰当清晰地表达自己，这给他造成了语言障碍。这一点反过来又增加了他的自卑感，对于一个争强好胜的“好孩子”来说，这是难以承受的。他越努力，越挫败；在这个过程中，他收获的是越来越多的气馁。

现在的问题是：他为什么如此焦躁不安，无法安静地坐着？他的“紧张不安”不能解释他的行为。因为他不想安静地坐着，所以他紧张不安。但是，原因是什么？

这里只有一条明显的线索：他经常在吃饭时无法安静地坐着，焦躁不安。我们已经推断，他通过这个行为来反抗母亲的要求，并让她忙于照顾自己。我们经常在食欲不佳的孩子身上观察到这个行为机制，他们通过这个行为让父母生气，结果是妈妈常常专门给他们烹制单独的食物，或者对他们不停地哄劝、提醒，甚至威胁。R女士就是这样的母亲，她总是容易为汤姆食欲不振这件事抓狂。她过强的义务和责任感不允许她对孩子没有吃饱这事坐视不管。于是，她让自己屈从于孩子的需求，同时试图使孩子屈服。

很有可能，汤姆已经成功地使老师们也接受了这种关系。他迫使老师们提醒他、纠正他、跟他说话、鼓励他、催促他等等，老师们这样做时，他似乎表现很棒。换言之，他已经学会了用好行为来掩饰自己的敌意和反叛。这是典型的神经症和神经质表现。（精神疾病的目的解释，是阿德勒个体心理学的特征之一，也是本书使用的参照标准。）作为一个富有创造力且足智多谋的孩子，汤姆的行为有多个目的。有时，他可能是寻求关注；有时，他在进行微妙的权力较量；有时，他的好胜心和对失败的过度恐惧，使他表现出他根本无法完成任务而出现自卑的一面。

尽管实例报告中信息不足，我们还是能了解到这个男生和他的问题。现在让我们来看一看这位老师－学员是怎么评价这个案例，以及她提出的建议。

评价－建议：汤姆几乎没有安全感，因为母亲在他大约8个月时去工作了，这表明他被留给陌生人照顾，极少从父母处得到情感安全所需的爱和亲情。父母可能给予过多物质满足来弥补他们对孩子的陪伴缺失，所以父母双方都应尽量多花时间陪伴汤姆。

评语：很明显，这位老师并不知道汤姆的问题和他的目的。她说汤姆没有强烈安全感，这可能是正确的，但这样的陈述毫无意义。每个行为不当的孩子都没有安全感。没有安全感，并不能用来解释汤姆的行为。此外，使用术语“气馁”比“没有安全感”更合适。气馁是所有缺点和不当行为表现形式的总称。然而，术语差异不仅仅是一个文字游戏，它还代表不同的视角。安全感，通常指人们从其他人或其他事上获得的东西——其实是通过外部得不到的东西，即，安全感是人内在拥有的，无法从外部获得，但环境可能刺激或阻止其发展。安全感来自内心，来自自身的勇气，来自对自己有力量和能力应对未来生活中任何情况的认知。

如果这位老师－学员意识到汤姆是一个气馁的孩子，她就不会下定论认为是因为母亲上班造成了汤姆的问题。母亲的缺席本身并不会使孩子“气馁”，但母亲与孩子之间关系可能造成孩子“气馁”，特别是如果母亲觉得自己对不起孩子，并试图用过度保护来弥补自己的“疏忽”时。母亲上班，怎么能表明汤姆没有得到父母的爱和亲情？爱和亲情的获得，并非取决于母亲陪伴孩子的时间长短，而是陪伴孩子的质量高低。付出爱和亲情并不需要太多时间，它可以在几秒钟内表达，也可以在孩子和父母的共同经历中慢慢渗入。是汤姆的家庭成员之间的关系，特别是母亲和汤姆之间的关系，使汤姆形成了他的自我认知和生活观念，并产生了相应行为。

能够感受到，汤姆对成人的反应与他对父母的反应一样；成人是权威的、严苛的且不稳定的。他似乎在成人面前变得神经质和紧张不安。应该允许汤姆邀请他的朋友来家里。接受他的朋友可能会让他更有安全感。

评语：这是事实，汤姆与父母之前的关系延续到他与其他成年人之间。不过我们怀疑，汤姆与像老师那样对自己有要求和期望的成人在一起时，才是这样的表现，他与其他成人可以建立良好轻松的关系。我们的这位老师－学员犯了一个常见的错误：将所有父母和成人都视为权威人物，认为他们都会让汤姆紧张不安。这是一种机械的、不适当的解释。报告指出了汤姆与他母亲之间的互动，以及他和老师们之间存在类似互动，但他们的关系中不仅仅包含这些成人的权威和标准要求，还有更多因素。

应该允许汤姆带朋友回家。这条建议有道理，但同样的，它的原因和这位老师－学员认为的原因并不一样。朋友们不会“让他更有安全感”。他与朋友们在一起感到安全、他与朋友们关系良好，这一点并不会延续到他与成人之间的关系。不，他的朋友们到家里产生的纠正意义并不是出于这个原因。朋友们来家里，可能会让他母亲的完美主义减轻一些，帮助她学会接受孩子们原本的样子，而不是被他们的缺点激怒。不管是对其他孩子还是对汤姆，她都需要学会这一点。这才会改变她与孩子之间的关系，并给汤姆一个机会，使他拥有更多的、必需的“接受不完美的勇气”，去替代他以前从完美主义者母亲那里学到的认知。

汤姆可能更能适应小型特殊班级。这样他能更好地了解老师，并与同学建立更亲密的关系。

评语：这个推荐是因为老师缺乏对孩子行为动机的了解，想要寻找机械直接的解决方法。汤姆需要明白自己的错误观念，并改变对成人提出要求的方法。对汤姆这个行为的训练，可以在大型班级中实行，或者说，小班级不一定能实行这个训练——它并不依赖于班级规模的大小，而是依赖于老师对汤姆的心理理解以及老师的能力。汤姆必须学会相信自己本来的样子，不再尝试成为完美主义者，不再害怕犯错。这样他就将不再需要特别关注，也不会消极抵抗某些成人的要求和期望。如果老师和母亲了解这个心理状况，并采取相应措施，就可以帮助汤姆进行必要的调整。在这个案例中，母亲是问题之源，且需要帮助和指导。

➢案例30

马蒂，九岁，不学习。他不做任何有建设性的事情。他从来不做功课，而且对此毫不在意。如果我要求他读这页那页，他会毫无表情地拒绝。当孩子们出去到操场上玩游戏时，他从不参加，却宁愿与一群男生打架。他的行为有一点儿愚蠢，总是说没头脑的事情，引得全班同学发笑。当老师在讲话或解释一个问题时，他经常和别的同学扭打在一起，或者做些可笑愚蠢的把戏。他得到很多关注。他唯一合作的事，是他自己组织活动。如果排队时他不能排在最前面，他就会很生气并且把怒气都表现出来。他是一个粗野、强壮的男生。

评语：我们可以通过马蒂和老师的行为来了解这个男生。这份实例报告的字里行间充满了老师的挫败感。这是一个典型的权力之争。无论是马蒂还是他的老师，都没有意识到这一点。如果老师意识到了这一点，就不会像现在这样总是“很配合”。很显然，马蒂成功地调动全班同学都站在自己这边；为了这个目的，当老师说话时，他通过表现“愚蠢”或其他方式把全班同学的注意力吸引到自己这里。不幸的是，他的野心是以对社会无用的方式来表现。他关心的只是他的权力和优越性，如要站在队伍最前面，组织活动，如果不能得到自己想要的就发脾气。到这里，我们对他这些行为的原因尚不知晓。幸运的是，老师已经获得了其他信息。

他的兄弟非常非常安静，功课门门得“A”。他和班级同学很合作，参与活动，且不希望受到任何训斥。

评语：这里没有写清楚这是马蒂的哥哥还是弟弟，但哥哥的可能性大些。哥哥其实也一样野心勃勃，但是与马蒂不同，他通过有用的方式表现。可以肯定的是，一方面，哥哥的成绩对马蒂的问题有一定影响：马蒂因为哥哥更成功而感到气馁。另一方面，我们还可以假定：他哥哥，这个“好”孩子，很可能身体比马蒂弱，更依赖于他人的赞许，而马蒂则不怕为自己出头，强大到仿佛可以单手掌控整个世界。他不会轻易妥协，且明显十分好斗。如果老师给这类孩子机会，让他们为班级贡献力量，展示他们的英勇，他们可以向好的方向转变。要做到这一点，当孩子和老师产生权力之争时，老师首先必须停止以前的反应，不参与权力之争。

“向好的方向转变”可能需要进行一些说明。许多人习惯性地认为马蒂那样的孩子内心充满敌意。他们可能会想问：向好的方向转变，是否意味着他会不再好斗，或者，他是否会成为“善行”意义上的斗士？他是否会转移、约束他的敌意，或者思想变得高尚？给他买一个沙袋，给他一个玩具枪，是否能够帮助他把敌意发泄出来，这样就不会在课堂上展示？

这些都不是问题的答案。敌意不是孩子体内的力量或能量，可以像气球里满满的气一样“放出来”。马蒂试图在班级中建立自己的声望并占有一席之地，这是他敌意的一部分目的。通过与老师发生战争，他达到了这个目的。在某种程度上，他成功地挑战了老师在班级中的领导地位。他不是“充满敌意”，而是“敌意的情绪”对他更为有利，更能帮助他成功。他打架，不是为了打架而打，也不是需要发泄；他打架，是为了展示他的优势，通过一种雄性的方式获胜并“成功”。

就此而论，“向好的方向转变”只需要改变他在班级中找到位置的方式就可以了。如果他发现可以通过老师的帮助找到自己的位置，那么他就不会与老师作对，不会反对老师的观点。老师必须要做的，是给他一个机会，让他通过贡献和帮助他人的方式——而不是打架和反对他人——来让自己得到重视。马蒂的基本动机似乎是他希望得到重视，想当第一。最终他会对这一点做出调整，使自己适应班级群体，因此，可以利用他的这个动机愿望，向着做出有益贡献的方面引导。

➢案例31

迪克，六岁半，安静，消极，在学校里很散漫。他错过了很多班级活动。他需要被叫才会行动。总是独自一人忙，玩小汽车，画画，看书。他不影响任何人。他会遵守他听见的校规。因为他上课不听讲，所以课堂老师的提问、作业说明等必须多次重复，他才听见。他与其他孩子相处不错，有一个非常要好的朋友，那是个与他年龄相仿的邻居孩子。

评语：迪克不会扰乱学校秩序，但有点烦人。这一点及他需要反复提醒，都表明他正在寻求关注且显然得到了关注。就连他独自玩耍也使他显得与别人不一样。

家庭星座情况。迪克有三个姐姐，分别比他大三岁、六岁和八岁。他父亲是个沉默寡言的人，母亲是个忙碌的家庭主妇，更多地关注她的青春期的女儿们。三个姐姐都很勤劳且分担了所有的家务。迪克太小而不能做家务。此外，他是个男生，“不适合”家务劳动。全家人在饭桌上及其他时间的谈话，都和女生的事情相关。家人之间相处融洽，充满着爱与和谐。母亲不参加学校的活动、聚会等，当我们进行常规家访到迪克家拜访时，她去买生活必需品了。

印象。迪克的生活环境以年长女性为主——她们对他没有什么期望。他需要的一切都有人照顾。于是他训练自己不听任何有关他的谈话，营造了一个自己的小世界。家人不接受他做任何服务贡献的行为，也不认为他的事情有任何重要性。

迪克其实想听课想参与，而且他也有这个能力；但注意力不集中、散漫的习惯由来已久且根深蒂固，即使是他感兴趣的事情，他也会不自主地脱离，回到自己的小世界里。

评语：家庭成员描述详细，这个小男生生长在由四个年长女性组成的母系家庭里。有人可能会指出，父亲也同样安静，这两个男人显然不能指望过多。迪克有两个不利因素：首先，他是孩子，年龄太小而无法做家务；其次，他还是个男性，在这个家里，你能指望男人做什么？！

到现在为止，他并没有带来大麻烦，但这似乎并不足以将他的行为完全归因于“散漫的习惯”。这个习惯不能解释他为什么“训练自己不听任何有关他的谈话”？他为什么缩入他自己的世界？这些重要问题老师并没有试着去回答。如果老师这样做了，就可能发现自己在“印象”中写的迪克“其实想听课想参与”是值得怀疑的。他的消极散漫、“注意力不集中”的行为不是一种退缩回自己世界的方式，而是一种寻求群体位置的方式。老师必须正确地指出，迪克无法通过为家人提供服务和贡献而在家中找到自己的地位，所以只能通过做自己喜欢做的事并让别人照顾他，来找到自己在家中的位置。得到关注和服务，是他的目的。

在采访他母亲时，我问她，她忽视迪克的情况是真的吗？她承认，确实是这样，但她没有意识到这样对迪克不公平，毕竟他又乖又安静。

评语：毫无疑问，迪克受到家人的冷落和忽视，但这只是事实的一个方面。在与母亲谈话时，老师原本可以探寻迪克在家中得到的过度服务的事实，如穿衣、吃饭等。但这位老师遗漏了这一点，因此，她没有发现也没有指出母亲和姐姐们为迪克提供了怎样的特殊服务。

我请母亲和姐姐们让迪克单独承担一些家庭责任，并且请她们忍住，不要去帮助他。我还请母亲在吃饭时，至少给迪克一次机会，让他说说学校发生的事情，并请姐姐们让他参与到她们的谈话中。我让母亲腾出更多的精力，像为姐姐们所做的那样，也去参加迪克学校的活动。

评语：所有这些建议似乎都不错，尤其是建议妈妈和姐姐们不要帮助迪克完成他的任务。但要做到这点，还需要更多的努力和监督。了解她们四位女性中，哪位最容易继续给迪克提供过度服务，这一点非常重要。

换言之，老师的建议是自己要为迪克做得更多，这一点她有自己的道理，但与此同时，她没有看到家人们也要为迪克做得更少。她的盲点是没意识到自己也已经给了迪克过分关注。

➢**案例**32

问题。托尼，七岁，无法融入团队。他总是想纠正每一个人，却拒绝别人的要求。谁要说了任何听起来像是取笑他的话，他就打谁。他走路时容易摔跤和滑倒，并且神经质。如果任何老师或同学催促、命令或纠正他，他立即就会很恼火，并按与别人相反的意思去做。如果得不到他想要的，就离开群体。他不能在合理时间内完成工作。他没有耐心轮流或排队。

评语：关于托尼的这段描述非常复杂。从描述中可以看到很多敌意与防卫、自我驱动与挫败沮丧、对权力和优越的渴望、反对和抵抗。让我们来看看老师是否能从这一团乱麻中理出头绪。

分析。托尼是独子，父母年龄偏大，他们期望托尼完美。只要他的表现低于期望，父母就会指责他。托尼想在班里找到自己的位置，但他相信，找到位置的唯一方式是变得完美或比他人优秀。因此，当他表现不完美或没有得到特别关注时，他觉得每个人都在批评他。他无法忍受并且厌恶负面批评。他不完成学习任务，因为他认为他要表现自己不必按照别人的要求去做，要证明他与众不同。他不是通过完成事情，而是以一种引人注目的、与众不同的方式，只完成事情的一小部分。在通常情况下，学习任务和班级任务对他来讲很容易，无法构成挑战。

评语：托尼是独子，父母过于争强好胜，这提供了很多信息。他被宠坏了，而且总想要自行其是。可能他深信自己是与众不同的，如果别人没有特殊对待他，就不公平。他的行为中还有一定程度的报复，因为他不确定自己是否在班级中有一席之地，不确定大家是否喜欢和接受他。老师的分析中，认为他夸大自己的重要和与众不同，而这其实强化了他的不足感和对此的恐惧，这个分析可能是正确的。无论他做什么，他都显得与众不同，虽然并不总是通过对社会有用的方式，但托尼自己就是要确信他与众不同。上述可以解释为什么我们的第一印象是他的行为异常复杂。

托尼的智力远高于平均水平，他会回应别人给他的鼓励和善意。他似乎对获得“谢谢”和赞美非常渴望，愿意取悦任何可能喜欢他的人。

评语：这证实了之前的印象。作为独子，他过于在意别人的看法——他只能靠别人来找到自己的位置，而不是通过自己的力量来立足，因为他自己永远达不到父母的期望。他没有兄弟姐妹，因此他幼年阶段的家庭群体中其他成员就是父母。他急于取悦别人的表现，说明他并没有放弃被人喜欢和接受的目标，只是他不确定自己会不会被人喜欢和接受。别人的每句负面反馈都会激起他的这个不确定性，让他感到危险。

可能的纠正方法。我可以不再提醒托尼。可以与他做朋友，不让他觉得他的表现比他这个人更重要。可以更经常地夸他做得好和表现很棒，给他更多正面而不是负面的批评。可以尝试更多使用自然结果的方法，而不试图强迫他。有时可以给他更有挑战性的工作。

评语：所有这些建议都非常棒。最重要的，是让托尼觉得他是被接受的，这个接受和他的表现与成绩无关。因为他过于争强好胜，所以他相信除非自己表现出色，否则就是自己不够好。因此他必须知道，即使他没有做好，他也有一席之地。对他在群体中位置的认可，和认可他的好表现，两者之间可能会发生冲突。认可他的好表现会对他有帮助，但要当心，不要夸大这种认可，这样的做法有可能会再次误导他，使他维持自己必须优秀的错误信念。至关重要的是，不要强迫他，他已经对反抗强迫很有经验了，可能已经无数次通过这样的方式“打败”自己的父母。吸引他完成更有挑战性的工作，这个做法可能很有效，但前提是要避免一点，不要暗示完成这个更具挑战性的工作就意味着他更出色。

➢案例33

这个案例中的小女生安是三姐弟中最小的一个。姐姐最大，二十二岁；哥哥二十岁；安是最小的女儿，六岁。她母亲在战争期间怀上并生下她，而当时她的父亲还需要继续服完兵役。她的出生纯属意外，不合时宜。她的母亲不得不放弃工作，尽管当时需要钱贴补家用。

评语：老师是正确的：她从一出生就有诸多不顺。不过，她最大的不利因素可能是巨大的年龄差距。她是一个超级小宝宝，其实是家里唯一的孩子，上面有好几位“父母”。对于她的成长来说，这个情况其实比她出生时的特殊社会背景更为重要，因为无论她母亲对她的出生曾经有过什么感觉，这些感觉后来都会发生变化，但是在这个完全由成人组成的家庭中，她很幼小，这个特点一直延续到她性格形成时期。（就这点而言，存在不同的观点。）

安生下来个子很小且身体不好，另外两个孩子一直很健康。母亲竭尽全力地为孩子提供身体和情感护理。当时姐姐十六岁，哥哥十四岁，他们都愿意为体弱的小宝宝服务。

评语：显然，老师已经放弃了母亲早期排斥安的推断。现在，非常显而易见，安和兄姐之间的年龄差距是个相当重要的信息。

在我第一次接触这个家庭时，安两岁，尚未学会走路和说话。母亲曾咨询医生，医生告诉她孩子的身体没有问题。安用半爬半拖的方式“走路”。她仅能发出无法辨认的声音。那时父亲已经从军队退役回家了，他不仅很愿意照顾安，而且反对其他人试图让她更加独立的做法。他觉得安应该被特殊对待。

评语：这一点可能体现了导致孩子发育迟缓的因素。它清楚地说明了，只要体现弱小不足、什么都不做，就能让一个孩子拥有巨大的价值感。

家里只有哥哥想要鼓励并帮助安变得独立。只有哥哥和安在家时，哥哥不会帮安拿东西，而是鼓励她自己走一两步，自己去拿东西。哥哥还尝试让她说话，说出物品的名字。哥哥发现，如果安愿意，她就能清楚地说一些简单的词。但当家里其他人在旁边时，安就恢复到她一贯的行为。母亲和哥哥一起讨论了这些情况。这次谈话之后，母亲开始尝试哥哥的方法。

评语：这是一个有趣的情况，含有很多冲突元素。毕竟，谁是一家之主？父亲还是哥哥？母亲应当听谁的？显而易见的是，如果使用哥哥的做法，安的弱小和不足就不会继续存在。

他们的邻居有很多与安年龄相仿的孩子。母亲鼓励其他孩子单独或和父母一起来家里做客。不久，母亲注意到与其他孩子一起玩时，安表现出困惑，她似乎看到了自己和其他孩子的不同。有时候，母亲看到安试着自己走路，听到她试着说话。母亲开始越来越多地用当年对待其他孩子的方式，来对待安。她温柔而坚定地拒绝为安“提供服务”，不久后，安就能走得越来越远。到四岁时，安已经能平稳地走和跑了。她说话仍然咿咿呀呀，只能说几个词。

评语：显然母亲慢慢学会了让自己从安的要求中解脱出来，不再受孩子的支配。这是一个漫长的过程，但是，安即使说话不清楚，生活仍然顺利。

邻居们的孩子都去上托儿所了，安的父亲坚决拒绝让安去。到了上学年龄时，安去了家附近的一所幼儿园。起初是母亲接送她，但很快安告诉母亲，她想与其他孩子一起去，于是母亲请一名年龄较大的邻居女生跟安一起上学。邻居的孩子们已经能听懂安的咿咿呀呀，而且与她玩得很好。她比其他孩子更容易摔跤，哭的次数也更多，但是她很快也找到了一个很喜欢的玩伴朋友。父亲大多数时间在工作，由于母亲试着“将她推出去”，安有很多机会跟别的孩子一起玩。孩子们一起玩时，母亲尽可能地让自己留在房里。

评语：毫无疑问，母亲的态度是正确的。然而，我们没有看到安在家里的相关信息，比如她是否自己穿衣、该吃饭时是否过来吃饭，以及她的餐桌礼仪和饮食习惯如何，等等，还有，在过分保护的父亲和安的坚持下，母亲是否屈服并继续为安提供过度帮助。

安刚开始的入学经历不尽如人意。老师很同情她，教导或允许其他同学把她当成小宝宝那样“照顾”她、为她穿衣等等。安被允许使唤其他人，她不需要体验自己行为会带来什么后果。

评语：这个以“弱”胜强的例子，具有非凡的意义。安让她的老师和全班同学都为她服务。不是安不积极参与班级活动，而是老师和其他孩子为她代劳了所有事情。这个孩子只要等着，所有的事情就会有人替她做，她强烈的无助背后，其实存在着与他人非常微妙的互动。

这个情况还证明了前面提到的一点，即许多老师和家长仍然不了解孩子行为背后的心理动力，这非常不幸。这个例子展示了同情给孩子的影响。任何可怜孩子的成人，不管这份同情多么合理，都是在伤害孩子。在很多案例中，怜悯造成的伤害超过严重不幸带来的伤害。如果孩子感觉到别人可怜他，他也有理由可怜自己。当一个人自悲自怜时，他就是落入了最可悲的境地，可怜孩子造成的危害最大。如果大人知道他们的怜悯对孩子造成了多大的伤害，即使这种怜悯大多数时候可以理解，他们也会停止并重新思考。孩子需要的既不是怜悯也不是同情，而是感同身受的同理心。我们可以向孩子表示我们理解他的感受，而不必可怜他。在安的这个实例中，老师可怜她，她父亲也可怜她，而为这份可怜付出代价的却是安。

现在，安正在重读幼儿园。她的新老师不那么容易“被欺骗”。还有个对安的进步有利的情况是，新的班级里大部分孩子不知道安的过去，因此，她必须说话以表达需求，并在班上获得一席之地。现在，她能够自己穿衣服，能够成句地说话，还能画画、跑、跳等等。她进步巨大。

评语：人们或许会认为，她的进步是因为长大了1岁。但考虑到总体情况，我们必须同意，很可能是聪明的新老师，用自己的态度影响了安的同学们，这才是安进步的原因。

安在家里的进步却不如在学校里的那样大，这是因为她爸爸的态度，以及有时候妈妈不能坚持而妥协。对她有求必应的姐姐已经离开家独立生活。哥哥依然严格要求她，并在她的成长中起了很大的作用。

评语：有进步或者没有进步，取决于安所处的环境。母亲可能永远都无法认识到她提供的过度保护和帮助的程度，而父亲对自己给安带来的影响完全没有意识。有趣的是，我们注意到，安已经成为家中两种相反态度的焦点，父亲和姐姐站在一边反对母亲和哥哥。可能除了对安的态度，还有很多其他方面。

我认为这个孩子通过消极被动的表现来获得关注。她被允许变得这样，是因为她和太多成人一起生活。她的弱小不足鼓励成人花大量时间和精力照顾她。哥哥要么是看穿了她的行为，要么是厌倦了侍候她。他帮助母亲改变对安的态度和行为，进而也改变了安。

评语：这个总结几乎不需要其他建议。我们仍然不能肯定这个孩子是否智力落后，虽然这方面我们没有心理学结果，然而，看起来很可能这个孩子的智力并不低于平均水平，甚至可能高于平均水平。

在我们的情况中，安似乎突然变得很积极，很渴望做事情。前几天我拜访她家时，她很友好地跟我说“哈喽”。她不仅回答了我所有的圣诞节问题，还主动说了完整的句子，其中有些语言非常出色。另外，她主动请我吃蛋糕，并坚持由她自己给我拿过来。

这里不需任何评论，一目了然。

TOWARD CHANGING THE CHILD'S GOALS

第八章 改变孩子的目的

前一章侧重讲老师如何了解孩子的动机、分析孩子在生活中及特定环境中的目的。本章介绍在确定孩子的目的后与孩子打交道的方法。目的不同，适用的方法也不同。它并不仅仅是孩子的外显行为，也不仅仅是行为障碍本身，而是这些行为背后的目的，是得到他人特定的反应。如，针对孩子的懒惰，并没有某个固定的办法去应对。因为，如果他的懒惰是为了得到关注，这种情况采用的是一种方法；如果孩子利用懒惰作为权力抗争的武器来对抗老师权威，这种情况采用的则是另一种方法。孩子也可能会通过很多不同行为来获得关注，这些行为不同，但它们引起的反应则很相似。只有通过洞悉孩子不良行为或缺点背后的特定目的，才能找到相应的方法，才能带来最好的结果。诚然，如前文所述，很多具体的方法也可能有效。

本章中的实例报告来自四个组，每组处理一个目的。每份报告的目标都相同：阐述确认孩子的目的之后，通过实践表明哪种方法适合，哪种方法不适合。这些报告并不是为了培训这些老师采用哪些更加详尽具体的方式来纠正学生行为。

可能有人会对这个流程所能达到的心理治疗效果提出质疑。毫无疑问，并不会仅仅因为老师能够洞悉孩子的目的，并让孩子为这个目的的努力无效，他就会放弃自己的目的。不过，如果老师能够持续使用类似方法，使孩子相信自己的目的没有价值，孩子有可能会重新考虑，并改变自己的目的。孩子在重新考虑的过程中，转向更有建设性的方向，这一点非常重要。因此，对错误目的的特定反应，应当被看成是广义的纠正行为，其中鼓励不可或缺。

下面的案例表明了当老师试图跳过这个基本的步骤与前提时，接下来会发生什么，这个案例可以作为其他案例的介绍，非常有用。

➢案例34

事实都被看到了，但解决办法是什么呢？彼得，十岁，五年级，是一个天生的领导者，深受同学们的喜欢。他不喜欢所有科目，只喜欢哗众取宠。只要不是他组织的活动，他都拒绝参加。所有坐在他旁边的同学都被他分散注意力。即使他完成学校作业，也是因为压力或者害怕。只要能让师长把权力给他，他会不惜撒谎和欺骗。

我们应该如何应对这种情况呢？

评语：在理解所报告的事实之前，这位老师已经开始寻找解决方案——她没有先进行分析。

彼得的行为并不难理解。他显然与权威人士，特别是与老师，心存芥蒂。他是同龄人的领导者，他所有的行为都是为了“哗众取宠”。他为了赢得全班的注意而与老师唱反调。他仅在压力过大或后果太严重时，才会做出让步。但是，就像任何战争一样，他会采取一切可能的手段去打败敌人，因此，他不惜撒谎和欺骗并使用任何手段来对抗老师。

如果老师意识到这个情况背后的含义，就会避免做任何会激化他们冲突的事情，尽力使自己远离权力斗争，并赢得彼得的支持，但老师做了什么呢？

我已经尝试了书中所述的一切方法。我试图积极组织教学内容，使它们变得有趣。我试图与彼得谈话，给他讲道理，并给他特殊任务，使他渐渐感受到自己很重要。

评语：除最后一项外，老师的所有努力都是白费力气。只要彼得对学校课程不感兴趣，教学内容再有趣也无济于事。而老师与彼得谈话和讲理的态度，很容易从彼得的情绪中得到反映，这一点已经从老师的报告里体现出来了。很有可能，老师是在对彼得说教、解释、哄劝，基本是在唠叨那些彼得早就知道的内容，并且采用一种居高临下的方式。这种方式经常在老师给学生讲道理时出现，也是为什么这种方式徒劳无功的原因。尝试给学生特殊任务使他感觉到自己的重要性，这通常是一个好方法，但我们也很容易看出它为什么对彼得没有用。在与彼得的所有互动中，老师都采用了这种居高临下的方式，在给予他特殊任务时可能也是如此，结果进而使彼得更加确定自己反抗老师的决心。老师希望改变彼得的认知，将他的破坏行为转向引导为有用的方式，这个想法很好，但是因为没有洞悉彼得行为背后的目的，老师并不知道怎么才能进行转向引导。

最后，为了解决这个头疼的情况，我走向彼得，使劲摇晃他，他的衬衫都被摇开了。我告诉他，他知道课堂上必须做的事情，每个班级都必须有组织有纪律，他必须配合。

评语：这里老师公开宣布了自己的失败，只是她自己还不知道。老师自以为在“实施解决方案”，而实际上是在“告诉”彼得，老师拿他毫无办法。命令学生必须配合是一回事，引导学生配合是另一回事。老师的方式达成了什么呢？

彼得回到家告诉了他的母亲，第二天他的母亲非常生气地找到我，说她打算让他父亲来处理此事。但我告诉她，我必须得到她的配合，如果每天全班三分之一的学生交作业，为什么这三分之一中不能有她儿子？她已经答应配合我。

评语：毫不奇怪，老师发现得到母亲配合比得到孩子配合更容易。毕竟，母亲和老师都得应对彼得的叛逆，母亲能够理解老师面对彼得的对抗是什么状况。彼得成为现在这个样子，责任可能在母亲和父亲身上，但是他不交作业，却不是父母的错。老师有责任引导他交作业，如果老师知道正确的方法，很可能他已经做到了。摇晃他、把他衬衫弄烂、空谈道理，肯定不是有效的方法，但我们能理解老师的怒气和绝望。

这个案例证明，老师的反应是她与孩子互动的一部分。在这个案例的互动中，孩子的目的起了效果。老师成为一个精心策划、有效执行但却无意识的、策略的攻击目标。老师必须认真考虑对策，否则，她不是孩子的对手。

1 寻求关注

➢案例35

帕特，一年级，与祖父母一起生活，娇生惯养。他经常没有正当理由地寻求我的关注，我建议说，如果他这样做，我就在全班面前数出他已经这样做的次数（如：“帕特，回到位置上去——这是今天下午我第五次点你的名哦。”）帕特的回应很特别，他非常喜欢这个“游戏”，他这样回答：“S老师，S老师，看我，那是第23次。”

评语：这个案例表明采用这种方法应对需要过多关注的孩子可能会适得其反，因此，这种方法可能不适当。但如何证明呢？

这是一个很好的例子，说明了某些方法的有效程度取决于执行方式。有人建议（参见第93—94页），老师与孩子做一个“交易”，由孩子提出接下来一个小时里需要关注的次数。然后，老师仅仅只点他的名字：“帕特，第一次”“帕特，第十次”。但是这位老师没有这样做，其实执行这个方法就能够纠正这个孩子的行为，因为他希望得到的关注比这个还要多。而老师的做法是小题大做，每次点完名后还要再训斥和讲道理，结果这正中了帕特的下怀。讨论了老师方法中的失误后，她再次尝试并报告。

然后，我对另一位学生——本，采用了这个方法。本是独子，家庭压力很大。最开始上学（一年级）时，他每天都哭，我也不得不经常提醒他专心上课。现在，他需要提醒的次数很少，需要关注的次数也已经降到最低。

➤**案例36**

拉尔夫，十岁半，小学四年级，一副茫然又渴求的样子。他的眼睛乞求得到关注和服务，但他似乎从来都不知道他在课堂上应该做什么。

评语：“但”后面的话没有意义。当他不知道该做什么的时候，不是已经在用眼睛表达自己寻求关注和服务的想法了吗？不难看出，这位老师的描述中含着抱怨的味道。

有一天，拉尔夫的学习内容是词语和图片，所有的图片都粘在图板上。拉尔夫拿着图板来找我，是别的同学递给他的，上面的图片没有粘牢。他看起来很焦虑，很无助，希望我帮他弄好。我问他，他自己可以做什么。他拿着那两个图板，走回自己的座位，看上去非常绝望和无奈。我站在他身后不远处，他转过身来看着我，眼睛仍然在乞求帮助。我没有动，然后他开始自言自语。我问他在说什么，他回答了，但声音细得我听不到。我走近一些，听到他说："如果我有透明胶带，我就可以修好。"而情况是，在离他五英尺的地方就有一个胶水瓶，他知道可以任意使用。我问他什么可以替代透明胶带，他无助地看着我。几个同学饶有兴趣地想帮他，但我让他们安静下来。

拉尔夫坐在那儿，以乞求的眼神看着我们所有人。然后我说："拉尔夫，你在等着我告诉你该怎么做；但我也在等你，请你记住，你已经十岁半，上四年级了，这样的事情你不需要任何帮助就可以完成。"话刚说完，他就收起了幼稚懵懂的表情，认真地观察我。此时班上同学们兴致勃勃地看着，于是我告诉他们："孩子们，咱们一起看时钟，看看拉尔夫需要多长时间单独完成这项工作。"大家都朝时钟看去，拉尔夫跳起来，直接走向胶水瓶，并开始粘贴图片。从我教拉尔夫那天起到现在，我从没看到过他动作如此迅速，以如此自信的方式完成一项工作。

作为事后的想法——也可能是个解释？老师又补充道："拉尔夫是四兄妹中最大的，也是家中唯一的男生。"

评语：这是一个寻求关注和服务的孩子的好例子。老师可能对拉尔夫的行为给出了正确理由：作为家中唯一的男生，他有三个妹妹和母亲为他服务。（也许他的大妹妹像他的母亲一样能干，因此他既不需要也没有机会自己动手。）但是，老师的实际行为真的是停止为他服务和过分关注吗？表面看来，她拒绝帮助他，并告诉他该怎么做，然而，老师虽然拒绝了他的要求，实际上仍一直在为他忙碌。邀请全班同学见证他需要花多长时间，这是一个好主意。但在这之前，他们之间的交流已经非常多了，正如老师意识到的，拉尔夫仅通过眼神和面部表情就已经在“说话”了。换句话说，老师中了拉尔夫的招，并满足了他的要求，却以为自己是拒绝这些要求的。只要老师一直为拉尔夫忙碌，拉尔夫并不介意老师的说教。这个案例说明，老师必须多加观察，以免落入孩子的设计圈套中。

➤**案例**37

吉恩，五岁，是我上午幼儿班的学生。他是个多数时间里正常、快乐的孩子，但有时他会畏缩不前。如，有些早晨，即使只是脱去外衣，拿过小地毯，他都至少需要15分钟。然后，他会站到门边，等着我去注意他。当我注意到他时，他会慢慢走进房间，仿佛在等着我说“快点”或帮他坐下。

现在我知道，这仅仅是一种获取关注的手段，于是我只是关注那些已经坐好并准备上课的孩子们。等到我再看吉恩时，他也已经坐下了。

评语：显然，早期时候，老师曾一直关注吉恩。可能即使老师没说什么，但通过等待吉恩而给了他过多关注。只有当老师不再对吉恩的磨蹭做任何反应时，他才发现没有必要继续下去。

有一天，我看了看吉恩，发现他躺在地板上，脚在空中乱踢。由于我们正开始做孩子们喜欢的游戏，我说：“我会选择坐得端正的孩子开始游戏。”吉恩翻转身来。这时候我没有选择吉恩，但巧妙地让其他孩子选了他。

评语：这样做很好。老师没有理会吉恩的做法，而是开始了孩子们都喜欢的游戏。不直接关注他，不去口头提醒他，也没有常见的多余的告诫。

当我第一次看到吉恩的这些把戏时，我和他妈妈谈了一次。他妈妈并不感到惊讶，因为他在家里也常常这样做。我建议她说，他这样做可能是为了吸引我们的注意，如果我们不理会他的幼稚把戏和“滑稽行为”，他可能就会放弃。吉恩有一个弟弟，比他小2岁。我提醒妈妈，吉恩和弟弟会争夺她的关注。她认为，这很有可能，她会留意并小心，不会上当。

现在（几个月后）吉恩几乎已经不再这样胡闹了。他画画很好，并与其他孩子相处得也相当好。现在他对玩耍、画画和游戏的兴趣比之前胡闹的兴趣大多了。我鼓励吉恩尝试一些体育类活动，他成功地完成了，看起来他的乐趣又增添了不少。

最后，这位老师问，她是否正确理解和处理了这个实例？

评语：这个案例处理得非常好。老师不仅完全了解吉恩，而且最终找到了应对他的方法，而且老师与同样了解吉恩的母亲沟通，并为母亲提供了适当的建议。看起来，这位老师还不太熟悉这样的新方式和处理方法，所以她最后表现出不确定，又或者，她在寻求认可？

➢案例38

玛丽，六岁，家里最大的孩子；她的弟弟三岁，妹妹才两个月大。玛丽9月份入学，她是一个害羞、依赖性强、可爱的小女生。作为班上年龄最小的孩子，她被其他同学视为小宝宝，而不是同学。玛丽表现得很害羞，她接受了这个宝宝角色。很快，她不会或不愿做她能做的事，她的同学们帮她做。

评语：由于是班级里年龄最小的孩子而需要帮助，这不是同学们将她作为“宝宝”的真正原因。这说明了群体中非常微妙但很有效的人际互动，群体某个成员被推入或让自己被推入某个位置。形成这个局面，很难说是由谁全部引起的，但一般是“受害者”自觉或不自觉地诱导其同龄人和老师，让他们用自己所希望的方式对待自己。在诱导其他孩子成为她的“奴隶”方面，玛丽确实发挥了相当大的作用。

后来，与她母亲会谈发现，玛丽的父母分居了。周一到周五玛丽与一位姨妈生活，周末与母亲生活。两个女人都很宠爱她。玛丽自己不用做任何事，从未自己穿衣，也从未自己收拾玩具，极少出现不良行为。与之相比，玛丽三岁的弟弟“总是制造各种麻烦”。玛丽被认为是个乖孩子。她被动但讨人喜欢的行为使她成为家里的焦点，并延续到学校里。

评语：这些事实可以充分“解释”玛丽的行为。她的姨妈和母亲都喜欢她的可爱和被动。在导致这两个女人过度保护孩子中，父亲发挥的作用不是很清楚。可以想象，弟弟则是以相反的方式，也让她们为他忙碌，这可能是这个家庭中的男性培养氛围。有人可能会将玛丽的行为归类为消极－建设性形式的获取关注，因为她成功地让所有宠爱她的人相当满意和高兴，而她的弟弟则表现为一种积极－破坏性的获取关注方式。

有时候，玛丽会站在自己的衣服挂钩旁边，表情悲伤，并哭过两次，直到有人来帮她脱下外套并挂起来。在玩耍时，她会远远地站着，直到有同学来邀请她一起玩。阅读时间，当老师让她给同学们讲述一幅图画时，她将手放在嘴里，甜甜地笑了。

为了让玛丽不再继续成为被动的接受者，她很快被选作她那一桌的小帮手。当天上午，她负责准备学习用品，即纸张、铅笔、剪刀和书。她十分愉快地接受了这项任务。过了一段时间，她不再站在衣服挂钩旁边踌躇难过，而是自己挂上外套，并立即进教室开始做该做的事情。她开始更积极地关注其他的同学和自己的学业。

评语：这个方法非常出色。老师并不需要指出玛丽的行为缺陷是什么，而是成功地给了她相应的认可和位置，她通过在这个位置上做出贡献而得到关注。玛丽体会到“做事情”带来的自我满足，这使她放弃先前通过被动刺激他人为自己做事而获得的满足感。

玛丽通过被动获取关注的行为开始发生变化。在她生日时（这是我们班的惯例），她坐在“生日椅”上，同学们为她唱“生日快乐歌”，玛丽笑得非常灿烂。她主动告诉同学们，她收到了什么生日礼物、她的生日聚会计划。到了讲故事的时间，玛丽还沉浸在“生日椅”时刻的价值感中，玛丽问我，她能不能给大家讲一个故事。当她讲完故事时，看到同学们对她讲故事非常欣赏，她感到非常开心。从此，她成为阅读小组中的积极成员，也能在自己的桌上独立完成课堂任务。

评语：这些亮点证实了老师提到的变化。在孩子们为玛丽唱歌时，她的灿烂笑容，仍然是通过被动方式得到关注的反应。而她主动说起生日礼物和聚会计划，则是以积极的方式维持“聚光灯”。当她主动要求为大家讲故事时，则是完全的积极－建设性的方式。老师最后的评论表明，这个女生甚至不需任何关注，就能完全参与到班级中来，最终结果令人满意。有人不禁要问，这些是否全部归因于老师课堂上的刺激，老师是不是也成功地帮助玛丽的家庭成员改变了方式？老师的总结如下：

我感觉到，当玛丽发现她是可以被接受的、在班级中有自己的位置，并通过“做事情”就能够获得关注时，她就逐渐摆脱了被动－建设性行为，而且表现出越来越多的积极－建设性行为。

我们可以加上一点——即使一点儿关注也没有。

上述例子引出了对于寻求关注的孩子行为，可以采取的主要原则和应对方法。这类心理动力机制下的各种行为，都适用于这些原则。主要的努力和解决方向，是将学生的破坏性行为转向引导为建设性行为，将被动变为主动。

老师需要认识到孩子行为背后的目的，并且不屈服于它，孩子寻求关注的要求，老师可以不予理会或以孩子没有预料到的方式回应。孩子针对老师和同学的“诡计”，可以被引导成为教学体验和课程的一部分。这样就把过分关注变成合理关注，从而使孩子不再通过错误的方式获得满足。孩子从那些不了解他目的的老师那里，能够得到让他满意的结果；当老师了解了他的目的，不再给他这样的满意结果，他就没有理由再继续下去了。

对前面实例报告中出现的两种获取关注的方式，可能需要做一些解释。一种是通过争强好胜来寻求关注（案例32）。这样的方式并不一定总是主动－破坏性的，它需要老师辨认出来。我们所说的“寻求关注”，指的是寻求老师的关注。然而，如果孩子想在群体中争取到一个特殊地位，这也可能是争强好胜的原因，未必需要得到老师的关注。当孩子认为只有得到成人的支持，他才能在同龄人群体中获得自己的位置，这表现为他依赖于特别关注。很明显，好胜心在目标4的形成中发挥了重要的作用（案例33）。这在后来的讨论中变得更加清楚。

可能需要澄清的另一点是，当孩子渴望得到他人服务，这肯定是寻求关注。因为孩子关心的，不是家长或老师实际为他做了什么，而是只要他们为他做事就行，这是一种获取归属感、索取被关注的手段——孩子所做的一切都是要证明他所需要的过分帮助和协助（即服务），是合理的。

2 权力之争

如果老师遇到孩子挑战自己的权威，这种情况又完全不同。应对这种情况的主要原则是使自己远离权力之争，这样就会令孩子的努力没有效果，就像只有风，但没有帆，让他的风，无帆可吹。只有这样，才能将孩子的行为重新转向更有建设性的方向。如果孩子对权力的渴望是他过度自信的一部分，希望通过拥有过多的权力来成为大人物，或者让人觉得他十分重要，那么引导他转变的方法和针对通过争强好胜来寻求关注的应对方法类似。只要成人不想，就不会和孩子发生战争。

➢案例39

阿尔是一个聪明的孩子，八岁，刚刚开始上四年级，一般的课堂作业对他来说没有什么挑战性。他不做自己的作业，经常走到老师讲台前，通过这样的行为得到很多关注。他对每个人都吹毛求疵。例如，我在黑板上写了一道题："看英文，写数字：four hundred seven。"他走过来告诉我，我忘记写"and"这个单词。他说，这个数字写出来，应该是"four hundred *and* seven"。

评语：阿尔仍然具有寻求关注的一些特点，但他行为中挑剔的特征，甚至连老师也不放过，这表明这场权力斗争已经开始，即使现在它可能仅限于在老师传授知识的时候。如果老师没有意识到这一点并做出错误反应，那么这个孩子可能把这场权力之争延续到行为方面。

我每天在黑板上出五道题，要求孩子进教室后尽快完成。当我检查他们的作业时，他们继续完成书上的另一项作业。如果我在改作业时发现了错误，我会要求那个孩子把正确的答案写在黑板上。通常孩子们出错的原因是粗心而不是没掌握这个知识点。只有当孩子真的不知道正确答案时，我才会帮他们找出问题所在，然后，我会给每个孩子打分。如果只是错了一个，我给他“S”(satisfying，满意)，每道题都正确，就能得到“E”(excellent，优秀)。

当我给阿尔“S”时，他说：“你给我打的分是错的。你给我的是‘S’，我应该得‘E’”。我记得他的作业错了一道题，我给他指出来。本来，我应该叫他在黑板上写出这道题的正确答案，但恰好在阿尔之前，另一个孩子也做错了同一道题，并且已经在黑板上写出了正确答案。阿尔仍然坚持认为他的答案是对的，这是一道加法题，正确答案为48，但他写的是47，于是我说：“也许我给你打的分不正确。到我的讲台前面来，我们一起检查你的作业。”我们一起检查他的作业：我看着他，他看着我，他的作业上的确写的是47。他说：“我以为我写的是48。”然后，我没再说话。

评语：很明显，阿尔试图让老师和他争辩，因为他可能已经学会通过争辩来打败别人。他固执己见。然而，老师并没有同他争辩谁对谁错，而是邀请他检查一下作业。老师的报告中，最重要的信息是最后一句：“然后，我没再说话。”这个时刻，老师很容易滑向一个误区，即利用这个机会战胜，就对方的错误行为开始说教等，但是通过这样的方式“战胜”，只会使阿尔更强烈地想赢下一次。老师没有让自己继续卷入对抗中。

最近有一次，我忘了告诉孩子们了解月食。这时我觉得这是个好机会，可以将阿尔引向建设性方向。我打电话到他家，告诉他当天晚上观看月食，第二天在班上给同学们讲。我认为，这也是给他一个机会，让他通过有用的方法为班级做出贡献，从而使他在班级群体中找到自己的一席之地，因为他觉得自己不是班级的一分子，他经常抱怨同学们不和他玩。

第二天，阿尔非常兴奋地给全班做了关于月食的报告。他还带来了自己的资料，是一本关于太阳系知识的小册子。他的报告和表现非常精彩。我们决定在每月出版的校报中发表阿尔的这个月食报告，并印上他的名字。

评语：在纠正孩子的动机方面，像这样抓住适当的机会非常重要。它需要警觉性、想象力，当然，首先需要认识到问题所在。

➢案例40

厄尔，八岁，之前曾在另一所学校上学。来到我们学校后他留在了同一年级。通常我能保持和他关系良好，但有时，他的容易反抗、破坏力和对权力的渴求，令我非常吃惊。

他学习很好，但破坏性也很强，特别是在艺术课和课堂作业中。几天前，他断然拒绝做课堂作业。当我在班上讲课时，他在和另一个男生聊天。我换了他的座位并继续讲课，他挑衅地说："我刚好就是想坐在这。"我笑着说："好。"

评语：这位老师展示了她如何与厄尔"保持关系良好"。她采取了简单的行动，而且没有说多余的话。而当厄尔假装老师的行为（换他的座位）正合他意，通过这个行为挑衅老师时，老师并没有被激怒，而是理解地一笑，假装他是胜利者。

放学后，我让他留下完成课堂上没有完成的作业。他说他已经完成了前四句，因此只要做最后两个。当他完成最后两个时，我看着他的作业说："很棒。"他看着我，目瞪口呆。然后我告诉他，拿着书到黑板前来，在黑板上写出前四句。他看起来非常愿意。

评语：当刚开始厄尔断然拒绝做作业时，老师做了什么？老师没有对这一情况表现出慌乱，而是称赞厄尔完成的部分做得很好，也没有谈及他没做的那部分。这个男生过去没有从其他老师那里受到这样的待遇（从他转来这所学校以前的失败经历中可以推断得出）。老师向他证明了，老师是他的朋友，而且没有让自己卷入这场权力之争中。结果厄尔开始配合老师。

第二天，我发现他努力完成类似的作业。课间休息的时候，他主动将作业拿给我看，告诉我他已经做完了作业。我告诉他，我注意到他做得很好。

评语：老师不是“强迫他做作业”，而是成功地激励他主动完成作业。要记住，当孩子挑起权力之争时，这就是本质区别。

➢案例41

内德，八岁，特殊班，朗读的时候只是干巴巴地“一个词——下一个词——下一个词”，根本不去想这句话的意思。有一次，他朗读一句话，读到一半停了下来，开始说别的。这时我说：“哦，现在你停在中间了！你得从头开始再读一遍。”

他说：“我不。这一句前面的词我都已经读过了，我不会再读一遍的。”

“好吧，”我回答，“但是，让我们停下来，说一说为什么我要你这样做。假设，我应该读这整句话，‘看那只树枝上的鸟’，但我其实是这样读的：‘看那只——你觉得要下雨吗？这实在是可爱的一天——树枝上——你画的画真漂亮，我很喜欢——的鸟’。你看！这样读的话，能听懂吗？”内德笑着说：“你真好玩！”我表示同意他的话，和他一起笑。

“你看，”我解释道，“你一直是这样朗读的，我明白你讨厌朗读。如果把整句话的单词都拆开读，那么朗读就会变成一件令人厌烦的事，但当你整句朗读时，它们就变得很有意思，像对话一样。现在，你要不要试试整句读，看看它是不是很有意思？”

他整句地读完了剩余的课文。我觉得他已经对阅读有了全新的领悟，我告诉他，我认为他今天进步很大。

评语：这是一个典型的例子：表面上孩子在朗读，但实际上他在拒绝朗读。内德用把整句话拆开，一个词一个词读的方式来试图打败老师，并且，当他拒绝重读时，则是公开展示他的反抗。

老师如何处理这种情况呢？首先，她没有上当，没有被内德激怒。老师用了两个方法从侧面解决问题。先用“镜面反射式”的方法，展示了内德的行为有多可笑，然后通过幽默让他大笑。单单这一步，就可以缓和局面，并赢得内德继续配合。但老师并没有止步于此，接下来，老师表达出自己理解内德讨厌朗读这一事实，然后给他动力去整句朗读，从而消除了内德认为朗读没有意思，只是为了朗读而朗读这一障碍，同时也消除了内德认为自己不会朗读的心理障碍。

➢案例42

老师的报告从这句评论开始：“这份报告将阐述我在应

用学到和讨论的原则和理念时所产生的困惑和错误，我希望我的方式取得了一些进步。”

查尔斯，十五岁半，是我这个七年级班级的学生。他很瘦小，而且比班上同学年长近三岁。他来自一个大家庭，几个哥哥姐姐已经结婚。他妹妹比他小一岁，和他一个班，最近，他家又添了一个孩子。

评语：报告中查尔斯的家庭背景没有包含太多重要信息。他和他妹妹似乎走得更近。虽然妹妹已经设法赶上了查尔斯，但还没有超过他，因此可以想见，妹妹智力发育也比较慢。他们俩原来是这个大家庭中的小孩子。这可能是最重要的细节。

我在四个月前替代别的老师接管这个班。当时查尔斯很不配合，总是在教室里随意走动，随心所欲地说话。我要求他回到座位并完成布置的作业，他常常置之不理。即使他偶尔专心听课，也显得非常自负，并且很快故态复发。他经常乱扔东西并打身边的人，扰乱小组的活动。在整整两个半小时里，虽然查尔斯不是唯一捣乱者，但是他比其他学生更嚣张、更无理。

评语：查尔斯的行为说明他属于对抗权威人士的那一类孩子，尽管他的无理和打人行为中也掺杂着报复的因素，但是显示自己权力这一点似乎更为明显。

由于不太了解情况，刚开始我没有采取任何行动，只是一直关注着他，并尽力保持我自己的友好和礼貌，希望借此将他带入正轨。其他老师在教室里都会使用教拍（一种形状类似球拍的板子，上面通常画有不同符号、图画等，以表示学生是否良好。——译者注）来维持纪律，有老师也建议我立即使用为我准备的教拍，但是我决定不使用教拍，尽管查尔斯相当难应对，让我忧心忡忡。

评语：在还没有"了解"学生的心理动力机制之前，这位老师表现出了正确的态度和相当的敏感。一般情况下，使用教拍反而会更令学生出现挑战行为。当老师不知道怎么办的时候，也没有使用教拍，我们对这一点表示欣赏和感激。

如果让全班同学都来参与和评判，有时会带来更多的混乱局面、嘈杂的相互指责以及各种各样的反控。我有点担心覆盖每个教室的双向广播系统。我们班关于秩序和纪律的讨论有时候变得很嘈杂，教务办公室会通过广播让我们保持安静，结果我们只好中断。

评语：群体讨论的技巧将在后面章节进行探讨。显然，这位老师不知道如何进行有秩序的班级讨论。

我注意到，查尔斯常常有意把年龄比他大、身体比他强壮的男生当作对象，一有机会就与他们打架。有一次，他甚至拿出了刀，一把弹簧刀，我平静地告诉他，不要让我再看到它，否则我会没收，他同意不再把刀带到学校来。我知道他其实不会信守这个承诺，但至少我没有再看到他拿刀。

评语：查尔斯显然受到了流行的硬汉文化的深深影响，认为强硬野蛮才是男人气，才能为自己争得一席之地。老师的处理方法似乎相当有效。显然，对于引导查尔斯遵守规则这方面，他的成功秘诀在于冷静和坚定。没有任何人怀疑查尔斯肯定没有将刀丢掉，但至少老师没有采用威胁方式，也没有激怒这个男生。进一步来看，男生对老师冷静并坚定的处理方法做出了反应。

有一次，在我多次礼貌且坚定的提醒后，查尔斯还是离开座位，我被激怒了，我问查尔斯要干什么。他说他的书不见了，正在找。15分钟前，我刚刚布置了书上的作业。我尽力不用吓唬的语气，而是坚定地说："嗯，也许你最好坐在位置上，这样椅子就不会也不见了。"全班同学都笑了，查尔斯沉着脸回到了自己的座位，愤愤不平。这时忽然有学生建议使用教拍。"用在其他人身上。"查尔斯咕哝着，暗示谁也不要拿教拍打他。

评语：起初，老师并没有那么成功。尽管老师对这个失败没有充分的意识，但他已经在报告里阐述了原因。不管提醒有多礼貌，如果每天都不断重复，再有礼貌的提醒也没有效果。这样的做法注定要失败，因为老师已经被激怒了，这证明了老师的失败和对情况的无能为力。查尔斯要的就是这种感觉。在那个情况下，查尔斯发号施令，老师仅仅是被动服从——直到他决定采取主动行动。本来老师可能会停下讲课，直到查尔斯坐好才继续；或者老师也可能公开宣布自己的失败，放任查尔斯去找书，但是老师并没有这样做，他选择通过幽默来解决——并且真的有效。老师至少获得了同学们的支持，这改善了局面。总体来说，调动起来的集体压力是一种强大且有效的方法。如果老师不知道如何调动集体压力，那么很可能集体压力就会倒向麻烦制造者的一边，那么被笑的对象就会是老师。当然，如果是全班人，包括查尔斯和老师，都一起笑，就更好了。

还有一次我把查尔斯叫到教室外，对他的行为进行规劝，我厉声说了他。他哭了，说我总是让全班同学都嘲笑他。我认为这是个相当中肯的意见，仔细思考了他的话以后，我说："也许你误解我了，我的本意不是让全班人嘲笑你或嘲笑任何人。我只是希望你参加班级活动，而且希望全班同学也同意我的这个想法。如果我让你觉得我是想嘲笑你，那我给你道歉。"这时查尔斯说："哦，不用，是我错了。"

评语：这是一次有趣的谈话，虽然互动氛围不显著，但产生了效果。

利用全班同学对查尔斯的行为发笑，这是有用的。查尔斯承认了自己的失败：这个硬汉哭了。这个时候老师的战略和战术都很出色，他没有对查尔斯穷追猛打，而是采取了撤退。首先，老师承认他并不想让全班同学嘲笑查尔斯。当然，这不是真的，因为这个行为已经发生了，不论老师是有意还是无意。然而，老师非常友好和善地说自己不想伤害查尔斯，只是希望他参加班级活动，并非常谦逊地向查尔斯道歉。这等于消除了查尔斯"风帆上的风"。投桃报李，他也承认自己错了。

必须再次强调的是，单单一两件此类事情可能无法达到持久影响，特别是这个男生已经十五岁半了。但每一件这样的事，都是朝着正确方向一步一步往前走，这样就可以逐渐建立起平等友好、相互理解的关系，没有这种关系一切都是空谈。

每当查尔斯作业做得好、取得进步或配合时，我都向查尔斯表示认可，但有时他仍然会与班上其他同学产生矛盾。

评语：难道老师期待他突然变得完美？还是老师自己要求过高？

在另一次课上，那位教课老师用教拍使劲拍了查尔斯，用力到他在全班同学面前哭了出来。他抱怨他的脊柱被打伤了，直至老师威胁他说，要当着其他人的面对他的脊柱进行检查，查尔斯才停止了抱怨。

评语：查尔斯被迫与别人对抗，并不是所有人都会对他产生积极的影响。

据我观察，查尔斯的瘦小体形给他带来很多烦扰，他想通过勇敢来弥补。偶尔，他会吹嘘与警察发生摩擦，总是表现得很强硬。他说他喜欢肯，因为肯什么都不怕。

评语：老师可能是正确的，这一点还需要大量更深入的研究才能获得心理学依据。男性补偿性心理（查尔斯表现得很明显）往往来源于家庭氛围的影响，而这种家庭氛围通常来源于某种社会文化。也可能是因他特别讨厌自己是家里最小的男生，对他来说这意味着在家里他总是个小宝宝。老师对他想通过勇敢来弥补的心理假设是有道理的。

有一次我和查尔斯简短地交谈了一下，我轻描淡写地提到，如果体形是衡量男人气的唯一标准，那么猿猴比我们所有人都更像男人。他认为我说得对。我鼓励他好好利用自己的大脑，因为他相当聪明。

评语：又朝着正确的方向前进了一步。

查尔斯继续进步。他试图激怒我的行为越来越少，然而，班上同学抱怨说，同时发生的事情，我会责备其他人，却不会责备查尔斯，觉得我纵容他。我给查尔斯安排了一些日常工作，他愉快地完成了。

评语：尽管老师已经赢得了查尔斯的配合，但显然他没能赢得全班同学的配合。老师曾经得到全班同学的支持以应对查尔斯，并立即使查尔斯对此不满。实际上，老师可能变成了另一种方式，即优待查尔斯。除非成功赢得全班同学的支持来解决问题，否则这种方式不可能有效应对任何捣蛋的同学。

在我带这个班的前两个月，我两次被教务办公室批评我们班纪律差：一次是因为我尝试采用自然结果，一位学生不遵守纪律，他想站在教室外，于是我让他站在教室外面，直到可以遵守纪律再进来；还有一次是因为我让全班在两个半小时的课堂中间休息，这时校长走了进来，正好一名学生从课桌里拿出一根香蕉准备吃。校长看着他说："已经下课了吗？"——然后转身离开了。第二天，我接到教务办公室通知，说我应该管紧一点儿，而且我的教学成果应该更好更多。

评语：当今，作为所谓"教育革命"的一部分，整个教育系统正在发生急剧变革，方法、途径和标准各个不同，这是无法避免的。不仅不同的教育体系之间有差别，而且同一教育体系，甚至同一所学校内都存在差异。反映民主趋势的教育方法不适合那些甚至要求老师配备使用教拍的学校。老师需要勇气、信念和毅力，来实践与过时的传统方式相悖的新理念和新方法。这些新理念可能会给想要实践变革的老师带来职业奉献，但需要老师拥有相当强大的内心和职业安全感。

两个月后，我不得不——很不情愿地也相当后悔地——使用了教拍，如果我已经对某个同学给予了两次警告，而他还不听，那被教拍打手就是接下来的自然结果。在此之前，我曾经在班上说过，班里任何一位同学都不会受到教拍的惩罚。最终，我聪明反被聪明误。当查尔斯两次和一个大块头女生扭打在一起后，我使用了教拍。由于查尔斯以前被老师用教拍惩罚过，我理解他的感受，于是我问他，谁先来，他还是那个女生？查尔斯问：“你打算打她哪？”“和往常一样，左手手掌。”“你要打我哪？”“手背，像往常一样。”“打几下？”“一下。”“哦，不，”查尔斯说，“我不会让你碰我的。”他回到了自己的座位上。

由于我不想卷入权力之争，于是我没有制止他。有人小声地说：“去吧，查尔斯，我曾被打过一次，没什么大不了的。”而另一个同学说："他是胆小鬼。"这句话激怒了查尔斯，他站起来，愤怒地紧握双拳，眼含泪水，差点要去打碎那个男生的下巴。

我告诉全班同学继续上课，这不关他们的事。我说，如果说到勇气和勇敢，查尔斯不亚于班上任何男生。当查尔斯愿意为他的行为接受这个处罚时，因为他知道自己的行为错了，他会来找我的。

查尔斯平静了下来，全班恢复了上课。2分钟后，查尔斯过来说他准备好了，但是让我带他到教室外面的走廊里执行。当他回到教室时，显得颇为自豪，我们可以推断，因为他觉得自己是个男人，且现在是"被打兄弟会"中的一员。

评语：这个困境处理得相当精彩，前提是接受老师把教拍作为此教育模式中的必要手段。正常情况下，用教拍打手，肯定不是"自然结果"，但在这个实例中，老师通过有效的方式让教拍成了自然结果，消除了潜在的个人权力较量的苗头。老师能够与查尔斯达成协议，甚至让他自己开条件——在教室外打手——借此来强调他没有向查尔斯施加权力。当查尔斯和班里其他同学即将发生冲突时，老师的解决方法值得注意。这是个很有挑战的困境，但老师却找到了很好的解决方法。他具有相当的敏感和想象力，并达成好的效果，没有导致冲突发展下去。放在以前，谁也不会相信像查尔斯这样的男生竟然会心甘情愿地接受惩罚。

从表面上看，查尔斯并没有因这件事产生怨恨，而且他还在继续进步。有一次，他甚至批评他的妹妹不专心听讲、在课堂上说话。还有一次，他主动要求我用教拍打他的手以示惩罚，但是我拒绝了。

评语：查尔斯确实有变化：他放弃了硬汉代表男人气的想法，取而代之的是配合。接下来很自然地，可能有人会问，这种变化有多深刻呢？他主动提出受罚，表明他内心深处仍然认为自己是个坏孩子。他还没有完全接纳自己值得被尊重、值得在班里拥有自己的位置。

在另一次课上，一位身高一米九三的女老师拿教拍惩罚了查尔斯，她说从那以后查尔斯不再给她惹麻烦了。

评语：问题的原因与教拍有关还是无关？另外，查尔斯在我们这位提供报告的老师－学员影响下取得的进步，应该被考虑在内。

然而，有件意外之事表明了查尔斯在想什么。有一天，我提议自由命题写作文，例如，让我高兴或不高兴的事情，我长大了想干些什么。查尔斯发话了：“呸，我不写。我告诉你，我想成为这个国家最坏的罪犯。我想有十几把枪、二十几把刀，并把全国各地的人都杀光。”我问：“查尔斯，为什么？”我的话被淹没在七嘴八舌的讨论中。

评语：一个相当争强好胜的男生！有趣的是，应该注意到查尔斯这次故意夸大其词的态度。他说话的方式表明他知道他在做什么。原来的旧想法依然存在，但不再那么根深蒂固。他的发言，几乎带着搞笑的意味，更多的是虚张声势而不是真正的愿望。

过去，查尔斯经常谈论自己如何从警方和路面巡视员那里逃脱。他有不良行为记录。在学校，他上的是“(后进生的)补习班”。有一次他透露说，在他们搬到这里之前，他的父亲在南方杀死了一个“黑鬼”。

评语：现在很清楚他的家庭氛围确实是硬汉思想。

但是，现在当我要求查尔斯遵守课堂纪律时，他不再叛逆。我觉得，面对这个充满各种挑战的班级、学生平均智商大约只有80的局面，我取得了一些相当不错的进展。

4月份，我在查尔斯的成绩单评语中，把他评定为“在各个方面不断进步”，因为他确实在承担责任和完成作业方面进步很大，尽管有时他会抄作业（抄另一个男生的）以便按时完成，但是在行为模式的评定方面，我还存在一些疑虑。我把他评定为“需要帮助或更多自律，主要集中在两个方面：积极关心集体利益，以及自我肯定的态度。

评语：这位老师确实取得了进展。但是，对于他是否理解查尔斯为什么通过抄作业以便按时完成，这一点还不十分清楚。这可能是他争强好胜的另一个表象。但老师对查尔斯行为模式的评定是正确的，查尔斯还没有将自己融入这个班级群体，虽然他已经很少对抗这个社会群体的代表，即老师，但是他尚未认为自己是一个有价值的人。

所有低于平均分的分数都要求有评语。我犹豫了很久才终于下定决心，成败全靠他们自己，我问另一位老师（他认为教拍使用过度），他是否认为我对这个情况的应对能力足够。他每隔一天接触查尔斯一次，即在他组织的45分钟活动时间里。那是查尔斯告状打了他脊柱的那位老师，但我确信，查尔斯并没有因此怨恨他，而且查尔斯在他的课上完成了一个好的作品，受到了他的表扬。这位老师经过仔细考虑，认为我处理和应对恰当。我又想了两天，确认查尔斯在各个方面的学习中确实有进步，于是我在他的成绩单背面写了评语："查尔斯对集体利益的积极态度不足，可能是因为他对自己的积极态度不足。他似乎认为自己不重要，而我们认为查尔斯是一个重要的人，和班上其他同学一样重要，就是因为他是查尔斯，而不是因为他有多强硬且有时不配合。"下课时，查尔斯读到了这个评语，他问："这是谁写的？"我说："我想是我，查尔斯。"他没有说什么就离开了，此后一直没有提起它。

评语：和处理其他棘手问题一样，这位老师对这个情况保持了敏感，他通过鼓励和启发的措辞，给出了重要的评语。从心理学角度看，他完全正确。他的评论方式给查尔斯留下了深刻的印象。如果查尔斯能完全明白老师的意思，并改变自我认知的误区，他将真的能够得到重生。

近日，查尔斯与一位女教师，D女士，产生了权力之争。有个男生在教学楼大厅里被骂，但他不停地做鬼脸。查尔斯发笑了。老师抓住他，想把他的头和那个男生的头相撞。两人发生了冲突，查尔斯告诉这位老师，他不会让她用他的头撞墙或撞其他任何人的头，她没有这样做的权利。而D老师坚持她有权利这样做，并继续说："小孩子还说这么大的词！"查尔斯挣脱开D老师的手，被D老师一路追到我的教室里，两人继续撕扯，都非常生气。我害怕再这样下去会出问题，悄悄告诉查尔斯平静下来，并将手放在他的肩膀上。查尔斯停止了和D老师的扭打，而D老师也松开了抓他衣领的手。查尔斯平静下来后，我建议他和D老师一起回到她的教室里，尽力不发脾气地解决他们之间的矛盾。下课后，我去了D老师的教室，结果他们的争斗再次开始，查尔斯说绝对不允许D老师不让他坐校车回家；而D老师坚持她有这个权利。查尔斯掀翻了桌子，并扬言一会儿冲出去。我再次调解，帮他平静下来，并告诉他，只要他守规矩，就不会错过校车，否则就得有人不得不开车送他回家。他不希望这样。他平静下来后，我告诉他去坐校车，第二天来上学之前想清楚。

第二天早晨，查尔斯仍然不服气。他不愿承认他昨天做错了事。他告诉我，他没有嘲笑老师，而是在笑那个男生做鬼脸。这不能给D老师权利来打他。幸好她没有真的动手，"如果她打了，她会后悔的。"

我还没来得及让查尔斯明白他错在哪里，D老师出现了。她问我查尔斯做何决定。我把她拉到一边，告诉她查尔斯仍然不服气，他并不觉得笑另一个男生就应当被她惩罚。D女士承认，她当时被激怒了，不应该去抓他，不应该嘲笑他的体形，但她与丈夫昨晚讨论商量了，他们一致认为，即使如此，也不应该让查尔斯逃脱处罚；否则，查尔斯可能会觉得他做坏事可以得逞。D老师将查尔斯带到了校长办公室。

查尔斯被带到了校长办公室，被用教拍打手，被要求向D老师道歉。查尔斯问D老师是否可以在教室外单独向她道歉。D老师坚持认为，他应当在课堂上当着全班同学的面向她道歉，于是查尔斯当着全班同学的面，对她嘟哝了一句就走了。他含泪回到我的教室，充满着愤怒，向一个朋友嘟哝着，他不应该接受这个结果。

评语：这是另一个表明“最需要鼓励的孩子，通常得到的鼓励反而最少”的例子，当孩子最急需时，尊重和鼓励能帮助他们远离恶果。如果查尔斯曾经在学校表现良好，当他对那个男生的鬼脸发笑时，D老师很可能只是问问怎么了，而不会出现后面的处理方式。另一方面，如果查尔斯是个具有社会适应能力的孩子，他会对老师的暴怒行为做出不同的反应，很可能会道歉，那么一切矛盾也会被化解。这是一个“权迷心窍”的男生和一位“权迷心窍”的老师之间的权力冲突。

尽管提供报告的学员－老师无法阻止查尔斯的尊严和自尊受到他人伤害，但他再次证明他能有效解决糟糕的局面。尽管他无法控制整个情况，但在能够控制的情况里，他打了一场勇敢的保卫战。

第二天，在我的课堂上，查尔斯几乎回到了最开始的状态，不配合、反叛。他频繁地离开座位，而且作业只做了一半。他在我面前玩骰子，但在我的要求下，最后收了起来。他还一边“吹大话”，一边玩弄一把刀子。接下来在每周两次的D老师的美术课上，他画了一张女人的肖像，给这个女人画了山羊胡子，看上去像D老师的姓名首字母。D老师把这幅图画退回给查尔斯，表示不接受这个作业。

在我看来，查尔斯的行为似乎已经超出了权力之争，逐渐恶化成复仇。如果猜测查尔斯为自己难过，这个猜测有错吗？

评语：老师的猜测是正确的，查尔斯的主要行为正处于报复的边缘。他为自己感到难过，这也是事实。许多处在激烈权力之争中的孩子，会多次产生报复的想法和倾向。他们认为，别人不向自己让步，反而让自己服从，这样的要求不公平。激烈的权力之争中经常包含敌意和互相惩罚，这接近于报复。

然而，这还是一个权力之争的典型例子。查尔斯刺激老师卷入与自己的较量中，他对任何试图向自己施加权力和权威的人反应过度。

提供报告的老师对查尔斯的成长做出了贡献，他本人不需要沮丧。当然，许多类似于有关D老师那件事情的经历，给了查尔斯不良影响和体验。但是我们可以推断，明智老师的影响已经帮助查尔斯接受其他类型，而不仅仅是权力之争的人际关系。即使在查尔斯的敌意达到顶峰时（他被D老师打的第二天），在老师的要求下，他也还是收起了骰子。他们师生之间的良好关系没有被破坏；也许，老师在整个战争中发挥的调停作用甚至更加坚固了他们之间的良好关系。查尔斯第二天在课堂上的表现，可能仅仅是测试他们之间的关系。不幸的是，老师对于查尔斯故态复萌的反应如何，我们没有收到详细的报告。也许老师没有通过这个新的“测试”，因为报告中最后一句的语气看起来有些气馁。也可能，老师只是暂时气馁。但我们可以推断，这个老师花了整整一年建立起来的良好关系，会在这个孩子的成长中开花结果。

在报告的末尾，这位老师手写了一个注脚：

这份报告不需要这么沮丧的结尾。我和查尔斯又谈了一次话，对于他“回来”，我充满希望。

3 报复

很显然，区分激烈的权力之争和复仇，并不总是那么容易。在对整个社会或至少对学校表现敌对的孩子中，这两种情况都存在。在许多情况下，当采用武力使孩子服从时，权力之争常常会被报复取代。

权力之争与报复，主要通过敌对态度和恶意程度来区分。在权力较量中，孩子只是想赢或至少打败老师的权力；而在报复中，孩子会把伤害最大化。

至于纠正方法方面，如果是以报复为目的的孩子，建设性的纠正方法可能极少，只有等待最适当的心理时机，去赢得孩子的心。因为这样的孩子存在一个根本的认知错误，他认为没人爱他或接受他。一般的行为或语言不会太有效，只有给孩子传递出帮助他发展以及与以前不同的自我评价的行为或语言，才会有所帮助。总的来说，要尽最大的努力，花费大量的时间和毅力来说服这样的孩子，其实他有机会。通常情况下，不仅孩子本人会阻碍这种努力，因为他不相信老师的真诚关怀，而且这样的努力还会遭到源自成年人自己的心理阻碍，因为他们更关心自己的权威被打败了，而不是关注怎么做对孩子最好。更糟糕的是，即使最有毅力、很有智慧的人，也无法对这一类型的所有孩子都产生影响。在许多情况下，即使成人努力好几个月，可能也没有明显效果。但是，将一个孩子从几乎无法避免的犯罪和痛苦命运中挽救回来，这种成就感能够弥补所有其他的失望。

等待能够影响孩子的适当时刻，这期间充满各种挑衅。成人有必要采取措施防止危险和伤害发生，以便保护孩子、维持秩序，这需要最低程度的压制以及最大程度的镇定、友好和坚定。尽管我们对孩子的挑衅行为做出冲动的反应，是可以理解的，但更重要的是，应该意识到我们必须避免自己的报复性行为。强调孩子犯的错误，是最无效且最糟糕的。除非老师已经赢得集体或至少其他一些学生的配合，否则大家会共同产生抵制心理，这又会阻碍建设性的纠正措施的开展。公开讨论这类问题通常十分有效。

➢案例43

彼得，六岁，去年在我的一年级班上。他出生在欧洲，有一个小他2岁的弟弟。他早上去幼儿园上课，以便熟悉我们学校，学习英语，并为将来的一年级做准备。下午，他来我的一年级班上上课。他似乎很机灵，学得很快，因此，幼儿园上完后，他应该可以跟上一年级的课程。

他来上学的时候通常穿得乱糟糟的，但身体并不比其他孩子更弱或更小。他继续上课，没有发生任何值得特别注意的事情。直到有一天，校长跑来告诉我，彼得骂了他幼儿园的老师，并踢了老师的肋骨，把一根肋骨都踢裂了。校长和幼儿园的老师决定，他年龄已经够大了，不适合上幼儿园，应该全天上一年级。我没有警惕他的这种行为，像对待任何其他孩子一样，接受了他。

我认为我像对待其他人一样对待彼得。在他寻求帮助时，我帮助他，并选他做组长，没有任何成见。但是我肯定出了什么疏漏，因为事情开始发生预料外的变化。

有一天，我将全班同学带出教室休息。几分钟后，一个小男生走过来，哭着对我说，彼得往他脸上和衣服上扔沙子。我马上把彼得叫过来，我们三个一起讨论，我让他们俩分别叙述来了解事件真相。他们互相指责，但都承认他们违反了一个规定，即沙箱使用规则。因此，我告诉他们，去坐在台阶上看别人如何使用沙箱。俩人都坐在那里，彼得突然起身从我身边跑过去，大声尖叫道他不喜欢我且不会待在学校里。他跑出操场，直接朝家里奔去。这种情况之前从未发生过，我不能留下其他学生去追他，因此我让一个学生去找校长。我担心彼得在回家的路上发生意外。大约一个小时后，彼得跟他的父亲和继母一起回到学校。他们已经与校长谈过了，彼得认识到他错了，向我道歉，我接受了道歉，此事就算过去了。

评语：到目前为止，我们不知道彼得是因为不能为所欲为而挑起权力之争，还是因为感到受挫而采取报复行动。但是我们欣赏这位老师意识到当事情发生变化时，可能是因为自己出了疏漏，即使很可能这完全不是她的错。课堂之外的因素可能是孩子感到伤心和出现破坏行为的原因。但是，当孩子突然开始制造麻烦时，老师仔细思考和审视自己的行为，总是个好办法。太多时候，老师不清楚自己的责任在哪里，而将工作中遇到的困难归因于学生或他人。

彼得的功课很好，但人有点脏兮兮的。他读书认真且似乎很喜欢一年级了，但不愉快的事情再次发生。有一次，一个男生告诉彼得，在我回到教室之前，他应该待在自己座位上，结果彼得抓伤了这个男生的脸。又有一次，其他孩子参加小组阅读时，彼得在他们的作业本上乱涂乱画。在我看来，他是想伤害别人，所以我和校长一起讨论了他的情况。

家访员给彼得的父母打电话，我写了一张便条请他们来学校和我见面。在与他们的会谈中我了解到，彼得的父母离婚了，他们都不想要彼得，多次将他送到寄养家庭，但他太调皮了，他们不得不把他接回来。他的继母告诉我，她并不在乎彼得，她喜欢他的弟弟——同样也是她的继子。她已经厌倦了想尽办法让彼得保持整洁，因为他总是脏兮兮地回家。我向她解释，我班上其他很多孩子放学时都是像彼得那样脏兮兮的，但她只是向我摆了摆手。她也很明确地让彼得知道自己不喜欢他。得到这个信息后，我对这个男生有了不同的认识。我知道他想要的是爱、亲密和安全感。

评语：彼得在学校表现不寻常，特别是表现出无缘无故的敌意，对他多进行了解，这是很明智的做法。老师得到的信息非常重要。我们可以看到弟弟如何打败哥哥，不仅让彼得被赶出去，而且通过自己的魅力及良好的行为，赢得了父母的感情，弟弟完全击败了哥哥。由于彼得充满敌意和挑衅，我们可以推断，他的弟弟正好相反。

我还是像以前一样对待彼得，但在某些方面又有一点不同，我试图影响或走近他的内心。当他想帮助清洁黑板和整理课桌时，我允许他放学后在教室里多留一段时间。在这些短暂的逗留中，他和我讲了很多关于他自己的事，他告诉我，他父母认为他是多余的。他还说了很多关于他弟弟的事，他们一起玩，一起去操场。这帮助我更多地了解这个男生，但我没有让自己向他表露过多的亲密。

评语：对于感到自己多余并被忽视的孩子来讲，老师的做法是正确的。我们还不清楚他与弟弟的关系如何。年长2岁的彼得是否是弟弟的领导者？是不是因为可以领导弟弟，所以他喜欢和弟弟一起玩？他与受到偏爱的弟弟之间的关系有一些特殊。

情况顺利地发展了一段时间，有几次彼得主动给班上同学讲述他和弟弟的故事。但不久，事情再次开始逆转：彼特似乎越来越尖利刻薄。每当这样时，我不论怎样，他都不听我说任何话，我也没办法让他和我好好说话。有一次，他不喜欢正在做的一个手工作品，就把它撕碎并扔进废纸篓中踩踏。我走过去，询问事情原委，并问他愿不愿意用别的方法再来一次。他强烈地大喊："不！"我呵斥了他，他哭了起来，跑去拿他的外套，然后向门口走去。我问他要去哪，他说："家！"我抢先一步来到门口，不让他出去，但是他又踢又抓，喊着我的名字并叫我"闭嘴"。我们扭在一起，我决定这一次不让步。我们撕扯得很激烈，以致当我放开他，想看看他会不会平静下来时，我的手臂都在颤抖，心里一直想着这次我制住了他。但我没有离开门口，因为我知道他会跑出去。我只是站在那里，看着他。

嗯，我们这样僵持了几分钟，然后他站起来，向废纸篓跑去，将废纸篓扔向地板，碎纸散落得满屋子都是，他站在那里，大声尖叫。我仍然站在那里看着他，并让一个学生上楼去叫校长，让她看看这个情况。校长来到教室，试图劝服彼得，但彼得把脸扭到一边不听。最后，校长将他带出了教室，我们其余的人继续做手工。彼得在楼上的校长办公室待到这节课结束。然后，他走下楼，告诉我他做错了，希望向我道歉，并继续留在我班上。他说："再给我一次机会。"

评语：这个相当有意思，老师本想努力了解并帮助彼得。她做了什么？是什么使她无端地卷入权力斗争之中？彼得所做的，是撕了纸并往废纸篓里扔。然后，事情开始激化于老师"呵斥了他"。这是一个重要的点，但老师并不清楚。

细看之下，当时的局面并不是极度困难。那个时刻，老师本可以看到，彼得通过发脾气来表达他的敌意。没人可以随便对别人发脾气，这时最好——也是唯一可行的办法——就是让这个孩子自己待会儿。这样不用多久，他就会消气，然后就可以和他好好说话。从老师与彼得的经历来看，她本应该知道，在彼得生气的时候自己应当保持怎样的举动。

老师显然没有意识到这个简单的要点，她显然不知道应该如何应付彼得发脾气，这造成他们之间关系恶化。老师将这归咎于男生自身，说他“越来越尖刻”。虽然老师给出了原因，但是她不知道这两者之间的关联。她说：“每当这样时，我不论怎样，他都不听我说任何话，我也没办法让他和我好好说话。”很显然老师还不知道在这种情况下她不应试图和彼得交谈，然而她不但试图让彼得听她说话，而且还试图让彼得跟她好好说话。可以感觉到他们之间剑拔弩张的气氛，难怪彼得越来越尖刻——老师何尝不是一样？

如果不交谈，那么老师还能做什么呢？有人可能会说，她这时候不得不“呵斥他”，这样彼得才不会给其他学生树立坏榜样，如果老师“听之任之”，那可能全班同学都会像彼得这样。但实际上，如果老师保持冷静镇定，就能避免出现这个情况。有这样的孩子在班上，老师还能保持有趣平静的态度，可能需要有相当的机智和风度，但并不是完全不能做到。友好、理解的语言会大有帮助。毕竟，老师曾经对彼得产生过理解。她完全可以表达出这种理解，而且当时彼得并没有挑衅班上其他同学，那么老师的理解可以帮助全班同学向这个从没有归属感的可怜孩子伸出援手。

而事实是老师没有向彼得施加正确影响，而是被他的怒气所牵制，证明了“确实没有人喜欢他”。即使老师决定不去帮助他，也不应当让孩子觉得自己永远不会被人爱。向孩子展示希望，然后让他失望，这比从不接近他更糟糕。因为对孩子而言，每一次挑衅都会证明自己真的无法与别人成为朋友，我们应当避免这个局面的发生。

我们恢复了良好的课堂秩序并继续上课。彼得留在了我的班里，他知道如果他再发脾气，就会被永远赶出去。

评语：难道老师真的认为，这种压力会向彼得传达他被接受的信息，彼得真的不会再次发脾气？老师并没有真正缓解并消除孩子的怒气，没有帮助彼得克服发脾气的坏毛病，相反，她成了破坏他们关系的重要因素。老师当时不了解孩子的心理，这对彼得来说非常糟糕。

冬天，彼得带着午饭来学校吃。不久，孩子们告诉我，彼得吃他们的蛋糕和水果。我问是不是他们给他吃的，他们回答说是的，因为他找他们要。我和彼得谈了一下，他告诉我，他喜欢那些孩子的食物，而他自己从来没有过那样的午饭。我觉得有必要跟他的继母谈谈，因为我不希望这种情况延续下去。他的继母告诉我说，除了三明治外，彼得从来没有要过别的食物。我将彼得现在的情况告诉她，问她是否能给他带一块蛋糕或一些水果。唉，她没有这样做。结果彼得继续吃其他孩子的午餐，他甚至在课间跑去拿别人柜子里的食物。有一天，他扔了自己的午餐，并告诉我他还什么都没吃。我仔细考虑了一下，然后假装不知道他扔了自己的午餐，问他是否愿意和我一起出去吃饭。（我想这或许可以让他感觉他是被喜欢的。）我们一起享用了一次非常愉快的午餐；他点了汉堡包、炸薯条、巧克力汽水——这些孩子们通常都会点的食物。之后，我们回到学校。可是下午刚刚开始，彼得又开始制造麻烦。我去找校长，把他吃别人午餐的事情告诉她；当我回到教室时，班上同学告诉我，彼得用书打几个女生的头，并用阅读专用椅砸了一个小男生。这时，我完全不知道该怎么办了，我向他执行了曾经警告过的后果。我将他带上楼去见校长，并把事情告诉了校长。

评语：这就是老师不了解孩子行为背后的目的时会产生的结果。老师曾经想要了解彼得，但却迷失了。很明显，彼得无法相信，有人会真正关心他在乎他。因此，老师带他去吃午餐后，他摆脱了心理正义感的束缚，反而告诉老师——不是用语言而是用行为——他是个坏孩子。老师没有认识到这一点，而是对他的表现信以为真。大多数成人遇到这种孩子，都会产生与老师同样的想法和做法。老师没有帮助彼得纠正错误的自我认知，而是也对这个自我认知信以为真，放弃了“彼得其实是可以被帮助、被喜欢”的想法。

如果老师理解这个心理情势，那么当她做出友好的、成为彼得朋友的行动之后，彼得出现的这种行为就不会让老师觉得吃惊和意外了。那么接下来，她就可以向彼得解释他自己都不知道的一点，即他想证明他是个多糟糕的孩子。老师的这些行为本可以更早发生。当老师为彼得撕掉手工作品而和他发生战争时，彼特更是丧失了希望。老师威胁说，如果他再发脾气，她会把他赶出去。一个可以信任的朋友，就不会出现这样的事。老师处理午餐状况的方法也是错误的。她没有必要为彼得没有蛋糕和水果而同情他，反正他的继母无论如何也不会疼爱他，找他继母寻求解决办法没有任何意义。老师没有报告她如何阻止彼得去拿其他孩子的午餐，但从上面的报告中，我们可以推断，她对这些事情的处理可能也不太好，可能是很多说教、训斥及威胁。然后，在彼得刚刚向她撒谎后就邀请他共进午餐，这也不是一个好主意。老师以为她可以假装不知道彼得扔午餐的事情，但其实这无法轻易瞒过像彼得那样聪明且多疑的男生。老师本来可以意识到，彼得其实已经知道老师是假装不知道。结果，彼得扔掉了自己的午餐，老师却带他出去吃饭，仿佛“奖励”一般，这里面既没有体现诚实也没有体现值得信任。因此，彼得在测试老师，而老师没及格。任何一位没有洞察彼得情况的老师，都会像这位老师这样做。

这件事发生后，彼得的父母又被叫来谈话，学校的心理辅导员也被邀请参加会谈。通过这次见面会谈，学校决定彼得不再继续留在我的班里上学，而是待在家里由家庭教师来教。事情似乎告一段落，但很快，因为彼得有了更多时间，结果不良行为也更多了，于是社区的福利机构开始介入对彼得的教育，接管了他。

评语：彼得这个案例中最糟糕的部分就是这点：让他一直待在家里。因为正是他的家庭环境造成了他的不当社会行为模式，而且他的家人根本没有帮助他转变认知的任何兴趣。

二年级9月份开学时，彼得又重新入学，但很快又被劝退。随后，他被送到教会学校。最近，我、社区福利机构代表，还有彼得父母一起，参加了针对彼得的一次庭审。我在法庭上说得很简单：这个孩子想要伤害别人、对那些和善待他的人表现出恶意，而这是因为他的父亲和继母对他的养育中充满不公平和厌恨。

评语：看看别人做错了什么，这很容易而且也许还会让人感到舒服。不幸的是，这位善意、真诚、一片好心、最初对这个男生充满同情的老师，本来已经几乎成功赢得了彼得，可以给他一次重生的机会，甚至也许可以改变他的整个未来，但因为她不知道应怎样对待像彼得这样的孩子，她最终失败了。她不是对彼得缺乏发自内心的情感，而仅仅是错在了无知。她经常跑去向校长寻求帮助和保护，然而那位校长和她一样，对于如何帮助这样的孩子知之甚少。

➢案例44

哈尔的家中有两个孩子，他是长子。我第一次见他是在我的英语课上。他几乎没有预习，对课堂内容也兴趣不大，而且经常旷课逃学。他十一岁时父母离婚了。母亲从下午4点工作到深夜12

点才能维持生计。因此，哈尔和他的弟弟待在家里。

哈尔和两个同学在抢劫时被抓，他们还从其他人家中打劫了很多东西。哈尔是这三人中的主犯。他们三个都被判缓刑。

在学校，哈尔很神经质、易怒、无礼。他认为每个人都与他作对。例如，有一次考试时，我碰巧看了他一眼，他立即说："你看我干吗？"

评语：这种行为看起来是自我防卫，极小的一点儿刺激都会让哈尔随时跳起来，随时准备向可能伤害——或反对他，对他来说意义一样——的人反击，这其实是报复。经常被欺负的孩子对此很习惯，他们会故意刺激别人欺负自己，进而产生对他人的报复，这样的孩子有这种态度是可以理解的。他们要报复社会和代表这个社会群体的人，因为这个社会和这些人没有给予他们位置，报复是他所有行为的动机。

当学生们学习戏剧时，我要求哈尔读某个角色的部分内容。他读了，而且读得非常好。我高度评价了他的朗读，并建议他尝试参加低年级班级戏剧中的角色。他尝试了剧中的每一个男性角色，并且读得比其他男生都好。自然而然，我给了他一个主角角色，并且跟他达成协议，他会参加所有的班级活动，而且不会错过每场排练。

评语：哈尔有进取心，有能力。这两种特质也很明显地表现在他的犯罪活动中，在这位老师的活动里，这两种特质通过与社会合作而不是反社会的方式表现出来。但是我们也要注意到一点，哈尔还未在反社会心态中陷得太深，否则老师的要求和条件、参加所有的活动和排练，就很可能不被他接受。老师把握住了这个机会。通常，如果一个孩子已经气馁之极且开始反社会，通过某个条件限制让他发挥贡献和作用，这样的做法不可取。需要先帮助他融入群体之中，然后那些条件就可以通过没有压力和威胁的方式达成。

无须多说，公开表演的那个晚上，哈尔被公认为出色的演员。之后，他开始变得非常合作，对学习产生兴趣，而且再没有旷课，甚至连他的性格都发生了变化，他变得相当让人喜欢。督学、校长和同学们都认为哈尔变化巨大。

评语：仅仅让他参加戏剧表演这一件事，是不可能令这个孩子发生根本转变的。我们可以推断，这位老师理解哈尔，并给予他很多鼓励，他们之间的友好互动在帮助哈尔转变方面发挥了很大作用。这位老师实际所做的，应该远远多于报告中的内容。我们也可以推断，这个男生的反社会行为可能来自他以往社会群体关系的刺激，在他开始和戏剧表演的同学们来往、形成新的人际关系后，以前的群体关系刺激作用减少了。参加戏剧表演这件事，使他成为被群体接受的一员，而在这之前，他没有被学校群体接受。他其实非常渴望得到认可，但以前只能从被排斥者的角度得到认可。虽然这一切仅仅是猜测，但存在合理的可能性。这可以解释他为什么能迅速且彻底的改变。

校长曾经给我建议，不要让哈尔参演戏剧表演。我承认，其实我当时做这个决定也很担心，害怕这是个冒险的决定。

评语：这个细节说明老师具备了勇气、胆量以及必备的素质，去应对这样的学生。虽然这个报告看上去太顺利反而不像是真的，太简单而让人有点难以置信，但是它确实表明了在采取纠正措施时的必要努力和正确方向。

➤案例45

玛姬，12岁，是我七年级班上的学生。去年大家都放弃她了。她经常偷东西，与老师和同学发生战争，所有科目都不及格。今年刚开始，她还是老样子，两周内偷了三次东西，还是经常打架。

她在家中排行老二，上面有哥哥。

评语：这是重要的信息。中间的孩子常常会受到冷落和不公平待遇。玛姬的行为也许就是她对这种情况的反应，如果我们发现她的母亲偏袒大孩子和小孩子，那就对玛姬的行为更容易理解了。我们想知道哥哥是什么样的。老师努力获取玛姬更多的背景信息，这一点非常显著和重要。

关于这位老师的报告我们必须做一些解释说明。这位老师决定以“简短报告”的形式来介绍这个案例。作为一位高级学员，她知道“简短报告”的含义，但接受培训较少的学员则不明白这是什么意思。对她来讲，“简短报告”中只要提到玛姬是家里的中间孩子，这一个信息就足够了，大家都明白背后的意思。她的报告其余内容中也有类似的信息。

前段时间，邻居打电话到学校，告诉我们，玛姬在街上向学生们分发香烟。第二天，我们在教室里讨论了此类行为可能的目的，但没有提到具体的名字。

第二天，玛姬表现有所不同，她更友好了。当她向我问一个问题时，她拉起我的手，而且她也比以前更加合作了。她开始主动谈论她自己，告诉我所有她的“坏事”，比如她多少次考试不及格，多少次被老师命令站到教室外面，但她完全没有提有一次她的数学作业全部做对了，而且当时全班只有她一个全部做对。我也是后来才了解到这些。

我曾与玛姬进行过两次私下谈话并到她家家访。我们还谈论了偷东西，我们谈到许多孩子或多或少偷过东西，但当他们对自己更加自信时，这样的行为都会自然停止。

评语：请注意当老师被正式告知玛姬在街上给学生发香烟时的反应。她所做的，仅仅是和同学们一起讨论这类行为的结果。她甚至克制住自己没有提到事件“元凶”的名字。从心理学角度讲，这份克制需要对他人感受有非常高的敏感度。人们很容易在这里去说教、劝告和威胁——而且很容易让所有人都清楚地知道“元凶”是谁。然而在这位老师的情况里，尽管她没有直接点名，玛姬也明白了老师的意思，也许正是因为没有点名，玛姬对老师的意图更加理解。

第二个重要的细节是老师发起的讨论性质。她并不是通过这场讨论去评判道德优劣，不是讨论人们为什么很反对分发香烟、人们会怎么想、学校有责任制止这个行为等其他老师可能切入的角度。她发起讨论的主题，是这个行为可能的目的，不幸的是她没有报告这次讨论的具体内容。老师可能考虑了多种可能的目的，也许更好地，老师引导全班孩子思考了都有什么可能目的，其中可能包含反抗、引起报复、惩罚、因为觉得不公平而惩罚等。令人遗憾的是，这次讨论的具体内容没有记录。

这个女生发生的变化并不令人惊讶。她相信老师是她的朋友，并敞开了自己的心扉。老师提到了玛姬的一个明显动作，即玛姬在问问题时拉着老师的手，这个动作揭示了玛姬的敏感性。而且我们可以看到，老师一直在寻找玛姬积极向上的可能，并发现了证据。

同样，老师提到了两次私下谈话，但没有说明谈话的具体内容。她仅仅提供了谈话的推论，强调他们没有谈论的内容，而这可能是受培训较少的老师主要关注的主题。在谈论偷东西这个主题时，这位老师采用的是令人鼓舞的而不是贬损的方式。最后，她把这样的违法违规行为和缺乏自信联系起来，点出了玛姬社会不适行为背后的主要原因。

我努力与玛姬建立友好的关系。她邀请我参加她的小型钢琴演奏会。我对她表示感激，并在第二天的课堂上，用很轻松的态度跟全班同学提到玛姬钢琴弹得很好。

接下来七个星期里，她没有再偷窃。上周的成绩单显示，她通过了年级所有科目考试。她对老师和同学的态度也有很大的改善。

评语：老师已经成功地重建了玛姬对自己及他人的信心。如果老师对她偷窃和说谎只是说教和处罚，或者老师没有通过建立友好关系，帮助她自由安全地谈论自己，最重要的是，如果老师不能通过玛姬接受的方式深入了解她，我们可以想象，玛姬将会发生什么。

4 自卑

寻求关注、争夺权力、寻求报复这三个目的，可能不能解释孩子的所有行为。在某些实例中，它们是孩子一直以来的总体行为模式；而在其他实例中，这些行为模式可能仅仅出现在某些特定情况下，其他情况下则没有这些目的。缺乏鼓励，是导致孩子认为自己不足的根本原因，虽然它有时候仅在特定情况下表现出来，但它完全可能逐渐表现在所有方面。孩子会以“无能”为借口，避免参加自己会被评判好坏与优劣的活动。文化学习中常常出现这样的评判，因此它很容易让孩子产生无能感，以致孩子坚信自己确实无能，不再进行任何其他更多努力。孩子是真的无能，还是只是产生无能感的心理因素，这其实并不重要。因为对孩子来讲，他认为自己是真的无能，并且通过不断与别人比较，来证实自己真的无能。

鼓励，是所有纠正措施的前提，它是治疗孩子心中对自己无能信念的灵丹妙药。老师遇到的困难是，这样的孩子很容易让老师相信他真的完全无能，而让他相信自己有能力要困难得多。老师想在这样的挑战中成功，需要对孩子有相当大的信心，真心相信孩子能够战胜他自己的失败。如果老师很气馁，那就无法达到这一点；如果老师只想着自己的成功和威望，也会在这里失败。只有那些拥有谦逊，尽自己最大努力，并且相信所有人都拥有人类与生俱来但尚未挖掘的潜力的老师，才可能会有所斩获，并最终成功，取得他自己都从来没想到过的成果。

➢案例46

贝茜，三年级的留级生。她的学习效率可能很低，如做算术题时，她可能会乱写答案，或者把问题抄一遍而根本不写答案。她似乎害怕背诵。

评语：很明显，这个孩子非常气馁，而且她的表现低于她的能力。只要没有语言表达困难，任何孩子都能背诵，我们看到，这个孩子并不存在语言表达困难。

我跟全班同学简短地谈了如何做一名倾听者。我们决定，在背诵时，用点名的方式让每个同学都得到公平的机会，而且我们只会在他真的需要时提供帮助。我们所有人都同意，如果背诵者真的需要帮助，而大家都举手去帮助，那可能会妨碍背诵者尽自己的最大努力。因此，最好是大家都放下手，等老师向同学们求助。

这次讨论后，只要我点名让贝茜背诵，班上同学就不再举手。如果她背得很慢，我们会等着她，让她自己慢慢背出来。贝茜开始逐渐获得自信，后来，别的同学需要帮助时，她也开始举手了。

评语：用这样的方法引导全班同学给予贝茜鼓励和精神支持，非常好。尤其是通过全体广泛讨论，而不是针对某个人来帮助贝茜，这一点特别好。

通常我会在黑板上布置五道算术题，贝茜比其他同学花更多时间做题。我决定给她时间，允许她用一个星期的时间做这五道题。一周后，贝茜交上了答卷，每道题都答对了。我给她打了一个“E”，并当着全班同学的面说，我为她感到骄傲。第二天，她解答了当天所有算术题，然后又得到了“E”，我给她写了评语：“我很为你感到骄傲。”第三天，她又得了一个“E”，我在她的作业上画了一个笑脸。那一周，她每天都得“E”。全班同学都为她欢欣鼓舞。我让她去校长办公室把她的作业给校长看。她回来后说，校长S夫人也为她感到骄傲。她满脸洋溢着成功的喜悦。

评语：贝茜的态度和表现发生这些变化，老师是怎样做到的？首先，老师发现了她气馁的原因。她意识到，这个孩子一直害怕背诵，是因为每当她失败时，其他人就会举手背诵，背得比她好。老师通过全体广泛讨论，终止了这种情况，结果是贝茜不再害怕背诵。然后老师消除了所有压力，并给她足够时间按她自己的速度去解答问题。只要贝茜发现自己能够解答问题，她的速度就能赶上其他同学。

但老师同时也看到，这样的鼓励从很早就开始。换句话说，她是针对孩子气馁的程度，而不是她最后取得的绝对成绩来给贝茜评语。其他孩子也会得到“E”，但是不需要这样大做文章，因为他们并不需要它，但是老师看到贝茜需要。而且，老师已经通过集体讨论建立了班级里互帮互助的氛围，所以全班同学没有怨恨贝茜的成功，而是为她感到欢欣鼓舞，同学们认为这也是自己的成就。

在这个案例中还有另一个不太明显的因素，那就是即使是完全被放弃、已经挫败的孩子，仍然可能还抱有好胜心。贝茜为自己完成作业而感到骄傲，表示出她的好胜心其实也很强。虽然贝茜刚进入这个班级没有表现出来，但老师看到了并有效引导和利用了这份潜在的好胜心。

➢案例47

罗尼，八岁，身体单薄，脸色苍白，性格胆小，因为未能完成一年级阅读课程而被安置在我的特助班中。而二年级的阅读对他来说异常困难，他需要消化很多没理解的知识，还要学会语音认词来读出不认识的单词。他的阅读处在一年级和简单二年级的水平。

第一周，罗尼的行为表现出极度的紧张和无奈。他很害怕，没有安全感，可怜兮兮地尽力完成作业，在这个新环境中他表现出很大的依赖性，经常双手颤抖，出很多汗，而且根本没有笑过。

第二周，罗尼的母亲被邀请来学校面谈。她承认她曾经对罗尼保护过度，“我太过于宠爱他了。”罗尼是她的第三个孩子，前两个都夭折了。他的父母不是在美国出生的，他们不同的文化背景使孩子对他们依赖时间过长。母亲害怕再次失去这个孩子，这加剧了她对罗尼的溺爱，她几乎每时每刻都在伺候着罗尼，特别是罗尼的身体还不太好。她认为罗尼必须活下去。因此，她为他代劳一切事情、为他做所有决定、照顾他，并代替他思考。

评语：对罗尼背景的这个简短介绍，为我们提供了重要的细节。它很好地说明了罗尼出生后家人如履薄冰的情况，以及罗尼不安全感、依赖和无助感的来源。几乎所有在哥哥姐姐夭折后出生的孩子，都会处于一种不安全的境地。在罗尼的案例中，在他之前已经夭折了两个孩子，而不同的文化背景又加剧了母亲对他的骄纵程度。他没有机会体会自己的力量。

罗尼的弟弟帕特仅比他小1岁，他积极、精力充沛、十分活跃，个头比软弱、安静、不爱动、消极的哥哥——罗尼更壮更高。每次罗尼试图与帕特竞争时，几乎都以失败告终。

评语：因为罗尼的童年经历，他的弟弟发现很容易胜过他。帕特越积极进取，罗尼就越软弱。他们刺激彼此朝相反的方向发展。罗尼体弱多病而帕特高大强壮，这也许不仅仅是巧合。这是罗尼自卑感的另一个来源。

我尽力帮助罗尼的母亲减轻焦虑，我告诉她，罗尼在学校的成绩很好，她不用担心罗尼做作业花多少时间，也不用担心帕特可能赶上罗尼。我更关心的是，罗尼很难放松自己、他总是满脸不悦以及他努力时产生的过分紧张，另外，他总依赖别人的行为，也令我困扰。

评语：在这个报告中，老师并没有想清楚她实际想向罗尼的母亲传达什么信息。消除母亲的担心和焦虑的确很重要，但不是通过不清楚或者错误的信息，因为并没有任何信息证明罗尼在学校成绩很好。但是我们能够同意的是，在这个阶段，罗尼的情绪调节和个人适应性确实比学习成绩更重要。老师正在沿着正确的方向，朝着最终提高罗尼的成绩这一希望而努力。

第二个星期有一天，罗尼到文件柜里拿一张纸。他使劲拉文件柜的门，但打不开，门的把手必须先向上推一下才能打开。他恳求地看着我说："我打不开。"我回答说："罗尼，如果是我，用这样的方式打不开门（我用手演示了一些动作），我会试试另一种方法。"罗尼再次尝试，经过多次努力和失败后，他成功了，拿到了纸，面带着胜利的微笑回到了自己的座位上。

评语：非常好。在罗尼请求帮助时，老师只给了他一些提示，并没有进行详细说明，而是给罗尼留了空间，让他自己进行尝试，依靠自己的力量。对罗尼来讲，他需要自己解决问题。我们可以看到，在他"依赖"行为的背后，是对他人服务的要求。

在写字方面，罗尼很慢，而且还在写较大的字体（初级水平的书写，会让学生将字写得大一些，以便容易掌握。——译者注）但与此同时，他写得很漂亮，就像画出来的一样。有一天我告诉他，小学三年级学生写字只需要占满一个空格的高度就够了，而不是像他现在的方式，占满两个空格的高度。我称赞他阅读取得了进步，认为他在一个月内可以准备开始三年级的阅读课。我还称赞他字母写得漂亮，并建议他把字体改为正常大小。"用三年级和高中的方式来写怎么样？"我花了15分钟给他做示范说明。第一节课后他就"上道"

了，他不用再写大字体来练习，而是可以写出正常字体，他产生了很多自信，而这些又大大加快了他的书写速度。

评语：老师这个做法的重点在于，她强调罗尼书写漂亮，虽然实际上他的书写仍然存在不足；而且老师把罗尼的书写，从对－错模式，转向了低年级和高年级的不同（如“高中的方式”）。老师没有给他留下“你做错了”的深刻印象，而是向他展示了进步的方向。同样重要的是，老师花时间向罗尼示范她所希望罗尼写的字体，并且确保他没有受到压力，使罗尼认为自己有能力做应当做的事情。这样一来，老师消除了罗尼的沮丧以及对自己能力的怀疑。

有一天，在拼写测验时，罗尼转过身（我在他身后），看着我，眼里充满恐惧。他充满焦虑地告诉我，他刚刚弄断了铅笔！笔芯折断了！我说：“罗尼，这不是世界末日。”我笑了笑——他也不好意思地笑了。我问罗尼，接下来该怎么办？罗尼还没有回答，另一位同学，肯，马上自信地插嘴：“去削铅笔，罗尼。”我补充说：“罗尼，如果下次再发生这种事，只要说‘抱歉，我需要去削铅笔’就可以了，好吗？”他点头表示同意，眼里发出光芒，然后测验继续。

评语：老师的态度确实是鼓励，然而她在处理此事时说教太多。这样，罗尼通过自己的“无助感”，转向了寻求过分关注。这始终是有害的。如果她觉得肯插话指导罗尼不妥，她应该说点什么，那么这时她可以对肯说，罗尼自己知道该怎么做，这样就够了。这样一句话可以消除肯的优越感，同时也鼓励罗尼自己照顾自己。

老师还忽略了另一个细节：在测验当中发生这样的干扰时，最好先不要说话或急于“解释”，这满足了孩子对过分关注的需求。可以告诉罗尼，他只需要报告一下然后自己削铅笔就好了，但不是在这个时候。在那个时刻里，老师说得越少越好。如果有些事情必须进行解释说明，那么老师可以在之后的班级简短讨论时进行。可以在讨论时提出“如果铅笔断了该怎么做”这样的主题，然后，由学生们自己表达意见，这样是最好的。测验中发生这样的干扰事件，只需要通过行为，而言语应仅限于对行为起提示作用。

起初，罗尼在一年级和二年级阅读方面有困难。当语音阅读的基础打扎实后，我高度表扬他掌握了元音、辅音连读以及其他语音组合。第二个星期，我给了他一本64页的关于阅读和发音的书。他在完成常规课堂作业后开始读这本书——两个星期就读完了这本书。第一天，他读了20页，我对他说："罗尼，你读这本书的速度就像喷气式飞机一样快。"他笑了——嘴巴咧到了耳根！而且他的阅读平均分已经是"A^-"了。

他的阅读进步证明了一点，良好的语音基础在猜词义和独立阅读中发挥了重大作用。感恩节时，我给罗尼布置了一项作业，拼写他今年学过的119个单词——他一个单词也没有拼错。（而且我的标准是，如果i没有写上面的小点，或者t没有写一小横，也算错！）你可以想象，我大加称赞他的作业，在他的作业本上写了一个大大的"A^+"。他满脸微笑。他手指颤抖和手心出汗的现象都不见了。每次我给他布置作业，他都是一副"胸有成竹"的表情。

评语：尽管老师在罗尼案例中获得了明显的成功，但是她的做法也生出许多疑问。通过罗尼的背景，我们怀疑罗尼其实属于好胜心强、追求卓越的那一类孩子。即使他的书写存在不足，即，还在写一年级的大号字体，这其实表明了他的完美主义；当老师说他的字写得非常漂亮，尽力去表扬他时，赞扬的是他的完美主义。（难道说老师也是一个完美主义者，对标点符号不正确也吹毛求疵？也许他们俩是同一类人，这才是他们相互理解和回应的基础？）无论如何，我们不禁怀疑，如果罗尼不再得到大大的"A"，他会发生什么？他会再次失去信心吗？这就是老师方法的危害所在。

此外，罗尼从老师那里得到了这么多特殊关注，他很可能会再次依赖于她——不是依赖老师的帮助，而是依赖她的表扬，这同样对罗尼不利而且很危险。老师的错误做法源于她对罗尼家庭情况的误解。当她与罗尼母亲谈话时，她没有想到或认识到，罗尼在家里已经获得了相当特殊的位置，而且由于老师没有理解罗尼获得特殊位置的欲望和能力，她在班上为罗尼确立了同样的角色。有人可能会问，老师对罗尼的影响是否高于罗尼对老师的影响？老师教会了罗尼拼写和阅读，从这个角度来看，老师是成功的——这是以掌握文化知识为主要目的的学校，那么老师可能非常满意。不过，老师自己前面也提到，罗尼的情绪调节能力比他的学习成绩进步更重要。老师可能会指出，即使在情绪方面，即罗尼的紧张和不开心方面，自己也已经获得了成功。罗尼不再手指颤抖和手心出汗，他笑得越来越多且看上去比以前更快乐。然而，这个进步是源于罗尼更多地融入了班级群体，还是源于他有一位如此“理解”他的老师，而且老师对他大加赞赏？

老师必须警惕这其中的陷阱。这些陷阱都很微妙，只有清楚地了解孩子的心理动力机制，才能掌握这些陷阱。气馁的理由和原因可能多种多样，因此，虽然鼓励总是有益无害的，但如果将之用作具体方法来处理罗尼的挑战，则必须仔细考量他的心理动机。在这个案例中，老师成功地鼓励了罗尼，但也许没有成功地帮他发展个人调节和适应能力。

➢案例48

泰德和内德是一对双胞胎，八岁。泰德因为疾病，落下了很多课程，因此远远落后于内德。他对自己产生了自卑感。每当有人问他问题时，他都马上说，问内德，因为内德更聪明，其实内德的智商比泰德低。当这对双胞胎来我班上就读三年级时，我就意识到了两人的这个情况。

最近有一次，泰德拼不出"smart"(聪明)这个词。我让他先大声念出来，他念出来以后就拼出来了。我告诉他，正是因为他很聪明，所以才能又快又好地弄明白。他笑了，回到自己的座位上。几分钟后，他又走过来，向我表示感谢。

评语：老师简单的鼓励让泰德印象深刻，这可能恰恰反映了整件事。一开始泰德因为缺课而遇到困难，因此有所退却。而且不幸的是，他的智商比内德高，但是内德却更成功。这两个因素对泰德的老师——可能还有他的父母——产生了破坏性影响。我们可以想象，他们会忍不住给泰德指出他有什么潜能，还会批评他的不足、给他压力等等。而不断地这样说这样做，最终只会让泰德更沮丧。对孩子说，“我知道你可以做得更好”，这不是发自内心的真诚的鼓励之语。它其实是在说：“你现在为什么没做好？”这是批评而不是鼓励。很显然，提供报告的老师打破了这个对泰德产生不利影响的恶性循环。否则，人们可能无法明白，为什么老师这样一句没有附加条件、简单的称赞就让泰德充满感激。（本来能够产生良好影响的鼓励，常常被附加条件，诸如“如果您总是这样……”等抵消掉了。）

通过很多类似的鼓励，泰德获得了自信。现在，他不仅完成自己的作业，而且再也没有提到内德比他更聪明。有时他的得分比内德还高，而内德则开始有了一些我必须应对的麻烦。

评语：在这种仿佛“跷跷板”一样的情况里，老师看到内德出现麻烦，这非常好。这两个男生显然在相互竞争，否则泰德就不会觉得自己比内德落后。现在他自己取得了进步，那么内德则会感到沮丧；老师留意到这个发展变化，并准备也通过鼓励内德来应对。

这个案例体现了通常导致孩子遇到挫折而放弃自己的一个重要因素：重要的不是孩子有多优秀、做得有多好，最重要的是，他比别人更好还是更坏。自卑感（确信自己不够好）与实际能力没有关系。有些实例中，孩子可能是因为真的无法赶上别人。但在绝大多数实例中，如泰德的案例，导致孩子在绝望中放弃的原因，是他人对他的能力的期望。因为他的能力，使家长和老师对他要求更高，让他觉得自己无法达到。同样，好胜心、追求优秀和卓越的欲望，也可能带来绝望，因为孩子没有机会达成所愿，看不到继续努力的价值。家长和老师不要给孩子传达这样的一个信念：本来你就应当足够优秀。当孩子们认为自己不够好，原本可以做得更好，他们会把这一点铭记在心。而这一点会使许多孩子放弃努力，让他们相信自己没机会和别人一样好（形成竞争），或者应该做得更好（形成压力），或者和自己期望的一样好（形成野心）。

最常见的造成孩子放弃自己的原因，可能是受挫的好胜心。许多孩子被培养出一个信念：超过别人很重要，结果当他们无法证明自己能够比别人优秀时，他们就会退避三舍转而放弃。很自然地，这些孩子一旦放弃，他们的好胜心就不会体现出来。因此，许多家长和老师觉得下面这个心理学解释难以接受，即那些不做任何尝试的孩子是因为好胜心太强。然而事实是，一旦这些孩子面临的气馁消除，他们的好胜心就显露出来了。

GROUP DISCUSSION

第九章 群体讨论

几乎每一位老师都有自己的方法来引导班级群体讨论。老师可能并不一定要积极地参加讨论，但他们一定能够准确地把握时机，知道什么时候需要对学生进行指导，什么时候需要让学生自己主导讨论的内容。班级群体讨论的关键因素在于全班共同承担责任，能够引发全体成员对问题进行思考、参与讨论，并积极探索可行的解决方法，整个过程非常重要。老师的提问："我们能做些什么呢？"能够让学生产生责任感。通过恰当的提问，老师能够鼓励学生寻找正确答案。苏格拉底所采用的技巧，如，提出尖锐的问题引发他人进行深层思考，仍然值得借鉴和模仿。

一些老师对班级群体讨论有自己独特的观点，以下是一些例子。

老师熟悉班级情况后，就可以开始班级群体讨论，如，询问学生如何装饰教室，新学期的前两天想做什么，如何完成作业、组织班级委员会、进行班级分工。如果老师打算给学生留家庭作业，那么应该在留作业前征询学生的意见，倾听学生的想法，列出作业的利弊分别是什么。老师有义务和责任倾听学生的反对意见，如学生们认为作业只是一件"让人忙碌的事"，没有任何实际价值。在低年级，可以讨论一些相对简单的问题，如去卫生间、在食堂点餐等。

老师应该鼓励每一个孩子都说出自己的想法、提出自己的建议。如果孩子很腼腆或者态度消极，老师可以询问孩子的想法。老师在询问孩子想法和建议时，也要真心聆听、严肃对待，而不是敷衍了事。老师不仅要鼓励每个学生发表自己的观点，也可以邀请大家相互讨论这些观点。老师要通过循序渐进的方式，引导学生讨论问题，形成互助氛围。讨论的话题可以包括准时到校、物品管理、完成课堂作业等。

许多低年级的孩子在家中受到严格的看管，被要求完全服从，不能有自己的质疑，他们从没有参与过友善的讨论，这些孩子虽然很想参与班级群体讨论，却不知道该怎么做。如果孩子们还没有准备好讨论一些和人际关系有关的实质问题，老师可以先培训孩子们对他人和自己的行为产生理解、进行分析，比如可以通过讲故事的方式，而故事中的角色存在社会人际关系不协调的行为现象。书中有很多类似的故事，如《小象提比的帽子》[琼·莫里斯（June Morris），《小象提比的帽子》（*Tippy Elephant's Hat*），出自《新街道》，芝加哥，斯考特·福斯曼英语分级读物，1958年。在此感谢加里教育集团的柏妮丝·格伦沃尔德女士，为本章提供了这些例子。] 就是一个很好的讨论故事。故事讲述一只小象喜欢抢别人的帽子，之后将其撕碎。在读完这个故事后，孩子可以这样进行讨论（以下为实例）。

➢案例49

老师：你们怎么看提比喜欢撕坏别人帽子的行为？你们喜欢提比的行为吗？

（多数孩子会说他们不喜欢提比的行为）

老师：为什么不喜欢呢？

孩子：这样做不好。

老师：你为什么这样想呢？

孩子：这对别人不公平。

老师：那提比为什么要撕坏别人的帽子呢？

孩子：它感觉这样做很好玩。

老师：大家认为提比的做法不友好、对别人不公平，那为什么有人会做这样不友好和对别人不公平的事情，而自己却感觉很有趣呢？

孩子：可能提比喜欢让别人不开心。

孩子：提比根本不在乎自己的行为好不好。

老师：为什么有人喜欢让别人不开心呢？

孩子：可能我们生他们的气。

老师：是因为动物园里的游客让提比生气了？你觉得提比是不是不希望有人来动物园呢？

孩子：我认为提比想让人们来，不然它怎么会撕坏别人的帽子呢？提比没有对任何人生气，它只是感觉撕帽子很好玩。

老师：除了得到乐趣之外，提比还能得到其他东西吗？

孩子：不能，因为象妈妈和动物园管理员会责备提比。

老师：那么有谁认为，提比其实不想被妈妈和管理员责备？

（令人惊讶的事情出现了，只有几个学生举手。）

老师：那么，提比到底喜不喜欢被责备呢？

孩子：我认为它其实喜欢。

孩子：我也这么想。

老师：为什么呢？

孩子：提比能够得到关注，它很喜欢成为焦点。

老师：我也在想这件事，那么提比还从其他谁那里得到关注呢？

孩子：动物园的其他小动物。

孩子：我认为提比想让其他动物嫉妒它。

老师：当提比得到这么多关注时，它可能会有什么感觉呢？

孩子：它会认为自己是最重要的，它值得比其他动物得到更多的关注。

老师：也许你们的看法是正确的，提比认为撕帽子的行为会让自己成为大人物。那么你们认识像提比这样的孩子吗？

孩子：认识。

（老师敏锐地观察到很多孩子低下头回避他的目光，偷偷地笑，承认自己被“识破了”。）

时不时地，会有孩子主动承认自己也像提比一样做过。只要有一个孩子这样坦白，就会激发起其他孩子同样的勇气。这样的讨论总会产生效果，并对孩子们产生良好影响。

几乎每个类似故事都能引发讨论，老师据此引导孩子分析故事中的人际关系及故事角色的行为动机。如果老师善于引导孩子讨论，就能恰当地引出班级里也存在相同问题，而且还不会让他们感到难堪。

通过讨论故事中的角色，可以训练孩子审视、理解自己和别人的行为。当孩子们意识到每个人都会犯错误，而且错误是可以改正，那么讨论个别孩子的问题就不会带来尴尬了。这时，老师就可以引导孩子讨论班级学生的具体问题了。

在接受关于讨论的训练后，学生就可以成立自己的“政府”，比如常见的“班级议会”，（“班级议会”是作者的一个举例，借用西方国家的议会形式，而全班举行的群体讨论，也可以是其他名称，如班级会议、群体讨论等。——译者注）议会成员即全班同学，可以每周开一到两次会议，讨论任何他们想要讨论的主题。通常，孩子们对这样的建议充满热情，班级议会基本都会很成功，只是需要经过几周试运行。刚开始时，可能会出现混乱，而这个可能会打击老师对孩子的信心。

班里选出两到三个孩子作为代表（类似会议主持人、大会主席的工作性质。——译者注），他们的代表资格有一定时间限制，通常是两周到期。班级里的不满状况、问题等，先交给这些代表，由他们把这些问题带到班级议会上去讨论。班级议会达成的意见应该比老师的意见更重要。例如，如果班级议会决定讨论约翰敲桌子影响课堂秩序的事情，那么这个问题会比老师直接批评约翰得到更好解决。每两周，全班通过选出新一届“学生代表”，直到每个孩子都当过代表。

孩子们要实现以这样的民主方式有序地进行班级讨论，需要一段时间。当孩子意识到集体的价值时，他对自己、对他人的价值观，就会发生改变。这样，孩子就开始解决他自身的问题了。

刚开始时，老师作为全班的一员，可以积极参与到讨论中，当讨论内容偏题时，老师要将话题引回正轨。当主持人没有询问某些孩子的想法，或某个孩子发言时间过长时，老师可以适当地提醒。有时候，老师需要与班级议会召开特别会议，指出班级中的一些具体问题，提出将这些作为主题在班级会议中讨论。“班级议会”必须定期召开，作为学校日常活动的重要组成部分。

有人可能会问，孩子可以提出哪些主题？孩子应该被允许自由讨论所有困扰他们的事情。可能是让他们感到被威胁的情况，比如考试，比如老师和家长讨论他们的不良行为等。

孩子和老师的关系越好，就越能自由地讨论所有困扰自己的问题，有些孩子可能会提出他们在家里遇到的困扰，在班级议会中进行讨论。以下是一些班级讨论的话题。

帕丝在班级讨论的话题是，她应不应该邀请一个女生参加自己的生日会，那个女生从没邀请过帕丝。孩子们建议帕丝不用在意那个女生的行为，如果真想和她交朋友，就去邀请吧。帕丝接受了大家的建议，后来她们俩成了好闺密，相处十分融洽。

哈利的话题是，他想知道别的孩子在家中做多少家务。哈利认为妈妈让他做太多事了。通过班级讨论，这个话题变成了关于家庭归属感和责任感的讨论。结论是，我们不能简单比较每个孩子所做的家务量，因为每个家庭都不同。根据自己的家庭情况，每个人都应该做自己有必要做的家务。

苏想知道她和弟弟每天同时上床睡觉，是否公平。讨论过程中，我们发现，当苏比弟弟承担更多家务时，苏就会不开心，要求和弟弟平分家务。班级讨论认为，在这种情况下，苏就没有比弟弟晚睡的特权。如果她想被当作大孩子来对待，想拥有更多权力，她就必须比弟弟承担更多责任。苏接受了全班的建议，立刻和父母沟通。

➢**案例50**

以下内容为一次课堂讨论的部分文字记录。

我们将会参与三年级的班级议会。我们是33班的学生，G女士是我们的老师，我叫玛利亚，是班级议会主席之一。我们班每个学生都有机会加入班级议会，当有人提出问题或者议题时，他可以写在班级议会的笔记本上进行登记，我们开班级议会时只邀请在笔记本上进行登记的人。讨论的话题不仅包括遇到的问题，也包括哪些学生取得了什么进步、哪些学生不再迟到，还有如木偶剧、聚会等等。最后我们进行投票。

玛利亚：请大家安静一下，我们将举行学生会议，今天在笔记本上登记过的人有（念出那些学生的名字）。

女生：我想说一下与卫生间有关的问题，我发现经常有人在卫生间里乱写乱画，我认为这种做法不太好。我知道是谁做的，可是我不想提他们的名字。

玛利亚：那么有人想发表一下自己的意见吗？

男生：我想不管是谁做的，我们都应该请他不要再这样做了，无论他是谁。

男生：我觉得我们应该给别人改正的机会，如果他们继续乱写乱画，我们应该再召开会议。

女生：我也有一件事要说，我认为保罗在倾听别人方面有进步，而且他完成作业也更快了。

玛利亚：还有多少人对这件事想说点什么呢？

女生：我也认为保罗完成作业的速度加快了，也更会倾听别人了。

女生：我在别的课堂上认识了保罗，那时他并不喜欢学校，阅读能力不高，是个坏孩子。但是现在，保罗进步很大。

玛利亚：还有人想要补充吗？

男生：我想保罗比过去更喜欢学校了。

玛利亚：保罗，你是怎么想的呢？

保罗：我觉得我有进步，我更喜欢学校了。

玛利亚：下一个发言的是哪位？

女生：每次我来学校时，都要经过DQ冰激凌店的巷子，我不知道为什么那里有几个男生好像对我有意思，而且从巷子前面走，因为那有一只大狗总是朝着我叫，我很害怕。

女生：我知道，她家离我们家常去的教堂很近，她可以不走那个巷子而是穿过我家的院子，应该没有人会介意的。

男生：嗯，要不然你让狗的主人在你经过他家门口时把狗拴起来？

女生：约翰，我会采纳你的意见的。

玛利亚：（叫了笔记本上的下一个名字）

男生：我想说，你帮助我解决了我家里的问题。

玛利亚：我很高兴能帮到你，有人想要说什么吗？

男生：什么问题？

男生：以前我姐姐总把我呼来喝去的，让我干这干那。而现在，我只做自己认为正确的事情。

老师：你的意思是？正确的事是指什么呢？我不太明白你的意思。

评语：这里是老师敏感性的典型体现，老师不是只让孩子泛泛说自己改善了，而是想要知道孩子的“进步”具体是什么。

男生：比如说，现在我姐姐让我去做事，如果是我应该做的事，我会去做；如果我不想做，我就不做。

老师：你不做你不喜欢或认为不对的事情？

男生：如果我姐姐让我做的事情是错的，我就不会做。

老师：但原来是不是也是这样呢？还是现在有什么区别？

男生：原来我会和她争吵，最后还是按她说的去做。而现在，如果我认为这件事不对，我就不会去做。

老师：现在的不同是什么呢？

男生：我们不再争吵了，而且我姐姐也不再对我发号施令了。

玛利亚：（叫了另外一个男生的名字）

乔：每次我去朋友家玩时，我弟弟会跟着我，而且总是打我。

男生：你弟弟为什么打你？

乔：因为我弟弟不想我去朋友家玩，所以他就打我。他不想我出去玩，这就是原因。

女生：我想你不应该问他为什么弟弟打他，如果乔知道他弟弟为什么打他，他就不会把这个问题拿到班级议会来讨论了。

女生：我想你弟弟应该是认为你总是不陪他玩而已。

乔：我在家里时陪我弟弟玩啊，我们一起玩开火车的游戏。

女生：乔，我们都知道你在学校的表现，也许你让你弟弟抓狂了，所以他才会打你。

乔：我没有惹他生气抓狂，就算我不招惹他，他也会打扰我。

女生：你应该花更多的时间陪你弟弟玩，那样他就不会打扰你了。

老师：目前为止，没有人为乔提出具体的建议，毕竟乔需要大家的意见，需要大家的帮助。你们认为乔可以怎么做？

女生：你可以告诉你弟弟，你会陪他玩一个小时或半个小时，然后他就不打你了。

女生：我认为乔的弟弟是出于嫉妒心理，可能老师过多地谈论乔。

男生：为什么你不告诉你妈妈？告诉你妈妈弟弟打你。

乔：我问我弟弟为什么打我，他说不喜欢我之类的。

玛利亚：你的建议是错的，不应该让乔的妈妈介入。

女生：玛利亚说得对。乔的妈妈不该介入，因为这样弟弟可能会认为妈妈更喜欢乔，结果他可能会做更多不好的事情。

男生：当你买东西时，给你弟弟一些。

女生：乔不该得到那么多关注，那样他弟弟就不会嫉妒他了。

老师：你们都在告诉乔他不应该做什么，但没有人告诉他应该做什么。送给他弟弟礼物是贿赂，这不是交朋友的方法。也许乔自己有解决方案？你认为你怎么做才能和你弟弟成为朋友？你有什么主意吗？

乔：我没有。

老师：有人有什么建议吗？

女生：我认为乔应该和他弟弟一起玩，那样弟弟就不会打他了。

老师：乔应该怎么和他弟弟一起玩呢？

女生：对他弟弟友善一些，让弟弟做他想做的事情，乔也可以做自己想做的事情。

老师：乔还能做些什么呢？乔觉得自己让弟弟生气的频率是多长时间一次呢？乔认为自己没有惹弟弟生气，你们又是怎么想的呢？

女生：也许乔因为自己年龄大，就有点趾高气扬，这让他弟弟很不开心。

老师：你们觉得，弟弟打他时，乔做了什么？

男生：乔向他弟弟大吼大叫、发脾气。

老师：乔还可以做什么？

女生：乔可以向弟弟展示，他并不想对他趾高气扬，而是想成为他的朋友。

老师：你的意思是他们应该学会分享？

乔：我觉得这是个好主意。

女生：你可以试一试，如果有效的话可以告诉我们。

乔：谢谢。

玛利亚：（叫了另外一个女生的名字）

女生：我认为咱们班应该设立一些新目标，因为现在的目标是我们很久前设定的。

女生：我同意她的观点，我们把那些目标贴在墙上很久了，应该换了。

女生：我觉得可以是老师不在教室的时候，我们也保持教室安静，这方面我们已经进步了，但我认为我们可以做得更好。

女生：我觉得可以是不在卫生间乱写乱画。

男生：下楼时我们应该更加安静，不应在楼梯上跑来跑去。

女生：我们在不相互交谈方面已经取得了进步，接下来可以努力让我们的脚步声变得更小。

女生：我同意她的观点，让我们投票吧，然后决定最终结果。

（进行投票）

玛利亚：大多数人同意刚才那位女生的提议，所以我们的新目标就是这个。今天我们的班级议会到此结束，这些就是今天的内容。

评语：该案例体现了这个班的学生们因为掌握了群体讨论而解决问题的过程，其中老师的参与极少。与现场聆听不同，通过文字阅读，不像现场所听到看到孩子的讨论那样能真切感受到孩子们的认真态度与相互关心。这场亲身经历帮助孩子体会自己是群体的一部分、相互负有责任，即使有不同意见也能像朋友一样沟通。

➢案例51

我在收学生的算数作业时，鲍勃跑过来找我想跟我说点什么，我告诉他等我收完作业，他同意了。

鲍勃想知道怎样才能不再和他表弟打架，表弟和鲍勃同岁，也是8岁。(鲍勃在学校经常打架，男生们都不想和他一起玩，而鲍勃总抱怨说其他男生故意欺负他。)

我问鲍勃："表弟来你家时，你们因为什么打架呢？"鲍勃说："因为玩具。"我让鲍勃在班里向大家提出这个问题，给我们讲讲更多和表弟打架的事情。鲍勃告诉我们，有一次他把一个金属垃圾桶扔向表弟，结果在表弟身上划了个挺大的伤口。我问孩子们，鲍勃怎么做才会不再打架？

评语：该案例体现了一点：这位老师经常在学生提出或者出现问题的当下，立即就组织班级讨论。我们不建议在孩子提出问题时立即组织讨论，最好是在固定班级讨论的时间，出现问题时不立即讨论，到了讨论时间再进行。在本报告余下部分中将会进一步阐述关于讨论的问题。

这位老师立即展开班级讨论，她让男生重复自己的问题，并详细讲述，男生照做了。然后老师立即开始寻找解决办法，而不是让自己和全班同学先理解鲍勃为什么打架。这时，在鲍勃详细讲述之后，一个能让班级讨论产生活力，并引发全班学生思考的好问题，可以是："你们是怎么想的呢？"这样孩子们就可以发表自己的意见，就可能既引出打架的原因，也引出可能的解决办法。接下来，老师就可以从大家的发言中找到与鲍勃打架动机和原因相关的解决方法。

汤姆说："鲍勃记忆力不太好，我们刚在礼堂看了一部关于解决争斗问题的电影。在电影中，两个男生争着骑一辆自行车，他们一直在打架，结果谁都不能骑自行车。后来，另外一个孩子过来告诉他们可以轮流骑，这样就不会争吵了。两个男生决定轮流骑，每人骑一圈。通过分享，他们最终解决了争斗。"

鲍勃说："我的情况和电影中不同，那些都是我的玩具。"汤姆回答道："鲍勃不明白，他的情况和电影是相同的，如果他叫他爸爸帮助，我敢打赌，鲍勃的爸爸一定会让他分享玩具的，而不是打架。鲍勃和他表弟又不会同时玩同一个玩具，他们可以像电影里的男生分享自行车那样分享玩具。”

鲍勃仍坚持说他的情况就是不同，之后又问为什么别的男生都联合起来针对他。玛丽问鲍勃：“男生们有什么理由一起针对你呀？”这时下课铃响了，讨论到此为止。

评语：如果老师没有专门给班级讨论留出固定时间，就肯定会发生这种情况。当讨论进行到最吸引人和最关键的时刻，铃声响了。而下一次讨论，并不会从中断的地方开始，因为鲍勃会更加强烈地感觉其他人都不理解他，都排斥他。而且很可能就是因为鲍勃认为自己总是被不公平对待，这个信念导致了他和表弟的战争。

实际上，这几乎不是一场群体讨论，老师只是让汤姆对鲍勃进行说教和羞辱。老师应该打断汤姆的发言，至少一开始当他提到鲍勃记性不好时，就应该在这时组织全班讨论这个点。实例报告中的讨论对解决问题并没有起到作用，也没有改善鲍勃和其他学生的关系。玛丽的提问将讨论引入正题，但没有继续。如果讨论被中止了，则很难继续展开。

➢案例52

雷蒙娜，十三岁，认为班里很多同学不喜欢她，经常抱怨别人故意欺负她、取笑她。有一天，一个女生把铅笔借给了雷蒙娜，在听写测验开始之前，这个女生向雷蒙娜要回铅笔。她们隔着两排座位，雷蒙娜把铅笔直接扔给了这个女生。学生们马上提醒我，学校说过扔东西是很危险的事情，并且有相关规则，他们认为雷蒙娜不守规则，应该受到惩罚。如何惩罚呢？我利用这个机会在班里展开讨论。有个学生认为雷蒙娜应该被用教拍打手，我问大家还有什么建议，对用教拍打雷蒙娜的手这个主意怎么看，一个男生提出由大家投票决定。借给雷蒙娜铅笔的女生特蕾莎说，这样投票不公平，因为班里多数人不喜欢雷蒙娜。学生们开始了小声议论，表示不同意这个说法，我对讨论出现了这样的变化有点儿不安，所以我说："不，特蕾莎，如果你同意我说话的话，我不同意你的观点，我并不认为大家都不喜欢雷蒙娜。"正好雷蒙娜就站在我旁边，于是我继续说，"那让我们看一下吧……雷蒙娜，你介意背对大家一小会儿吗？"雷蒙娜照做了，我站在她身边说，"现在，我请班里所有真心不喜欢雷蒙娜的人举起手来。"我们等了一下，并没有人举手。

"好的，"我对雷蒙娜说，"你现在可不可以转过来，看看全班有多少同学不喜欢你，好吗？”

雷蒙娜慢慢地转过身来，没有看到任何人举手，她说：“但是特蕾莎不喜欢我。”

“这怎么可能？刚刚是她说，投票对你不公平。特蕾莎维护了你。”

雷蒙娜转过身去，安静地回到了自己的座位上。

评语：这个案例有许多关键点。首先，老师察觉到班里的氛围，认为雷蒙娜的违规行为并不是一个孤立事件，而是组织全班讨论的良好时机，从而可以帮助改善雷蒙娜和其他学生的关系。老师让大家畅所欲言，但同时也把握和引导了讨论的方向。这位老师发挥了自己的创造性和探索性，这在处理学生问题时至关重要。老师没有对提出惩罚雷蒙娜的孩子进行说教，也没有给全班讲道理或提出自己的建议，她只是采取了行动，从而鼓励了雷蒙娜。很显然，如果孩子认为其他人对自己不公平，没有人能改变她的想法，或不让她招惹其他孩子，那样做只会让这个孩子获得更多认为其他人不喜欢自己的“新证据”。而上述案例中的经历和体会，却能够帮助雷蒙娜和其他孩子停下来并思考——可能会重新思考自己的想法和行为。

➤案例53

下述案例摘自一个老师的笔记，笔记记录了一系列群体讨论实验。

班主任选出适应能力特别差的五个男生，作为实验对象。这五个孩子的年龄都超过了七年级的平均年龄，都在特殊学习，也就是差生小组。其中四个男生经常出现在课堂上不遵守纪律的行为，罗伊没有纪律问题，但他拒绝完成作业。

校长告诉这五个孩子，他们有机会讨论自己的问题，而且能够更好地认识自己。另外，如果他们愿意加入这个群体讨论，那么他们可以每周少上两节课。

讨论小组的老师也是孩子们的一位任课老师。本学年结束前三周，这个小组开始进行每周两次的讨论，每次40分钟左右，第四周召开总结会议。他们一共进行了七次群体讨论，地点在教室旁的一个空置房间里，与课堂形式不同，这个讨论小组的所有人围坐成一个圆圈。

结束后老师会立即记录讨论内容，以便能够留住讨论时的“感觉”并尽量保持讨论内容的准确，这样方便老师根据记录决定下一次讨论从哪里开始。

评语：这样的群体讨论属于特殊项目，因为它带有小组心理治疗的特点。最终，辅导老师、学校的心理辅导员、班主任等，都应接受这方面的相关培训，以便可以辅导类似项目以达到同样效果，并且这样的培训应作为正常教学培训的一部分。显而易见，尽管这个方式和小组心理治疗有共同之处，但并不能将这种群体讨论定义为“治疗”，这仍然属于教育行为。

第一次会议。哈利向罗伊解释会议的目的，因为昨天校长给其他男生解释时，罗伊没有在场。我告诉孩子们，我们就像是一个好朋友小组，大家可以自由地发言，比如说对这个小组的看法和对会议的希望。这个讨论和课堂不同，因为我们的人数更少，而且也没有作业必须完成。没有他们的允许，我们不会将谈论的内容告诉其他老师和同学。

评语：该老师营造了良好的氛围，但在报告中无法判断出，上述内容是老师自己决定并表达出来的，还是和孩子们经过讨论的。如果老师没有征询孩子们的意见，没有问孩子们对这个形式的看法等，老师就忽视了一件重要的事情，即所有群体讨论指导时至关重要的一点：热身环节。为了保证参与的整体性，孩子们应该从一开始就有机会参与并表达。因此，在会议开始时，由一个孩子（哈利）向另外一个孩子（罗伊）解释会议的目的，这是个良好的开端。但是，老师应该在解释之后马上组织孩子们开展讨论，也许组织孩子们这样做了，只是没有记录下来。

我让孩子们介绍他们的家庭，这样他们能够更熟悉对方，我也可以更好地了解他们。

评语：让孩子介绍家庭是一个良好的开端，证明了老师了解家庭和家庭成员关系的重要性。

哈利排行老大，有一个十二岁的妹妹和一个小弟弟。欧尼和哈利不同，在家里最小，有两个哥哥和三个姐姐，其中两个姐姐已经工作了，但还和他们住在一起，两个哥哥和另外一个姐姐都已经结婚了。罗伊家有八个孩子，罗伊排行第六，他弟弟也在七年级，还有一个哥哥在八年级，哥哥被认为几乎没有阅读能力，而罗伊也差不多。雨果家三个孩子，他最小，大哥读大学了，二哥是校篮球队成员，最近刚刚当选九年级学生会的副主席。这是第一次会议，兰迪缺席。

评语：让我们在有限的信息中找出重要的细节。实际上，如果仔细研究就会发现，每一条信息都有重要意义。哈利是家中最大的孩子，而欧尼是家中最小的孩子，有很多哥哥姐姐，因此哈利受到家庭成员的影响可能没有欧尼大。罗伊的弟弟已经赶上他了，和罗伊在同一个年级，这一条信息很重要。最具有启发性的是雨果的情况，他是家中三个男生中最小的，而且很显然，他的两个哥哥很成功，尤其是他的二哥。所以，雨果处于两难的境地。（老师应该记住孩子们的这些情况，这样能够在讨论时更好地了解孩子的行为。）

孩子们也说了一点儿自己家里的情况。雨果有时想要离家出走，哈利也这么想过。雨果的爸爸曾经用皮带打他，现在不打了，但他会被禁足。其他的孩子也经常会被禁足。哈利提到爸爸时，他说："当他生气时，他可是真的很生气。"

老师问孩子们最喜欢和最讨厌的初中生活是什么。孩子们喜欢每天有不同老师讲课，最讨厌老师唠叨和指责他们。

评语：这类与孩子家庭、对学校感受有关的问题，可以作为热身环节的问题提出来。但在这里这位老师提出这些问题的方式有点突兀，一个问题接着一个问题。也许对这个群体的男生合适，但是在通常情况下，老师可以先问孩子们，你们想谈什么？只有当孩子们想不出话题时，老师才会提出一个话题。也许在这个小组也是这种情况，只是老师没有记录而已。

我问孩子们什么事情让他们感觉好。雨果说玩球，哈利说当他从脖子到胸口的石膏被拿下来的时候。我提醒哈利说，那是“感觉自由”。哈利回答道：“是的，自由！”罗伊和欧尼则是在游泳和钓鱼时感觉好。

我们又谈了一些关于家庭的事，然后雨果把话题转向了棺材里的死尸。于是我们开始讨论死尸，大概5分钟后，下课铃响起了。

评语：终于，男生们掌握了谈话内容，开始谈论自己喜欢的话题。在该案例中，雨果扮演了讨论主导者的角色，老师很明智地跟随雨果的话题。

从总体上讲，上面这次讨论是个不错的热身讨论会议，所有人都参与了，而且也有孩子主动地参与。老师可以采用类似方式，把它作为系列讨论会议的第一次会议。唯一可以改进的地方是，话题的设置可以再宽松一些，让孩子们有更多机会表达自己。

第二次会议。第二天，昨天缺席的兰迪也来参加讨论了。哈利准确地总结了昨天讨论的内容，然后欧尼补充道："我们昨天以谈论死尸结束。"

评语：哈利在每次会议开始时都做解释，这一点很有意思，我们很想知道，他是自愿的，还是别人要求的？显然哈利具有领导能力，能够发挥建设性作用。在昨天孩子们自发的讨论中，死尸的话题激起了他们的兴趣。很显然，作为很有建设性领导力的哈利，在解释时却忽略了这个雨果和欧尼感兴趣的话题。这是两个不同帮派的初期划分吗？作为具有敏感度的群体讨论组织者，即老师，此时会在心中产生疑问，为什么哈利省略了这部分内容，而欧尼补充强调呢？

因为兰迪第一次参加，所以我再次强调了这个讨论可以自由发言。兰迪介绍自己时说，他家里有四个孩子，他最小，有三个姐姐，一个姐姐已经结婚了，另外两个姐姐在上大学，但住在家中。

评语：这也是一条非常重要的信息，兰迪是家中唯一的男生，更糟糕的是，他是最小的。他可能有很多"妈妈"，有人可能会溺爱他，或者过度保护他。

我请孩子们讲述自己最早的记忆。哈利说他三四岁时，有一辆三轮自行车，因为那个时候他妹妹出生了，所以自行车是他“最好的朋友”。

评语：尽管因为接受过培训，老师知道哈利的这个回忆具有重要意义，但老师显然有意地没有打断哈利，也没有做出任何评论。哈利，作为家中的长子，妹妹的出生摘下了他的“皇冠”，他感到被冷落，唯一的朋友是他的三轮自行车。他觉得只有自己，被家庭忽视了。

雨果记得从他姑姑家跑出来，当他妈妈不在家时，雨果就住在姑姑家。兰迪记得自己骑自行车、坐邻居的小汽车。欧尼记得自己有一次在梦游时走了很远，最后从几个街区外被人找到带回家。

评语：欧尼的回忆是一次具体事件，而雨果和兰迪的回忆太笼统，不能进行进一步的解释。我们能看到，欧尼小时候不能自己照顾自己，必须要别人带自己回家，同时发现他的行为表现出了一些敌意，梦游意味着一种轻微的逆反心理。

罗伊记得他们家在一个小镇时，当地的男生们会敲打乌龟的头，觉得很好玩，而当地的印第安人对此非常生气。

评语：对罗伊来说，世界是自由自在的，这是目前老师捕捉到的信息。这时，老师开始和孩子们进行讨论。

如果哈利不介意的话，我建议大家一起讨论一下哈利的情况。摘掉石膏和小时候骑自行车，这都让哈利很开心。这两件事说明了什么？孩子们说，哈利想要自由、独立、实现自我、自己做主。兰迪补充说："哈利喜欢当老板。"

哈利说："也不是所有时间。"我们开始谈论独立，我问：想要独立不好吗？孩子们说，不是不好，所有成年人都想独立。哈利说："我的想法和你们不太一样，当我指使我妹妹做事时，她从来不听我的。"我问道："为什么她不听你的呢？"哈利立刻回答说，他妹妹也想自己做主。

兰迪："你知道我最讨厌什么事吗？是一个人待着，我喜欢露营——一群男生一起。"我问："没有女生？"他说："没有！如果老师让我一个人做什么事，我就会很不开心。在课堂里一个人坐着，比被教拍打手感觉还糟糕。"

评语：案例中的老师错过了一个向孩子们解释重要的一点的好机会，即为什么哈利想要独立，而兰迪不喜欢自己一个人？这可能是因为哈利是家里的长子，他认为自己不能依靠任何人；兰迪是家里的小儿子，经常得到别人的帮助，他可能完全依赖他妈妈或姐姐，但是总体来说，讨论开展得很好，激发了大家的主动性和兴趣。

我们又谈论了所有人都喜欢被注意到的这个话题。哈利说："校长说我喜欢被人注意，但其实我不喜欢。如果他让我一个人待在教室里，我会告诉他，我很乐意，而且我也会这样做。"

我问哈利："你跟校长说这些话的目的，可能是什么呢？"哈利说他不知道，但是欧尼立刻评价说："哈利想要比校长还厉害。"我问哈利想法是什么，他清了一下嗓子，回答说："我是想当老板吧。"我说："说出这句话真不容易呢！"说完之后我表扬了哈利，因为他很有勇气让我们今天讨论他。

评语：这是一次让人印象非常深刻的讨论。关键点是老师询问哈利对校长那样说的目的是什么。欧尼的话让这个问题明晰起来，帮助哈利更多地了解自己。

这时，雨果在捅罗伊。我说道："有人正在提醒我们，没有被注意到是件多让人难受的事，雨果，你认为这个人是谁？"雨果回答："是欧尼！"其他的孩子都笑了，雨果又转向后面看别的人。我们都同意，没有被注意到的是一个穿黄色帽衫的孩子（就是雨果穿的衣服）。我接着说："然后他使了一个小把戏，我就上钩了，给了他注意。我是怎么上钩的呢？"孩子们说："你开始跟他说话呀。"

评语：我们可以发现，这些男生们能敏锐地感知行为背后的目的，尤其是在老师提供了一点儿线索以后。该案例再次证明了，通过老师的引导，学生有能力做出重要的结论。

我有事必须先离开，结果剩下的10分钟里，他们大吵大闹。后来雨果说："我喜欢这样说话（即不喜欢群体讨论的方式。——译者注）。"（后来英语老师告诉我，哈利和雨果在那天早上的其余时间里也十分躁动不安。）

评语：不知道这次讨论和孩子后来的不安是不是有联系，但两者之间应该是有关系的，尽管对于早上其余时间的不安来说，群体讨论造成的影响小于10分钟的吵闹。

第三次会议——一周之后。开始时孩子们有点焦躁不安，雨果在玩溜溜球，他玩得很烂，我们都笑他——然后他们安静下来了。

评语：这是一个良好的开端。很显然，老师抓住了雨果玩溜溜球的机会，将之作为把大家组织起来的契机：大家都在关注雨果玩溜溜球。正是因为这一点，融合了所有人，建立了小组氛围，引发了大家的笑声，促使小组成员“安静下来”。

我问大家，还记得上次我们讨论的内容吗？刚开始哈利什么都想不起来，但是兰迪和雨果记得哈利谈到想自己做主和自由的感觉。之后哈利想起来“摘去石膏的自由”。

评语：以往讨论中哈利总是先说话，当大家谈论他的问题后，哈利竟然忘记了讨论内容，这是不是很有意思？这种遗忘现象在心理治疗中很常见。那么，忘记上次讨论内容和有限记忆是不是代表哈利没有从上次讨论中受益？完全不是。类似讨论引起的内在察觉，只有经过一段时间之后才会展现出来，才会奏效。

我提醒孩子们，我们上次讨论了一个在家里排行最大的孩子，这次我们可以讨论家里最小的孩子。雨果指向欧尼。欧尼、兰迪和雨果都是家里最小的孩子。我问他们作为家里的小儿子是什么感受。哈利和罗伊有弟弟和妹妹，他们应该想了解最小孩子的感受。

评语：老师巧妙地转换了讨论话题，转向另外一个重要方面。我们可以注意到雨果的举动和上次讨论时一样，当事情关系到他时，他再次指向欧尼。观察并理解雨果的这种行为，对这样一群男生的群体讨论有十分重要的作用。这样不仅能够保住雨果的面子，也能帮助他提高接受能力。

兰迪着急发言，他说道："姐姐们总是指使我做这做那，大家经常说，'他是家里的小宝宝'，我讨厌这个话。"欧尼表示同意兰迪的观点。雨果说："作为最小的孩子，你也有一些特权，当其他人要待在家里时，妈妈会带你出去，因为'你是家里最小的'，妈妈似乎更喜欢你。"哈利认为，作为最小的孩子，会在圣诞节得到更多礼物，又不用给别人礼物，他还说："当你长大了，你必须用自己的钱给别人买礼物，而自己却不一定能得到礼物。"

评语：老师没有抓住机会去分析讨论中透露的重要信息：兰迪作为幼子，只看到幼子的坏处；而哈利作为长子，只看到幼子的好处，两个人都没有发现自己的家庭角色优势。只有雨果发现了自己作为幼子在家中的有利之处——而且很可能他在最大程度利用了这个优势。男生们大概已经看到了，每个人都觉得自己的兄弟姐妹比自己享有更多好处。只有通过群体讨论，才能得出该结论，即当群体成员在各自家中排行不同时，这样就能彼此交换不同意见。

我问男生们，他们想被大人当作大人还是当作小孩对待，当然所有人都回答愿意被当作大人对待。“那你们会怎么体现你们是大人呢？当男生想显示自己是成人了，他们会做什么呢？”雨果说，穿工程靴；兰迪说，把裤腰放得很低，之后站起来展示了一下。雨果建议，偶尔要捣乱，并说道：“你要试图让别人生气。”

我问道：“为什么那样做会让你感觉好？”雨果经常让××老师生气，认为那个老师生气时看起来很好玩。我们又讨论：如果别人和我们生气了，怎样能让我们更成熟、更强大？兰迪补充说：“可以和别人打架，赢的感觉非常好。”哈利说：“有些衣服也可以让自己看起来更成熟，比如（他提到一个男生的名字），总是穿少年款而不是儿童款的衣服，我有一次跟他一起去买皮带。别看他平时像个大人一样，其实他的腰可细了。以后我可以取笑他买少年款衣服了。”

我问大家是否一定要打赢才能感觉自己很强大呢。雨果说：“不一定要赢，如果和大孩子打架，最后输了，也会感觉很好，因为以自己的年纪来说，表现得已经很好了。”之后兰迪告诉我们，周日、周一和周二那三天，雨果做了件大人的事。我问：“哦，怎么回事？”兰迪笑着说：“我现在还不能说。”

我说：“你们知道的，在这里你们可以放心说任何事，雨果，如果兰迪说了，你会介意吗？”雨果摇摇头。兰迪说道：“雨果离家出走了。”雨果马上补充说：“我那么做是为了好玩，他们雇了侦探，动用了一切手段。”我让雨果告诉我们更多内容。雨果告诉我们，他妈妈禁止他在采石场游泳，但他还是去了，然后妈妈在采石场抓到了他，用他爸爸来吓唬他：“等你爸爸回来——看他怎么收拾你！”雨果等了一会儿，爸爸还没有回家，于是他和另外一个孩子骑自行车出去了。结果因为两个人同骑一辆自行车被开了交通罚单，这样雨果更生气了。“我开始想如果我回去，我家人会做什么，所以如果我不回家一段时间，他们的气就会小一点。所以我待在了拉尔夫家，只有几个孩子知道我在哪里，包括这里的罗伊和另一个孩子帕特。”

我问雨果结果怎么样，他是否觉得确实好玩，有没有得到大家的关注。雨果说："我回家后，别的孩子问我是不是好玩，我说当然好玩了。但其实不如想象中的好玩，因为我经常一个人待着。"男生们又提到之前说过的想成为一群人中的一员这个话题。我问孩子们，雨果离家出走，是大人的行为表现，还是出逃小男生的行为表现？兰迪回答说："大人。"但是罗伊说："小孩。"我问他为什么，他补充说，"因为雨果很害怕。"我问罗伊："成年人不会害怕吗？"罗伊回答说："成年人也会害怕，但是雨果逃避了，而不是待在家里面对这件事。"

当我们讨论时，雨果打开一块糖吃了起来。在罗伊回答问题时，雨果几乎将身体都蜷缩在了桌子下。我表扬了雨果，谢谢他有勇气愿意让大家讨论他。

评语：有人可能会问，这样的讨论会对学生有什么好处？讨论的内容完全围绕怎么做才能让自己像大人。用这句话来引导孩子们反思自己的行为，尤其是对社会无用的行为，老师的这个做法很重要。老师没有用说教的方式评价孩子的行为，因为这群孩子对老师的说教已经习以为常，并且早有免疫力了。用上述讨论的方式，能够帮助孩子们了解自己的动机。通过这样的讨论，必然会出现罗伊实例中显露的问题，即是否真的像自己以为的那么像大人。当讨论的焦点变为行为动机时，孩子们开始反思自己的行为，他们可能会发现自己并没有获得想要的效果，甚至可能会开始考虑，怎样以更好、更适当的方式得到自己想要的东西，比如表现得强大，变得更重要，等等。说教和责备的教育方法无法获得这样的效果，如果用这样的方式，孩子即使知道自己做错了，也会毫不介意，或者不知道该如何弥补。

关于上述讨论的唯一不足之处，在于不是所有孩子都参与了。欧尼并没有参加讨论，哈利和罗伊也没怎么说话。老师应该及时插话，询问每一个孩子的意见，以保证所有成员都参与讨论。（有些心理辅导员反对这个方法，觉得这是给孩子施加压力，并控制讨论方向，他们希望群体讨论不受到框架束缚，能够自由开放地进行。不赞同这种完全无框架方式的老师，可以采取前面的建议。）

我问雨果，大家叫他“杜丝”（即tootsie，美国俚语，意为“宝贝儿”。——译者注）多久了，别的男生解释说他们都这么叫雨果，那是雨果的小名。雨果回答说，他入学时，老师问他叫什么名字，他回答：“杜丝。”老师纠正说：“不，应该是雨果。”但是雨果继续说：“我从来没听人这样叫过我。”直到现在，他的爸爸妈妈还是叫他“杜丝”，因为爸爸名字也是雨果。

评语：老师应该引导讨论继续下去，此处老师忽略了一条重要的线索，雨果被剥夺了使用自己名字的权利，剥夺了继承父亲名字的权利，（西方国家中，用长辈的名字给晚辈命名，是很常见的现象，通常是尊重和敬仰的表示。——译者注）大家只叫他的乳名。这使雨果和两个成功哥哥之间的对比更加鲜明，也解释了为什么雨果想要长大、为什么表现得像个受到惊吓的孩子。老师可以引导孩子进一步对雨果进行讨论，让他和其他孩子一起理解自己的行为。此时老师没有讨论下去，老师可能有自己的道理，他大概想要循序渐进地进行。

小组又讨论了离家出走的事情。哈利说他爸爸有时会不在家，但也不过意味着家里少一个人吃饭而已。男生们说离家出走也不是坏事——当孩子们想和父母扯平时——有时会采取这种做法。我建议大家明天讨论“其他向父母和老师展示自己长大的方式”。兰迪这时说：“做适合自己年龄的行为，既不过于成熟，又不过于孩子气。”

评语：老师提出下一次讨论的话题是合理的，老师的建议不是命令，不会扼杀孩子的主动性。

第四次会议——第二天。我让男生们回忆昨天讨论的内容。雨果:“我们讨论了我的事情，为什么我要离家出走?为什么表现得像一个小孩子?还有，为什么当你离家出走后，每个人都像侦探一样问那么多问题?”兰迪解释说，人们想要帮助雨果。我问孩子们，我昨天有没有责备雨果。兰迪说:“一点点。”其他男生们摇头，哈利说:“你只是解释，这样雨果就会知道他为什么要离家出走。”我又问道:“你的意思是说，解释了离家出走或藏起来，是为了引起别人的注意，或者告诉别人我们要做老板，或者是为了报复别人?另外，当你们不想按照别人的要求去做，想自己做主时，你们还会怎么做?”

哈利:“当我不想上学时，我会不舒服——我会头痛，但是当我要做有趣的事情时，我从不会头痛。”雨果:“可以贿赂别人，我哥哥贿赂我让我洗碗，但我没有中计。”我问道:“兰迪，当你姐姐让你做事时，你进行反抗了吗?你是怎么做的?”兰迪立刻回答道:“我不听她的。”欧尼、罗伊和雨果也同意，直接不听是个好办法。

欧尼说:“也可以装傻。”“装傻是为什么目的呢?”哈利和欧尼认为，这样别人就不会对自己有任何期望——就像“桃乐西”。(桃乐西是目前班里成绩差的学生。)

评语：讨论进入了正题，讨论内容涉及了重要的心理动力学机制，孩子们能够坦陈自己的想法。欧尼提出装傻是逃避行为。（欧尼来自一个大家庭，是家里最小的孩子，在之前的讨论中也装傻，不参与讨论。欧尼的发言解释了他的行为。）我们可以发现，孩子们通过讨论其他人的行为方式更好地认识自我。

我们讨论了一下桃乐西，孩子们认为桃乐西一定很不开心。他们认为，如果一个人总不说话，通常是因为经常说错话，或者怕别人取笑自己，所以慢慢地就不再尝试和别人交流了。

哈利说道：“我认识一个男生，他不喝牛奶。我觉得这个行为很傻。”我问道：“为什么那个孩子不喝牛奶呢，他妈妈不让他喝吗？”

兰迪展示自己手臂上的肌肉，说：“那个男生想展示自己有多强大，他妈妈越让他喝，他就越不喝。”

评语：当孩子们不理解其他孩子的行为时，会倾向于用成人的典型批评来解释。哈利并不知道为什么那个男生不喝牛奶，所以认为这是一种“傻”。老师巧妙地提了一个问题，兰迪立刻找到了答案：不是傻而是权力之争。也可能他在家里有类似行为，所以更能理解。

讨论进行到此处时，我对孩子们说："我想告诉大家，在刚才的讨论中你们表现得非常好，大家提出了非常好的观点。我们来看看从讨论中收获了什么。你们都是聪明的孩子，想要得到别人的关注，想向别人展示自己的强大和成熟。你们也有一些自己的小手段，十分奏效，但是这些伎俩会给别人带来麻烦，最后也让自己陷入困境。既然大家了解了自己的行为，我想请大家完成一项任务，为下周的讨论做准备。"

欧尼说："我们要写作业吗？""不，我想请你们发挥聪明才智，通过别人能够接受的方式，而不是让人反感的方式，达到自己的目的，你们愿意试一试吗？"孩子们同意了，但问我该怎么做。我继续说道，"可以选择从家里或者学校开始，也可以从一节课开始，通过表现自己的力量或能力，而得到别人的关注，不管怎样，一定要通过别人能接受的方式。你们想从哪里开始？"

哈利："我想向D老师证明，我已经长大了。"而兰迪则想从M老师的课堂开始："我可以在这节课表现成熟。"欧尼也选择了M老师的课堂："我也会改变的。"雨果说他想吸引D老师的注意力："我会用好的方式。"而罗伊还不知道从哪里开始。

下课铃响起了，讨论结束，因为时间有限，孩子们没有得到很多具体指导。我把罗伊留了1分钟，因为他看起来有点泄气，我想给他一点儿鼓励。

评语：老师建议孩子们以正确的方式实现自己的目的，在这个阶段是十分大胆的，但是老师的决定很正确。孩子们开始了解自己，老师引导孩子们动脑筋、想办法，以有效的方式实现自己的目的，然而有人会质疑老师的建议会不会对孩子们产生压力。老师需要足够的勇气和自信，才能抛弃简单粗暴的方法，冒险采用新方式。

第五次会议——一周后。罗伊没来上学，而昨天哈利和欧尼被学校暂时停课，因为昨天他们从音乐课逃学，而这不是第一次了；哈利则到现在还没来上课。

我问孩子们，上周我留的作业完成得怎么样？有没有在某一节课上改善自己的行为？兰迪说自己上周没上M老师的数学课，但是周五见到M老师的时候，老师同意兰迪回去上课，而且连续两天，她一次都没有对兰迪吼过。

雨果开始谈论自己用石头打中了一只松鼠，欧尼说周五那天M老师跟他谈了一次话，是在课后，老师告诉他和哈利，她喜欢他们俩在自己的课堂上。欧尼还补充道：“我向M老师证明了，我已经长大了。”雨果开始告诉我们，他和伙伴们躲在木柴堆里，“甚至有一个床垫”，现在这个地方被另外几个男生知道了，所以雨果和伙伴们准备挖一个四英尺的洞作为入口，“这样别人就找不到我们了。”

我问雨果有没有偷懒，其他孩子们说：“没有，雨果没偷懒，他非常努力。”“和他谈话是不是很有趣呢？”“他很有趣。”

“雨果，你的作业完成得怎么样呢？”“我忘记了。”“你怎么忘记了呢，这个作业很容易忘记吗？”兰迪说道：“我知道原因，D老师用书打雨果了。”我让雨果告诉大家事情的经过。雨果说他在铅笔橡皮头上插了一个别针，他觉得这样很好玩，然后兰迪认为雨果用别针扎他，其实他并没有扎兰迪，只是用铅笔尖碰了他一下。然后兰迪开始抱怨，而雨果不想把别针给D老师，所以D老师用书打了他。

“你为什么用铅笔戳兰迪呢？”“只是感觉很好玩。”我又重复了自己的问题，问雨果为什么戳兰迪，雨果低下头说，“可能是为了吸引别人的注意力。”“你成功了吗？通过恶作剧的方式？”“成功了，兰迪抱怨了。”“D老师认为你是像大人还是像小孩呢？”欧尼说：“小孩，因为老师打雨果了。”“你的意思是，我们有时惩罚孩子，但是不惩罚成年人？”雨果：“是这样的，警察用警棍打醉酒的人。”“喝醉的人是成年人还是孩子？”兰迪：“雨果的意思是，喝醉的人连路都走不了，连话也说不清楚了，像个小孩子一样。”

兰迪谈到了一个在露营时认识的男生，那个男生的言行举止像小孩子一样。雨果问兰迪："你喜欢他吗？"我问兰迪那个男生说了什么，雨果回答说，"算了，为什么女生在16岁就长大了，而男生却不能呢？女生到了十六岁，看起来都比男生更高、更成熟。"

评语：到此为止，我们可以确认小组中个别男生的角色，刚开始哈利起到了主导作用，但逐渐淡出这个角色，不再起主导性作用。兰迪现在可以正确回答问题了，同时几乎可以很好地配合老师了。毫无疑问，雨果的行为是最棘手的，雨果在第一次讨论时把话题转到了棺材中的死尸，之后用溜溜球逗大家开心，还在讨论中吃糖果，不停地转移话题。只有雨果没掌握群体讨论的技巧，他会谈论用石头打松鼠这样的话题。当大家正讨论到雨果的小孩子行为时，雨果再次把话题转移到女生身上。但是雨果转换话题之前，老师已经成功地让他对自己的行为产生了深层理解。我们可以想象，这样的讨论已经促使雨果产生了新的想法。雨果问兰迪是否喜欢那个行为幼稚的露营男生，这点至关重要，雨果当然知道答案，但是不想继续谈下去，因为还没做好准备接受现实。因此，雨果再次转换了话题。我们可以注意到：雨果消极面对问题，刻意逃避问题。雨果不像他哥哥那样积极进取。但同时，我们也可以看到别的孩子对雨果的肯定——雨果并不懒惰。只是雨果只会把精力花在无关紧要的事情上，比如挖一个洞，让别人找不到自己。雨果很羡慕女生们，因为女生比同龄男生看起来更成熟，从这点上我们可以看出：雨果渴望长大。

我们又讨论了男生和女生的成长速度不同，男生如何在16岁之后赶上并超过女生。孩子们又谈到某些高年级男生，原来多矮多小，而现在多高多强壮。兰迪说他有时感觉自己很强壮，还举出了例子。

雨果再次打断了话题，问道："那自己一个人的时候玩积木、玩小轿车，并发出怪声呢，这些是大人还是小孩？"我们讨论了男生即使在长大之后，也会有一些孩子气，如果没有影响到别人，孩子气的行为是没有危害的。

之后，我们又讨论了雨果如何能在英语课上得到关注，而不影响其他人。雨果说他会告诉老师自己在棒球队中的表现。"虽然我不是最优秀的，但是我是优秀队员之一。""还有什么呢？""我可以完成作业。"

评语：可以感受到雨果多么想得到关注，当他自己一个人时，他不得不自己玩积木或玩具汽车。

我们继续讨论下去，孩子们都承认，他们一直都想得到关注。我告诉孩子们，即使没有别人的关注，他们也是值得交往的好孩子。雨果立刻说道："我可以做我自己。"我进一步询问，雨果解释说："既没有孩子气，又不故意显得像大人。"

评语：孩子们掌握问题本质的能力真值得赞叹。虽然雨果的语言还不能充分表达他的深刻思考，但如果没有经过一些反思，雨果是不能像这样看到问题本质的，也就是说，他一直没有做自己，但是他可以做到。到目前为止，雨果还是一个想得到关注的小孩子。

我让欧尼告诉我们，逃音乐课是什么感受，他回答说："很自由，很开心。"兰迪说道："感觉很厉害，我差点和欧尼一起逃课了，但最后还是没去。一听说有些孩子逃数学课，自己就也想试一试。"

"孩子们逃课的目的是什么呢？""证明没人能强迫自己待在学校。"

大家又讨论了男生为什么不喜欢音乐。"男生的声音很滑稽，而且不喜欢在全班同学面前唱歌。"兰迪补充说，"我们认为这种行为太女生气了。"我们又谈论了男性歌手和男性厨师往往比女性同行更优秀。雨果说自己特别喜欢烘焙。

评语：该案例再次证明了在挖掘孩子们的行为动机时，老师可以采用心理学知识来引导孩子去分析、探索行为背后的目的，同时也证明了孩子们能够很容易抓住问题的关键。通过讨论的方式，让孩子们剖析自己的行为，并从中受益。

兰迪想起了一件事，说道：“我告诉你们，我昨晚差点离家出走了，但是我没有。”兰迪说自己一直想要一辆摩托车，但是要花100美元首付，而且他妈妈一直不同意。昨天他突然发现，自己还没到骑摩托车的法定年龄，一气之下就走出了家门，在外面走了好几圈，但最后还是在9点时回家了。我问兰迪，他是不是在以成年人的方式解决问题，兰迪认为自己是。

评语：可能是讨论起到了作用，兰迪能够控制好自己的情绪了。当兰迪在外面四处走动时，他可能会产生报复社会的想法，但是最终还是改变了想法。

我告诉孩子们第二天是我们的最后一次会议，“这么快就结束了！”孩子们齐声说道，兰迪建议我们再讨论一周，“明年再继续我们的讨论。我喜欢我们讨论的内容。”

“如果我们讨论你的事情的话，你不介意吗？”“不介意。”兰迪回答说：“可能我想得到关注吧，当你谈到‘让我们聊聊兰迪的事情吧’，我特别开心。”

第六次会议——第二天。罗伊仍旧没来。我让孩子们告诉哈利昨天讨论的内容。欧尼说检查了任务的完成情况，哈利说自己没完成。

兰迪告诉哈利，我们谈论了关于成年人和孩子的话题，雨果补充说：“我们讨论了更多关于我的事情。”

我问雨果是否记得我们给他的建议，雨果说自己表现得非常好，第一次在英语课上表现真实的自己。我让哈利告诉我们他的任务完成如何。哈利讲了自己音乐课逃课，并详细地讲述了相关细节。被停课后，哈利去告诉英语课的××老师，自己被停课了，所以不能上英语课了。××老师说：“这很好。”——至少哈利自己是这么理解老师的话的。看起来这让哈利很受伤，他对英语老师很生气，觉得是她让自己没能完成任务。他最后说：“现在她必须先跟我说话。”

我问孩子们人们为什么会说这种话，兰迪回答道：“把过错归咎于别人。”哈利说：“是为了展示自己的能力。”但他不想再继续讨论。

评语：这里对学生心理的讨论达到了高潮，我们能够发现在讨论过程中，老师针对孩子的特定行为，及时地提出问题，询问孩子的行为动机，这对孩子产生了重要的影响，起到了积极的作用。

在兰迪和哈利的最后对话中，可以看出两个人的相互影响。兰迪在上一次讨论中，就从心理学角度展现出自己的敏感；群体会议初期，哈利是主导性作用，虽然现在没有完全放弃主导，但他多多少少意识到自己有点落后，于是不再努力积极参与讨论，哈利对兰迪让步了。老师显然没有发现哈利的变化。如果她发现了的话，她会采取行动让哈利再次融入讨论。

兰迪坐在一个转椅上，他一动椅子就会吱吱响。我说："天，这个椅子真吵。"兰迪立刻站了起来，把椅子放回了原来的位置，然后静静地坐在了课桌后面的椅子上。我问孩子们："你们发现小组里有谁表现得更成熟了吗？可能在两周之前他不会有这样的表现呢！"

欧尼说："兰迪放弃了他自己想要的东西。""那他放弃会给谁带来好处呢？""给大家！"孩子们回答道。这时雨果又将那把转椅推回来，坐在了上面。于是我们继续讨论当做了影响别人的事情时，如果不会一下子被责备，这样的感觉多美好。然后雨果默默地把转椅放回去，静静地坐在了原来的椅子上。

评语：老师完全赢得了全体成员，孩子们不仅参与讨论，也感受到了被理解，同时希望理解他人。当有孩子支持老师时，其他孩子没有与这个孩子敌对，而是自觉地效仿。孩子们之间没有公开的竞争（兰迪和哈利之间有一点儿微妙的竞争关系，很可惜老师没有发现），小组成员相互合作、渴望学习、渴望成长。老师用自己的敏锐和技能引导学生们讨论。

欧尼说："我不明白为什么逃课会让人感觉自己很强大。"和昨天一样，我们继续讨论这个话题，我们补充说，可能这种行为是为了得到别人的关注，或者是报复。哈利没怎么说话。

评语：老师的记录表明，她敏感地察觉到哈利对这个话题的退缩，但显然老师没有意识到哈利退缩的原因。

我问孩子们除了真的离家出走，有没有其他的逃离方式。欧尼说："可以在脑子里逃避。"其他孩子则提出，可以责备别人；或者像雨果一样，面对不喜欢的内容时，就转移话题。

最后，经过讨论，我们约定再召开一次会议。我问孩子们是否想继续完成上次的任务，孩子们同意了，但哈利说道：“我会完成我的任务，但是我只会稍微试一下，不会投入太多努力哦。”哈利今天难以融入讨论中，但雨果今天的接受能力很强。

第七次会议—— 一周后。首先，大家一起检查了一下每个人的任务完成情况，讨论了在班里如何表现出自己的成熟。孩子们都回答，自己没受到老师的批评。雨果说：“我寻求了老师的帮助，而且没有打扰其他人。”

因为这是我们最后一次会议，我问孩子们在讨论结束前，大家还有没有什么问题。哈利说：“我有一个关于自己的问题，你们说我想向别人证明我很强大，我不明白这一点。”我问其他的孩子，可能会有什么原因让我们认为哈利想要证明自己的强大。孩子们立刻回答说：“哈利是家里的老大，喜欢自由自在，喜欢打架和争吵。”哈利说：“好吧，好吧，我会考虑一下的。”我们都认为这是个好主意。

雨果想要讨论毒品，问道：“我想知道你们对这个是怎么想的。警察总是询问人们，你有没有吸大麻，这是为什么呢？”哈利回答说：“警察逮住我的时候，问‘你有没有抽大麻？’我对大麻完全不懂。”我告诉孩子们我了解的一些关于大麻的知识以及大麻对人产生的影响。我们还谈论了各种媒体上关于大麻的信息。

兰迪问道："为什么一些人从不说脏话，而有些人经常说脏话呢？"哈利认为就像抽大麻一样，一旦开始，就很难改掉。

评语：当兰迪有不知道的事情时，哈利立刻发表看法，这是不是很有意思呢？哈利在证明自己比兰迪优越。作为讨论的引导者，如果能够敏锐地抓住这样的时刻进行引导，那么就不仅会给当事人，也会给小组所有成员带来印象十分深刻的经历。无论是人数较少的群体讨论，还是整个班级的讨论，最需要培训的技巧，就是讨论时对群体成员的敏锐觉察。

毒品和说脏话的问题让孩子们再次讨论到行为目的。孩子们认为，如果自己有能力做好某件事或修好某件东西，就不需要说脏话。于是我们又讨论了修自行车能让我们自我感觉良好，认为自己很厉害。

兰迪想知道购买外国品牌的摩托车是不是为了吸引别人的注意力。大家又讨论了为什么人们喜欢买汽车、摩托车、奇装异服等，最后我们得出结论，如果只对一个人的一个方面有些了解，这一点并不能代表完全了解这个人。

评语：最后的结论至关重要。老师让孩子们了解到了一些心理动力学方面的知识，但又控制住了自己不涉及太多孩子们不知道的内容。另外一点对孩子们起到保护作用的——对学习心理学知识的老师和家长也是——是意识到随意地、直接地使用心理学术语的危险，尤其在讨论普通社会生活时。没有受过培训的人员对讨论或培训进行引导时，这样的心理学解释会产生负面影响。

此时，我们的群体讨论全部结束。孩子们都很开心、很友好。哈利建议大家一起吃冰淇淋或以其他特别的方式来结束我们的“秘密俱乐部”，哈利又问我：“明年还会继续吗？我希望下次开会时能带内德来。”(内德是一个活跃的孩子，是哈利班上的同学。)我问哈利为什么，哈利回答说：“我认为内德也需要参加我们的会议，他有时也故意表现得像个老大。”(哈利是不是认为如果改变了自己的行为，其他人就会取代他成为这个群体的领导呢？)

评语：该老师的看法是正确的，哈利从内德身上发现了他自己也存在的问题，哈利现在明白了，在这次会议开始时他提出的关于自己想要表现强大的问题，大家的说法是对的。

在本学期的最后一天，哈利、兰迪和欧尼来找我，祝我假期愉快。兰迪说："明年如果我再有离家出走的念头，我会先来找你。"哈利又说道："我仍然认为，我不是一直都想做老大。"说完咧嘴大笑起来。

评语：该老师在七次讨论中取得了卓越的成效。最后，孩子们开始向老师吐露心声。根据这七次讨论，老师得出了以下结论：

1. 这些讨论满足了孩子的需求，即，讨论他们自己的事情和问题。

2. 尽管大家认为这些孩子在学习方面很慢，对学习不感兴趣，但在讨论中孩子们很快就了解了行为背后的心理动力机制，并显得对讨论的内容很有兴趣。

3. 尽管辅导老师也是孩子的任课老师，但孩子愿意畅所欲言、坦陈想法。

4. 如果这样的讨论开始得更早，孩子从中受益会更多，更容易下定决心改变自己的行为。如果讨论可以持续更长时间，孩子们会接受更多具体帮助。

5. 罗伊的问题出现时间不短，看起来他是唯一一个没成为讨论话题，也没从中受到影响的孩子。（第二学年10月份，老师又在这里做了注释：今年罗伊是我班上的学生，他在每个科目中都表现很好，并能够帮助班上新来的男生们。）

6. 群体讨论之前和之后，我与这些孩子家人的联系，可能起到了辅助作用。

评语：该老师的评论是正确的。在普通课堂的讨论中也可以使用心理动力机制的知识，因为实验证明该方法在普通课堂同样有效。

有人会反对鼓励老师使用心理学知识指导孩子，因为如果老师没有接受充分培训，不能将心理学知识应用到此类行为矫正的讨论中，就会对孩子产生负面影响。产生这种疑问的根源在于：如果老师没有得到十分充分的培训，相比完全不懂的老师，只懂得心理学知识皮毛的老师会产生更坏的影响。如果老师接受并不充分的心理学教育方法培训，真的会比完全不懂的老师对孩子产生的影响更坏吗？我们能不能想象一下，这类心理学讨论，即使可能有不正确的引导和方法，是不是比充斥着斥责、威吓和说教的课堂讨论有更坏的影响？掌握一些心理学知识，总比一点儿都不了解要好。

当然，对这样的心理学方式感兴趣的老师要有一些保护措施。只要老师在教学中考虑到常识、引导孩子自由发言、在使用心理学知识引导讨论时，关注的是目的而不是原因，那么这样的课堂就是安全的。可能有些老师的心理学解释并不完全合适，但不会对孩子产生过多的负面影响。利用心理学知识会产生更多的有利影响，比如鼓舞孩子的士气，让孩子产生集体感，感受到被尊重，保证其有发言权，有利影响远远超过负面影响。

因此，我们鼓励即使是普通老师，也可以把心理学知识引入到群体讨论中。虽然充足的培训和长时间的经验积累能够让这样的讨论达到专业水平，但这个高标准没有必要。比如案例中的老师犯了很多错误，受过充分专业培训的辅导员则可以避免此类错误，但无论如何，该老师取得了显著的成绩，在很大程度上帮助了孩子。

➢案例54

下面是青春期群体讨论的案例，四个女生、六个男生，这个讨论是给正在接受培训的心理辅导员的示范。

引导老师：大家感觉怎么样？

（这类问题通常用于热身暖场）

男生：我很喜欢参加群体讨论，就是有点儿紧张。

（之后大家讨论了为什么来参加集体讨论）

另一个男生：因为我们都是普通的青春期少年。

引导老师：那些人在这里做什么呢？

男生：他们是观察者。

引导老师：那些人的工作和青春期孩子有关，你们觉得他们认不认识像你们这样的普通少年呢？

男生：应该会了解。

引导老师：女生们还没说话呢，你们是怎么想的？

女生：我们在这里要做一个示范。

引导老师：示范什么？

女生：你。（大家笑起来）

引导老师：你们想示范我的什么呢？

女生：你引导群体讨论的技巧。

引导老师：的确是这样，这是我们在这里的原因，你们愿意帮我吗？

（大家异口同声地说“愿意”）

引导老师：你们想在小组讨论中提出什么问题？

女生：课外活动的话题怎么样？（即extracurricular activities，通常指体育活动、社会活动和慈善活动。——译者注）

引导老师：课外活动有什么问题？

女生：我们没有时间进行课外活动，学习成绩对我们来说很重要，我们要保持成绩不落后。我们也想参加课外活动，获得社会经历和经验。一些人参加了课外活动，但却没时间完成作业。

引导老师：那你们有什么建议可以改变现状吗？

女生：缩短上课的时间。（响起笑声）

引导老师：其他人是怎么看待这个问题的，你们也受到同样的困扰吗？

男生：也许每个人都会遇到同样的问题，但是女生受到的影响更大，因为与男生相比，女生参加更多这样的活动。男生一般只是参加体育活动，我们对学校生活的想法和女生不太一样，她们参加这一类的活动更多。

引导老师：那你们想不想有更多时间做运动、开车什么的？

男生：我不会让我的生活只有玩乐享受，所以现在我最好还是把时间花在学习上，以后年龄更大了，就能从中受益。

引导老师：（叫了另外一个男生名字）我认为对于参加体育活动导致学习时间不足这种现象，你是有同感的。

另外一个男生：我并不十分认同这种观点，我认为可以更加平衡的。

引导老师：更加平衡——通过什么方式？

男生：学校应该调整时间，这样就有时间参加其他活动了。

引导老师：你们认为很多年轻人也这样想吗？（大家赞同）

女生：老师在课堂上留作业，然后学生整个晚上都在写作业，我认识一个女生，她为了完成作业半夜才睡，而且写作业是她放学后唯一做的事情。我认为学生在课堂上应该有更多时间写作业，这样也能及时发现自己所犯的错误。

引导老师：多数学生都这样想吗？

女生：是的。

引导老师：你们有学生会吗？

男生们：有。

引导老师：你们让学生会跟学校提出过这个问题吗？

男生：我想，大家都认为跟学生会提了也没有用吧，所以就没有提过。

引导老师：为什么不提呢？

女生：学生会不会做这种事。

引导老师：为什么不会呢？

女生：学生会能做成一些事情，但是要想让学校做出这样的改变，则不太可能。

引导老师：为什么不可能，如果这是学生们都想要的？

女生：因为虽然是学生想要的，但未必意味着这对学生好。

男生：对。

引导老师：如果能缩短上课时间，这是好事吗？

女生：多数情况下，我们是作业太多了。

引导老师：学生们喜欢写作业吗？

（多数人喊道“不”）

引导老师：你们认为留作业有好处吗？

女生：我认为还是应该减少作业量，因为我们在课堂上没法完成所有作业，如果少一些作业，有部分作业可以在课堂上完成，剩下的在家里完成，就能有时间参加课外活动了。

引导老师：其他人怎么看待作业的，你们赞同这个想法吗？

男生：我不赞同减少作业量。我们现在是学生，作业是必不可少的，因为我们要做的事情是学习，取得好成绩，学很多知识。通过写作业，我们能学到很多知识。

引导老师：你为什么要取得好成绩呢？

男生：我想上大学。

引导老师：你为什么想上大学呢？

男生：考上大学就能找到好工作。

引导老师：这里有人是因为兴趣而学习吗？不是为了取得好成绩，有吗？

男生：某个具体科目吗？

引导老师：你们有没有哪个具体科目，你很努力学习这个科目，而不是为了取得高分？

女生：有。

引导老师：哪一科？

女生：数学，我喜欢计算代数公式。

引导老师：那你呢？（问另外一个女生）

另一个女生：我真的什么都想不到。

引导老师：你呢？（其他学生给出不同回答——英语、西班牙语、数学、生物、制图。）

男生：我一点儿都不喜欢学习。（大家笑了起来）我能找到更好的事情做。

引导老师：你们有什么想法吗？学习是为了取得好成绩，进入大学学习，然后生活更好，这样的动机真的正确吗？这是我们进入学校接受教育的原因吗？

女生：我认为我们接受教育是为了学会如何思考。

引导老师：如何思考——你认为自己学习如何思考了吗？

女生：我希望自己学习了。

引导老师：你们以前有没有讨论过学习成绩、为什么学习等话题？

女生：我和朋友讨论过。

引导老师：让我们换一个话题，你们为什么喜欢刚才说的那些具体科目？

男生：因为它们让我们感兴趣。

引导老师：为什么呢？我很想知道。

男生：你问倒我了，我也想知道。

引导老师：（问另外一个男生）你对数学和英语感兴趣，为什么呢？

男生：因为这两门我学得比较好，而且也比较好玩。（有些孩子回答说，喜欢某个科目常常是因为自己能够轻松掌握它，这个科目容易理解，而他们讨厌某个科目往往是因为感觉它很枯燥，总是重复同样的内容。）

引导老师：（对观察者说）针对学生们擅长、喜欢某个科目的现象，我有自己的想法，（对观察者说）你们猜是什么？

观察者们：孩子们喜欢任课的老师。

女生：有这方面因素，但不一定。

引导老师：学生们为什么会喜欢任课老师？

观众：因为学生们很擅长这个科目。

引导老师：是这样的。当学生喜欢一个科目时，尤其是其他的都不喜欢，只喜欢这一个科目时，他们通常会形成过度雄心，只学自己擅长的科目。刚才有人提到了这点。你们喜欢那个科目是因为自己很擅长。如果不擅长，你就不感兴趣了。你们擅长自己喜欢的所有科目吗？

男生：不是特别擅长，但是我其他科目成绩也都很差。（笑声）

引导老师：在这科上，你的成绩是不是特别优秀呢？

男生：上次数学考试，我取得了优异的成绩。(学生们都承认自己非常擅长喜欢的科目，虽然并不是次次都能取得好成绩。一个女生有不同的观点，她只喜欢自己擅长的科目，但是她会喜欢任课老师而并不喜欢某个科目。)

引导老师：你喜欢西班牙语老师，但因为你西班牙语不好，你不喜欢西班牙语课。

女生：我猜是这样。(几个孩子讨论到了成绩不好的问题)

引导老师：你们为什么成绩不好呢？你们有没有取得高分的能力呢？

男生：没尽全力吧。

引导老师：这么说的意思是？

男生：没尽全力去学习，把作业拖到第二天，最后还是没完成。开始没做完，然后也没有跟上弥补，就成这样了，成绩不好。

另一个女生：你总是拖延。

引导老师：那你为什么不写作业呢？

男生：因为我有很多事情要做。(笑声)

引导老师：你对什么更感兴趣？

男生：除了写作业之外的所有事情。

引导老师：你为什么更喜欢做别的事情，而不是喜欢写作业呢？

女生：别的事情更有趣。

引导老师：为什么即使得不到好处，许多孩子仍选择做有趣的事情呢？

女生：做有趣的事不用费力，而作业是任务，必须要完成。

引导老师：你不喜欢自己必须做的事情，因为很无趣，然后就放弃了。很多人认为生命中最重要的事情，就是开心。

男生：有时你必须去工作赚钱。

引导老师：赚钱又是为什么呢？

男生：那样就有能力开心了。（笑声）

引导老师：许多年轻人因为感到无聊就不去做自己应该做的事情，并认为自己有权利只选择自己喜欢的事情，也就是开心的事情。而那些只为了开心的人，通常大部分时间却很无聊。你们呢？（学生们都同意自己经常感到很无聊）

男生：我几乎没有无聊的时候，因为我通常会寻找开心的事情。

引导老师：学生们不想学习，没有用尽全力，还有其他的原因吗？

女生：压力。人们总是说你必须好好学习，必须取得好成绩。

引导老师：压力的影响是什么？

女生：大多数情况下反而不努力学习。

引导老师：很多孩子认为完成作业和努力学习，是对大人的让步和妥协，所以不写作业不学习。谁又会愿意对别人妥协

呢？（一个女生出现认可反射。）那么，现在你们中有谁是在这样的状态里——我才不会让步呢！（所有人都笑了）

引导老师：（面对观察者）老师必须和孩子们一起，清楚了解他们的私人逻辑，弄清楚孩子们不完成作业的原因。

女生：有时候，你要照顾弟弟妹妹，要做家务，当做完这些事情后，感觉好疲惫，就没有精力去学习了，也无法全神贯注地思考。

引导老师：你们是怎么看的呢？

观察者：可能她很生气，产生了报复心理。

引导老师：是的，做家务让她特别生气，所以就用不学习的办法去报复父母。你父母是怎么反应的？

女生：当我成绩下降时，我父母很不开心。

引导老师：所以当你父母让你做很多家务时，你就让自己成绩下降来报复他们？

女生：我必须要控制自己。

引导老师：大家总是谈论控制，但因为我们总是只做自己想做的事情，就无法真的控制自己。你想做一个好女生，所以很难承认自己要报复父母，于是你就把不想学习归咎为缺乏自我控制。

女生：我曾经就是这个感觉。

引导老师：现在也还是。

女生：不像以前那么多了。(笑声)

引导老师：刚才这位的学生没有意识到自己的问题，我们应该帮助她了解自己的行为，做出改变。她并不喜欢自己不想写作业这件事，她觉得自己应该控制这个想法，但没有意识到自己的做法，其实是为了惩罚父母。

女生：我认识一个女生，成绩一直很好，但和父母的关系不太好，后来这个女生的成绩突然下降，是不是也因为自己的报复心理呢？

引导老师：其实这种现象很普遍，孩子们心存报复心理，只是自己没有意识到。我们刚才的小小讨论能不能帮助你们中的一些人改变原有的想法呢，因为现在你对自己更有意识了？还有没有别的原因而不学习吗？

女生：当作业本发回来后，我看到作业本上的错误时，非常灰心丧气，以至于之后好久我都不想写作业。反正写不对，还不如不写。

引导老师：我们正好遗漏了这一点。孩子们不努力学习也可能是因为气馁，即使自己做了，也不能做好，所以就认为学习没有意义。(几个孩子坦诚地说，自己的确有过这种想法。)

男生：很多时候我感觉很累，所以就会拖拉。

引导老师：你说自己经常很累，如果在你很累的时候，有人打电话给你，建议一起去做有趣的事情，你会怎么办？

男生：那我可能就不累了。（笑声）

引导老师：（面向观察者）现在大家了解了这些孩子不想学习背后的动机，如果孩子不想学习，不想付出努力，那么他们就不能全面发挥潜能。

引导老师：（面向学生）你们都可以取得更好的成绩，你们都是不得不学习，为了考上大学，为了赚钱，没有人享受学习。只有享受学习，才能从学习中受益。但通常情况下，孩子们对自由和独立有着错误的理解。孩子们有权利去做自己喜欢的事情，但在必须做自己不喜欢的事情时，就转向别处，这反过来让学习更加困难。你们知道吗？如果你们不再排斥学习，学习也会变得更有意思。让自己不喜欢的事情变难，只会让自己更受煎熬。如果你们不再想学习能带给你什么好处，而只是积极面对学习本身，就不会反感学习了。你们对此怎么想呢？

男生：我想我们应该对作业给我们带来什么，有更多一些理解。

引导老师：作业给你带来什么呢？

男生：我们必须考虑自己的未来，要有一个目标。

引导老师：我能问你一个问题吗？当你强迫自己写作业时，你从中学到很多知识了吗？

男生：那么如果我不做作业，又能得到什么呢？

引导老师：不会比强迫完成得到的少。大家对作业都存在一种错误的认识，认为如果我们强迫别人或者自己完成作业，就会从中学到知识，所以才写作业。但这时是带着内心的不情愿，所以最后还是不能学到什么。那么，什么人能从作业中受益呢？

女生：喜欢学习、愿意去完成作业的人。

男生：(喃喃自语)没有这样的人。

引导老师：如果你真的喜欢一个科目，你就会喜欢这个科目的作业。

男生：确实有这样的科目，但是我们谈论的是所有科目。我认为没有人愿意安心坐下来写作业。

引导老师：你们都提到一点，不想做自己讨厌的事情，但是又得勉强自己去做，即使做了，内心也充满挣扎，不情愿地完成。

引导老师：我想问问大家对于我们的讨论有什么感受？

女生：我认为我们的讨论很有趣，我学到了很多东西。这个讨论能够帮助我，今晚我就会写作业。(笑声)

另一名女生：每个人都应该有机会参与这样的讨论。

还有一名女生：我也学到了很多东西。我不喜欢写作业，我知道其他人也不喜欢，但是我原来不知道不喜欢写作业有这么多原因。

男生：我知道自己做错了一些事情，但没有意识到原来自己是可以改正这些错误的。

引导老师：（问一个男生）对于我们的讨论，你有什么想法吗？

男生：我们的讨论很有意义，我认为其他的孩子也应该参与这样的讨论，那样这个世界就会有更多聪明智慧的孩子了。

引导老师：你们认为应该在学校举行这类讨论吗？

孩子们：应该。

男生：我认为很有好处。

引导老师：谁来主持讨论呢，老师还是心理辅导员？（大家有不同的观点，有人认为应该是心理辅导员，有人认为是老师，因为老师更了解学生。谁更了解学生，谁就来主持。）

引导老师：大家如果有问题，请积极提出，如果没有问题，我们的讨论到此为止，谢谢大家。

评语：上述案例不是典型的群体讨论，因为它作为一个示范，涉及的主题非常广泛，而不像实际课堂上的单次讨论或由辅导员进行的单次讨论那样涉及主题更少。实际讨论中，可以更深入地分析每一个问题，包括其中心理学角度的因素。实际讨论中，群体成员的讨论也会更多，上述案例中老师向观察者和学生进行学习目的的讲述则会更少。

作为普遍规则，老师会问学生对本次讨论的想法及从这次讨论中学到了什么，另外在第二次讨论时，会提问回顾上一次讨论的内容。这样的讨论是学习过程的一部分，能够让孩子更了解自己、了解别人、了解生活。讨论结束后，通常要对讨论要点进行总结，以便加深学生们对讨论的印象和理解，以及下次讨论时回顾。

许多此类案例都展示了引导式提问的教学技巧，古希腊哲学家苏格拉底就是通过这样的提问方式影响了人类。

GROUP SITUATIONS 第十章 集体情况

老师不仅要面对每一个孩子的挑战，还常常面对作为一个群体的所有孩子的挑战。所以，老师必须了解孩子之间的互动方式，采取更有效的方法去影响孩子之间的互动行为。即使没有掌握错综复杂的社会关系专业理论知识，老师也可以敏锐地察觉到孩子们之间紧张的人际关系和集体状况。掌握人际关系的知识、了解个人的心理动机，能帮助老师理解所有孩子的言行举止，即集体情况。

所有优秀的集体引导者，包括老师，都必须具有一项能力，即开阔观察的能力，随时察觉到群体中正在发生的每件事情。人们已经意识到开阔观察在快速阅读中的重要性，一个人接受训练后一眼看到的信息越多，他的阅读速度就越快，理解得也越好。同样，老师的开阔观察能力越强，观察到的信息越多，他就能将集体情况处理得越好越有效。因此，老师需要掌握一眼就能尽览全局的能力。每个老师的视野能力都不同，这决定了老师能够管理班级的人数也不同。在任何情况下，老师都不应因为处理一个学生的问题，而忽视了整个班级。通过集体指导方法的培训，老师能够在集体中解决孩子们的问题，而不是单独某个孩子的问题。

一个简单的例子就是老师让吵闹的学生安静下来的能力，如果老师向学生大喊，只会在原本就很嘈杂的噪音上再增加自己的高音。但是，如果老师降低自己的声音，或者说一两句话吸引学生的注意力，那么学生之间会相互影响，最后达到课堂的安静。自然结果通常指的是采取行动，而不是口头责备或训斥。实际上，老师只有少说多做，才能对学生产生影响。说教和责备不仅不起作用，而且对学生不尊重，会给学生和课堂带来伤害。可以通过非话语的方式维持班级规则，比如在学期刚开始，老师可以建立一个规则，只要举起手来，所有人就停止说话，安静下来。

我们建议，老师不要忽视学生的任何干扰行为，即使在教室最偏僻的角落，一个学生的干扰行为也会成为传播焦点，传递焦躁不安的情绪，传递缺少兴趣的感受，影响整个课堂的氛围。通常，老师不知道如何处理学生的干扰行为，或者为了避免进一步冲突，会倾向于忽视学生的干扰行为。如果老师能够利用群体压力，帮助不安分的学生重新回归班级群体，就能让这些干扰班级活动的行为，如注意力不集中、大声吵闹和其他违反课堂纪律的行为停止下来。

学生们常常出现打架行为，以下实例是关于这样的情况以及老师解决冲突的相应方法。

➢案例55

罗纳德七岁，在家中排行老二。有一天罗纳德跑过来对我抱怨说，莫娜和蒂姆不让他先拿外套。我问他，他真的介意比别人早拿到外套半分钟吗？正如我所料，罗纳德很介意。

我把莫娜和蒂姆也叫了过来，告诉他们三个人坐在一起，讨论一下该如何解决这个问题。

孩子们讨论之后回来找我，罗纳德告诉我，他们决定轮流取外套，第一周他先取，之后是莫娜和蒂姆。

评语：老师重视了罗纳德在家中排行第二这条重要信息，因此采取了正确的方法。罗纳德是家里的第二个孩子，这解释了他讨厌别人排在他前面的原因。同时，老师采取了有效的方法，让孩子们自己想办法解决争议。老师没有插手他们的纠纷，也没有帮助他们解决问题，老师的做法是值得称赞的。

上述案例中，孩子们的解决方案有一点不尽如人意的地方，是他们没有消除争做第一的欲望。如果另外两个孩子没有向罗纳德妥协，不让他在第一周先拿外套，罗纳德是不会让步的。况且第二周会发生什么事情，还是一个未知数。

老师的第一反应，询问罗纳德是不是很介意第一个拿外套，近乎十分正确。老师可以召开几次班级会议，和学生们共同讨论“争当第一”的话题，这样就能有效消除孩子们的这类冲突，这会比孩子们临时讨论的解决方案更加有效。

➢案例56

哈尔进教室后，把外套挂了起来，之后拿着铅笔和一张纸走向自己的座位。卢进来以后，把哈尔的外套挂在了另外一个挂钩上，然后拿着自己的铅笔和纸走向座位。哈尔走过来告诉我卢的所作所为，就在这时，卢跑过来对我说，他没有挪动哈尔的外套。我有点起疑，卢这么快跑过来解释，哈尔还没跟我说完呢，——卢怎么知道哈尔在说他？我让两个男孩跟我去衣帽间，让他们穿上自己的外套，去楼下解决问题，告诉他们如果两个人能挂好自己的外套，想在教室里学习时，就可以回来了。后来他们两个回来了，挂好外套后，安静地回到自己的座位，开始学习。

评语：上述案例具有显著的意义。老师显然知道哪个孩子犯错误了，但老师没有做出任何评论。有人会质疑该老师的处理方法，认为老师有义务惩罚犯错的孩子。如果真的是这个道理，老师怎么惩罚卢？告诉卢他的行为是错误的，这显然没用——卢知道自己的行为不对。老师的说教也不可能阻止卢再做此类事情。因此，老师必须采取更有效的方法——看起来老师找到了正确的处理方法。

反对者可能会认为，老师在“惩罚”犯错误的孩子同时也惩罚了无辜的孩子，哈尔没有做错事，为什么要和卢一同出去？这个点是基础理念，必须得到澄清，我们不是在做道德判断孰对孰错，而是在处理这件事中的人际关系。在上述情况下，卢确实做得不对，哈尔是无辜的，但老师不知道哈尔之前有没有做过什么事情招惹了卢。即使哈尔没有招惹过卢，老师因此惩罚卢，这也不会改善两个孩子之间的关系。因此，老师没有插手去解决孩子们的矛盾，而是让孩子们自己去解决，进而改善了两个男孩的关系。老师意识到两个孩子的人际关系是问题所在，采取了正确的解决方法。

➢ **案例**57

内德和山姆都是八岁，是我的特殊班级的学生。山姆在打字，内德也想要打字，一直在骚扰山姆。内德常常用又闹又哭的方式得到自己想要的。可是内德越说越闹，山姆就越不想让给内德。我告诉他们，山姆想使用打字机多久就可以使用多久，轮到该内德使用时就会停止。同样，轮到内德时，他也可以想用多久就用多久。但是内德还是决定用哭闹来表达，他一边哭一边不时用眼睛余光看我。开始我没有理他，后来我说道："内德，我看得出你用了很大力气把眼泪哭出来，但你知道不管你哭还是不哭，对你打字都没有什么影响，那么为什么你不做件让自己感兴趣的事情呢？"让我惊讶的是，内德真的不哭了，开始做别的事情。内德对打字机不再有兴趣了，山姆则站起来说："轮到你了，内德。"

评语：老师很明智，没有承担法官的角色去判定让谁用不让谁用。老师成功地置身于孩子的冲突之外，但是老师对内德的哭闹仍然给予了过多关注。该案例被选用，是因为它证明了一个孩子的行为对其他孩子的影响。

➤案例58

有一天，我的办公室外发生了一起打架事件，两个当事人都不知道我正通过窗户观察他们。刚开始，他们只是大声争吵，接下来是相互推搡，然后其中一个孩子摘掉眼镜，另一个孩子把自己的书让别人拿着。这时候，我知道必须采取点行动了，我来到两个孩子身边，对他们说："小伙子们，真遗憾，我认为你们只会用打架解决问题，你们不知道还有什么其他方法解决争议。"一个男生抬头看看我，咧嘴笑了，但另外一个男生仍然瞪着眼睛，看起来特别不开心。我对这个男生说，"一定有人经常欺负你吧？"男孩惊讶地看着我，问道："你为什么这么说？"我说你看起来很愤怒，"一定有人对你做了十分过分的事，不然你不会看起来这么生气的。"这个男生笑了，"没呢，其实没人欺负我。"然后两个孩子问我能不能回去上课，我说："当然。"两个人都走向了教室。

该老师对上述情景进行了评论。

如果是以前，我很可能会过早介入到孩子的争议之中，我可能会和多数人一样采取下面常见的方式。

我可能会气愤地命令孩子们："赶紧停下来！"接下来可能再问他们的名字，问他们下节课要去上什么课，之后可能会问他们为什么争吵打架。如果我这样做，两个孩子可能会更大声地争吵，都向我证明自己的清白，错在另一方。之后，我可能会提高自己的声音以盖过他们争吵的声音，对他们大喊，让他们轮流解释。我必须要去判定两个孩子的行为，决定谁先解释，决定该责备哪个孩子。最后总结性地对孩子进行说教，向两个孩子重申打架的坏处。我也可能会把两个孩子送到校长办公室，然后他们会被校长批评，最后校长会让两个孩子像格斗者一样握手言和，再要求他们以后要表现得像绅士一样。如果我采取了上述的做法，孩子们可能会迟到20分钟，最后不得不向任课老师解释迟到的原因。

评语：老师轻松地平息了孩子们的争吵，完全没有引起他们的不安和摩擦。老师不仅制止了争吵，还取得了显著的效果。老师对孩子表示同情，而不是说教式的谴责，因此基本上消除了引起孩子争吵的深层动机。老师的做法不是压制孩子心中的怒火，而是缓解熄灭了怒火。当孩子通过打架的方式来解决争议时，老师的做法远比批评和说教起到的作用更大。在与学生进行沟通时，如果老师以朋友的身份和学生交流，会取得同样的效果。

➢案例59

下面这位老师邀请三、四年级学生定期写下喜欢老师什么、不喜欢老师什么，以下是学生的回答。大多数情况下，孩子们会抱怨他们不能改变的事情，比如讨厌某个日常惯例等。即使改变这些惯例的可能性很小，但孩子们有机会坦陈自己的抱怨和想法，从长期影响来看，这也能帮助他们消除心中的不满。

老师组织课堂测验；老师让我们读“绿皮书”；老师占用我们的“自由时间”；当男孩举手回答问题时，老师总叫女孩回答；老师因为两个人的过错惩罚全班；老师让我们写诗；我们借的书有配套的练习册，老师不让我们在练习册上写字；老师在下午上课时没有涂口红，但在上午涂了；老师让我们安静地坐下来，大声朗读，或学习词汇；老师生病了，我们有了新的代课老师；上作文课；我必须阅读《斯科蒂和他的朋友》；我不喜欢写字；我不喜欢在教室里待两个小时；让其他班级学生（四年级学生）做事，但不让我们做同样的事。

评语：从这些抱怨的性质可以看出这位老师和她的学生之间的关系。没有任何真正含有敌意的抱怨。有些抱怨流露出不公平——至少觉得自己有些被忽视，（让女孩回答问题；让别的班级做事；下午时不涂口红。）但是多数抱怨是关于学校活动和作业的，没有对老师的抱怨。由此我们可以推测，这位老师很可能就孩子提出的每一个问题都进行了班级讨论。

孩子写的“喜欢老师的”的清单更长，这些具体实例很清楚地体现了老师在班级营造的友好气氛生根开花了。

老师给我们充足时间完成作业；老师帮助每一个人，而不是只帮助一个人；老师和全班一起讨论课堂上所学的内容；老师给我们讲名人的故事；老师允许我们把书带回家；老师不要求我们把整本书都读完；如果老师认为我们已经尽全力了，她会给我们高分；老师给我们读《游戏伙伴》(*The Play Mate*)中“开心一笑”的部分，给我们讲笑话，出谜语；老师在学校和其他班展示我们的作业；老师教我们做手工，制作书签，带回家作为礼物送给父母；老师给我们看不同的东西，还让我们相互传看；老师让我们做有趣的事情；让我们在休息时间相互交换邮票；让我们创作自己的诗歌；老师在黑板上写下笔友的姓名和地址，让我们能够和笔友联系；老师把我们的诗贴在黑板上，让我们根据诗的内容画画；老师几乎让我们去做所有自己喜欢的事情——我们有兴趣的事情；下课前给我们念书，给我们念《杜立德医生》，[*Dr. Doolittle*，赫夫·罗弗庭的作品，主角杜立德医生是一位心地善良，能和各种动物说话的科学家。书中有一系列妙趣横生的冒险故事。——译者注]让我们读《读者周刊》(*The Weekly Reader*)；老师给我们放和学习内容相关的电影；老师同意我们在自由活动期间玩喜欢的游戏；老师同意我们选择自己感兴趣的事物，并给全班做报告；老师让我们玩很大很复杂的拼图，并帮助我们；老师让我们帮她清洁胶水罐和壁橱等；老师让我们帮她检查试卷，尤其是分数“D”的数学试卷；让我们选择自己的座位；让班长自己选择谁来接替，而不是老师选择所有的班干部；老师同意我们用大黑板擦；老师允许用大张的清洁纸擦桌子；老师让我们自己选择课外读物；老师允许我们用她的书；老师允许我们坐在教室后面一周；老师让我们每个月制作一份报纸，带回家给家长看；老师允许我们使用字典；让我们走消防通道楼梯；当我带东西到班里展示时，老师会让大家传看，而不是只给大家看一眼就还给我；给我们短的铅笔，还可以带回家。

评语：上述是孩子们自发写下的部分内容。鼓励孩子们表达愉悦的感受，能让他们对自己更有觉察，也能增强他们的感恩意识。让孩子们公开表达自己的不满，有利于消除怒火；而公开表达自己的愉悦，则有利于增加愉快，分享起到了有利的影响，让孩子们相互关心，产生归属感。所以，在班级讨论孩子们的感受，加强了老师与孩子们之间的联系，营造了和谐的集体氛围。

➢案例60

我教的一个班级课堂纪律很差，非常吵闹，有时候我甚至无法布置作业。这种情况持续了四个星期，我完全绝望了。因此我告诉孩子们必须要采取一些措施，我已经考虑了班里的情况，想出了一个解决办法。当天我们在课堂上花了几分钟讨论还有什么解决方法。我们讨论了很多方法，但后来我决定采用我想好的解决方法——它也确实生效了。

评语：虽然该老师的做法起了作用，但是老师没有针对学生的情况采取合适的方法。第一，为什么要等四个星期才采取行动？当班级纪律不好而且没有转变时，就应该组织班级会议，这样老师就不会陷入绝望的境地了。第二，老师采取的群体讨论方式也没有建设性意义，老师已经想好解决办法了，她仍然和学生一起讨论，最后还是坚持了自己的原定计划。可能老师的方法很好，也见到了效果，但老师通过这个方式没有赢得学生的配合，不能在班级建立民主程序，不能让学生产生集体责任感，进而承担自己的责任。

我的方法如下：我向孩子们保证，如果他们在美术课的前

15分钟安静听讲，让我解释这节课要做什么并分发美术材料，我就允许他们在课堂后25分钟画画时自由交谈。同时我们达成协议，当我需要开讲和讲完时，我只需举起手，他们就会安静。

现在，当我走进教室，只要我举起手来，教室就变得鸦雀无声，孩子们让我讲15分钟，中途不打断我，也不相互说话。而之后的25分钟孩子们自由交谈时，我让他们说，不打扰他们。

评语：我们能够得知该老师的做法为什么有效了。第一，协议表现了相互尊重与理解。第二，通过举手的方式让孩子们安静下来是有效的。如果老师举手后，孩子们也跟着举手来保持安静就更好了，这样反应慢一些的孩子就可以受到其他孩子的影响。这种做法能够激发孩子们的责任感，而不是孩子们只对老师的命令完全服从。

尽管这位老师的解决过程有不足之处，但她显然赢得了孩子们的合作。该案例展现了在教学惯例行为中，老师可以做一些恰当的让步。

➢案例61

以下实例报告来自一位老师－学员，这是在她课堂上发生的情况。这位老师首先描述了挑战问题，然后分析问题的原因，最后提出可能的解决方案。在接下来的培训中，我们讨论了这个方案，该老师根据讨论继续跟进，并再次报告。

问题：在一年级的基础阅读课上，经常出现孩子们打架的情况，既有常见的互不相让的“狗咬狗”，也有一个孩子对另一个孩子的故意挑衅。通常情况下，总有一两个孩子是打架的焦点人物，只是焦点人物随着时间不同而不同。最经常打架的时间是课间休息时，在衣帽间时，还有上卫生间时。我的课堂流动性很大，当一个孩子的阅读速度提高后，他就可以去其他班级学习，然后再进来一个阅读速度较慢的孩子。

分析和诊断：我发现孩子打架有不同的方式，不同情况下，每个孩子的目的也不同。

1. 打着玩。这样的打架只要不发展成激烈冲突，通常不会造成伤害。这种类型经常是为了得到关注，想要成为老师或者朋友的关注中心。孩子们的打架行为是试探，是斗智斗勇。如，在排队时对旁边人的小骚扰，在操场上开玩笑抢走别人的帽子，站在老师旁边时故意做出夸张的动作，假装是场“牛仔打架”。汤米的爸爸一直用这样的方式陪他玩，所以汤米不会其他的游戏方式；而丹尼的妈妈总是跑出来“救”他，所以这两个孩子总是用这样的方式打着玩，但并没有相互伤害，他们是为了吸引别人的注意力。

2. 会有人受伤的打架。这种情况说明有些孩子是真的想要伤害对方，这些孩子存在报复心理，不在乎自己在打斗中会不会受伤。这类孩子打架的主要目的是伤害别人，即使被打败了也觉得光荣，就像戴上了一枚勋章以昭显自己能反抗这个残酷的世界。这类孩子是班级的“外人”，他想要惩罚那些“在班级里面”的孩子。有些孩子的这类行为十分显眼，比如他们会选择比自己强壮、个子高很多的孩子作为对手，这经常发生在同一人身上。比如我的班上现在有个新来的男孩，他就是这种类型的孩子。他叫唐纳德，很不合群，不和别人合作，而且经常和全班作对。唐纳德不遵守班级规则，扰乱课堂秩序，回答问题时大喊大叫。唐纳德会故意对某个孩子挑衅，如果对方不回应，他会更加愤怒。如果受伤了，他会跑出操场，跑回家找妈妈。

3. 为了当老大而不是交朋友的打架。这类孩子想控制朋友的一举一动，对权力无限渴望。利蒂西亚就是这样的孩子，她要么对别的孩子控制到让人觉得窒息，要么无底线地捉弄别人，最后没有人愿意做她的朋友。当其他孩子想逃走时，利蒂西亚就会动手打他们。问她时，她总是把过错推到别的孩子身上，说别人伤害她、打扰她。最近，她发现我并不支持她，她就开始表现出一些想要“赢回”朋友的行为，但其实她还是想做老大。

4. 自卫的打架。当那些孩子出现上述行为时，另一方的孩子会被激怒，进而反击。比如玛吉经常会对利蒂西亚进行还击，打回去。还击可能是面对挑衅时的正常行为和自然反应。

评语：老师－学员们在培训时对这位老师的分析进行了讨论，大家认为这位老师所划分的四种打架类型很可能是正确的。但在很多情况下，很难简单划分孩子到底属于哪种类型，这需要老师凭借技巧和经验做出“诊断”，但是能够看出这位老师通过了解孩子打架行为背后的心理动力机制，正在朝着正确的方向前进。接下来，该老师又展示了自己的“行动计划”。

群体指导法。在不同的情况下，我采取了不同的解决方法，借助集体力量。例如在排队时，我告诉孩子们：只有能做“好邻居”的孩子才可以排队，然后我让孩子们自己下楼，看他们能不能保持安静，我还让喜欢捣乱的孩子做领队。这些方法确实见到了效果。

评语：在这个解决方法中老师发挥了想象力，要求群体中每一个孩子都参与进来。她没有一味责备孩子，而是在孩子们心中树立一个新目标：成为“好邻居”；同时通过维护群体利益，树立孩子们的群体责任感，让孩子们能够相互关心。让捣乱的孩子做领队，这样这些孩子既能得到自己渴望的班级位置，又能得到大家的认同。老师正确引导了孩子的行为。

老师继续：我们召开了班级会议，讨论打架现象，讨论怎么把一场可能的打架变成友好的游戏。讨论中谈到的问题有“孩子们为什么会打架？”“同学们对那些打架的孩子怎么想？”等等。我们在课堂表演了一场短剧，一个孩子表演了怎么把打架化为友谊。看起来，这样的方式能取得最持久的良好效果。

在操场上，我们通过做游戏的方式建立集体感，将孩子们的注意力从个人摩擦中转移出去，让孩子们树立运动员精神，通过这样的机会，让那些想在体力上和别人一较高下的孩子有渠道发泄自己的欲望。

评语：在操场上做游戏并不罕见，但这位老师有意利用操场游戏来化解孩子间的摩擦，消除孤立和对抗的根源，这样的做法十分可取。然而，班级会议里对孩子打架行为动机的探索和分析，还没有得到广泛应用。

个别指导法。这针对想吸引他人关注的人。当这些孩子想吸引我的关注时，我会忽视他们的行为。当这些孩子想要吸引其他孩子的注意力时，我会说，“你的朋友想让你看着他”，孩子们通常一笑而过。

我也帮助那些“外人”孩子寻找伙伴来解决问题，我调整孩子们的座位帮助他们有新朋友，或请求别的孩子帮助有问题的孩子。

我有时也会使用鼓励，让捣乱的孩子“自己去解决问题”。我认为这是一种自然结果。我会提前告知捣乱的孩子，当一个孩子和我抱怨他时，我会让捣乱的孩子听到这些抱怨，并放手让他们自己解决。在这种情况下，我也会告诉孩子，我不会插手他们的打架。

评语：老师的最后一种方法引起了大家的热烈讨论。正如前面所说，该老师认为有些孩子的打架行为是对挑衅的正常反击，大家也认同当孩子受到攻击时可以进行反击。但是，我们质疑用“打回去”解决所有冲突的可行性，尤其质疑老师鼓励孩子通过打架的方式来还击挑衅行为。根据这位老师的报告，班级会议时她和孩子们探讨了还有什么方法比用打架解决更合理，而现在该老师又让孩子自己通过打架解决，这两者之间似乎相互矛盾。与此同时，前面还强调了有些打架不需要特别关注，它们仅仅是打着玩而已，所以只要没有太大伤害，经常发生也没关系。看起来这似乎是一种文化行为习惯：人们对公开表现出来的敌意难以容忍，但是对轻微或暗含的敌意则可以容忍。

大家鼓励和请求这位老师进一步报告接下来的发展情况。学期末，老师报告了以下结果。

班里已经没有打架现象了，我认为这源于几个因素。一个因素是操场游戏，帮助孩子们建立起了如何一起玩耍的绅士行为习惯。另外一个因素是我们讨论了通过打架炫耀的三种目的：得到别人关注、渴望权力和伤害他人以报复。我们通过角色扮演对上述目的进行了表演展示。

当我们讨论想要得到别人关注时，讨论进行得有些困难，但孩子们仍然似乎明白了一件事，他们可以通过“好”的行为或者“坏”的行为得到别人的关注，明白了一个人可以做有意义的事情得到关注。现在孩子们有足够的敏感，能够分辨得到关注的行为是建设性行为还是破坏性行为。

我非常满意孩子们对报复的讨论。很多孩子开诚布公地坦陈了自己的行为。一个男孩甚至想过烧毁学校来伤害所有的人。通过角色扮演，我们获得了很多乐趣。刚开始必须由我来扮演想要报复的孩子，以便让这一点体现得很明显。

孩子们很容易分辨出想做老大的孩子，他们能举出很多例子，最后认识到这种孩子不受欢迎。现在，如果一个想当老大的孩子和其他孩子产生摩擦，他会跑过来抱怨，我们会给他几个建议，而通常毫无疑问地，这个孩子会选择对社会最有益的方法。

评语：很遗憾，尽管这位老师提供了一个例子（案例16），我们没有收到更多关于这几点的具体案例和信息。

EFFECTIVE PROCEDURES

第十一章 有效的步骤

本章的实例报告会呈现即使接受培训相对较少的老师也能够在较短时间内解决学生的挑战。每位提交实例报告的老师－学员都已经对实例中的方法实践了一学期，每份报告中都包含对该老师在班级中所遇到的挑战问题的描述以及供全体老师－学员讨论的大纲，大纲中包含对学生行为心理动力机制的初步分析评估及行动计划。之后老师还会不时地向整个班级提交进度报告，大家再进行跟进讨论。下文所举实例报告是这个过程的最终版，以及笔者的评论和解释，以便读者更好地理解。

➢案例62

肯，八岁，三年级。他无法融入班集体。即使是在操场上，他也不愿意加入到同学们中间。他非常安静，显得没有生机和活力，丝毫不像一个八岁的孩子。他面无表情。在大教室中，他很容易被人遗忘。他在座位上坐着，像雕像一样面无表情，丝毫不引人注意。他的学习成绩也很差。

根据记录，他患有严重的发音和发声障碍——“舌头不受控制”，他正在接受语言治疗师的治疗。为了避免说话，他只简单地摇头或点头来表示不同意或同意。当他摇头时，他仍然面无表情。

他的学习成绩偏低。阅读、语言和体育都很差，学习习惯也不好。他反应总是很慢，很笨拙。

背景：肯有两个哥：皮特，二十岁；迪克，十八岁。根据幼儿园的记录，那时候他晚上还会尿床。一年级老师记录道："肯身体健全，但是他的社交和精神状态低于他这个年龄小孩的平均水平，他的自理能力很差。"

体育老师一直很关注他。他建议将肯作为个案研究。体育老师尝试了许多办法，想让肯到操场玩耍，但肯总是站在操场边上，双手插在口袋中或不停地咬指甲。

评估：为了找到肯不适应的原因，我打算与他做一个简短的沟通，以便更清楚地了解他在家中充当的角色。他在家中是个小宝宝，显然一直以宝宝的角色来获取特殊的服务。

肯不仅对学校来说是个"问题学生"，他自己的发展也很不利。他在学校里如同小宝宝的行为，可能是在家中被过分溺爱和纵容的结果。他的行为表明，他试图通过以被动－消极的方式来获得老师的关注和服务，就像他在家里一样。

评语：老师可能是正确的，但从上面的信息中，我们可以看到肯可能已经不是在需要关注的阶段，他通过表现自己的完全无能而达到"被冷落"的目的。一个"很容易被人遗忘”的孩子需要的不是关注，而是想得到他期待的他人反应：不对他有任何期望。老师对肯的家庭位置的判断是正确的，他有两个比他大很多的哥哥，这对于他在家中的宝宝角色有一定影响。

行动计划：和他私下沟通时，我将尽量了解他对学校和伙伴的感受，以及他和家人之间的关系。对于促进他产生自信方面，持续的鼓励最为重要。这个孩子需要朋友，需要有人给他价值，把他作为一个特别的朋友而不是一个有问题的孩子。

利用班级同学们的力量帮助肯“走出自己的壳”会很有效，能够帮助他找到归属感。在他做好准备时点他的名请他回答问题，则会让他在集体中通过贡献的方式找到自己的位置，并觉得自己是集体中的一员。在他贡献时，需要一点儿表扬，以便帮助他获得“我能做到”的自信，还可以在他完成任务或达成目标时偶尔拍拍他的肩膀或拍拍头以示鼓励。

为了建立友谊并使他产生自尊，绝不能威胁他，应避免所有冲突。如果他不努力或不愿意背诵，不要去唠叨和责骂他，那样只会加剧他的消极抵抗。

评语：这些叙述略显笼统，但却是正确的。这个孩子有显而易见的挫折和沮丧，行动计划强调要避免对他进一步打击，以及重视对他的自尊培养。

跟进：9月开学第一周，一位新的语言治疗师来班上检查语言表达的情况。肯不愿离开座位去接受测评。

评语：在老师－学员的培训中，我们详细讨论了这个情况。这是权力之争吗？这位老师报告，语言治疗师要求孩子们逐一站到教室前面接受测评。一些老师－学员建议：如果当时能让肯到教室后面去接受测评，而不是到教室前面当着所有同学的面，他可能就不会那么抗拒离开座位。因为他当时可能宁愿“消失”，而不是引人注目。

开学后两个星期里，肯没有完成任何背诵，而是只完成了书写作业；当我叫他名字时，他只是面无表情地看着我。

9月22日，开学后第三周。今天，肯穿着一件崭新鲜艳的法兰绒衬衫来上学。当他到我的办公桌前来拿他的铅笔和纸张时，我说：“肯，我很喜欢你的衬衫，多漂亮的颜色！”他看了看我，好像忽然不认识我了——他朝自己的座位走去，然后转过身来说：“谢谢你。”他似乎很吃惊我刚才跟他说话。

评语：这个方法很有创意。这个孩子吃惊的并不是老师和他讲话了，而是老师指出他很显眼，而且是用积极愉快的方式。这让他意识到自己能不用难受的方式被注意到。这个惊喜引发他清晰地对老师致谢，尽管张口有些迟。

9月23日：我想看看有多少个孩子能够在规定时间内完成一页的加法和减法题。这个过程中，我表扬了其中一个名叫拉尔夫的孩子，因为虽然开学以来他一直“慢吞吞”的，但这次却完成了全部习题。肯正好站在拉尔夫的旁边，于是我问他，是不是也能完成？他没有用语言回答，但点头表示“是”。

9月28日：我坐在桌边看着孩子们收拾纸张和铅笔时，肯给我看他扎着绷带的胳膊。我问他发生了什么事，我问了两次他才回答。（我知道，我应该只问一次。）

评语：老师是正确的！她一问完立即意识到，自己落入了这个孩子的圈套，在肯回答之前，她做了多余的事情。对于需要关注且不愿意自己动手做任何事的孩子，这样的行为很常见。

学生站在全班前面背诵时，我会提醒背诵的孩子，如果有人没有认真听，那么可以站到黑板旁。我让肯背诵，他走到黑板旁，但他一直等着，希望全班每个人都完全准备好认真听。但至少他不再被动了：当一位同学没有给他百分百注意力时，他用一把尺子指了那个同学。这个行为总算是有了点儿“活力”！

然后他真的背诵了。他背完以后，我问全班同学：“肯背诵时有没有出错呀？”所有人都认为他没有背错。然后，我问，“有多少同学认为肯做得很好，背得很好？”肯看着同学们举手，对他们的反应表现出极大的兴趣。

评语：报告中没有提到肯为什么突然愿意背诵，但重要的是，老师不仅对肯完成背诵给予表扬，而且要求全班同学表达他们的认可。通过这种方式，肯可以感觉到他被集体接受。

今天，我们学校来了一名来自其他州的新同学，名叫谢利。我让他坐在肯对面，并问肯是否愿意今天带谢利在学校转转并在课堂上帮助他。肯点头答应，但没有尝试帮助谢利解释作业，也没有向他展示我们正在学习的内容。但是后来，我看到肯与谢利坐在一起，向谢利展示怎么把一张纸折成八列，即使有点笨笨的。

肯没有与谢利一起在操场上玩耍。体育老师发现谢利站错了位置，而肯没有告诉他。然而肯告诉谢利洗手间在哪，并告诉他下一堂课的地点。

评语：全体老师－学员就此事件进行了讨论，认为肯由此觉得自己比新生知道得多，这很可能是肯愿意在全班前面背诵的关键转折点。根据老师报告，当她看到肯没有做到的时候，她几乎就要犯错去帮助谢利，但最后一刻她还是忍住了，让肯尽可能自己去做。

9月29日：我尝试让肯更多地来到黑板前面，这样肯有机会在全班面前背诵，借此做出自己的贡献。我并没发现他有任何严重的语言缺陷。他的背诵语调有些懒洋洋的，毫无抑扬顿挫，但是我倾向于认为这是因为他缺乏口语训练。

今天，我开始选择10月的班干部。我要求想要担任班干部的同学举手。当我看到肯举手时，我问他想担任什么工作。他想做纸条管理员。这对他来讲是一个不错的职务。他的责任是早上从校办公室领取队长纸条，然后交给每节课的不同老师，并在当天结束后收回交给校办公室的登记老师。

肯总是写不好“M”这个字母。有时，他写成两个拱尖，有时又写成三个拱尖。显然，他不相信规则；他一下用这样的方式，一下又用另一种方式。

评语：这是拼读和写字较弱的孩子的一个特点，更何况这个孩子在其他事情上也不愿意采取任何行动。

孩子们来上学，走过教学楼大厅，肯想让我关注他，离我站的地方靠近了一点儿。我冲他点点头，挤了挤眼睛，但他没有任何回应，只是看了我一眼。

9月30日：今天，我获得了人生中的一个惊喜。和往常一样，孩子们来上学，我在教学楼大厅里站着和他们打招呼。肯走过大厅，看见我正看着他，突然停下脚步——冲着我挤了挤眼睛。他挤眼睛的怪异滑稽动作让我感到，这恐怕是他这辈子第一次尝试挤眼睛。

评语：这充分说明了老师的心理洞察能力，她意识到肯为获得关注做了事情。这个行为具有重大意义。不论这个行为本身看起来是一个多么微小的动作，它代表了这个孩子从被动到主动的转变。

今天，语言治疗师在我们办公楼，叫肯去了她的办公室。她认为，肯并没有太大的语言障碍，而是故意表现得像个“婴儿”，就是不想说话。肯确实对于某几个字母有轻微的发音问题，但毫不严重。如果他配合，治疗师会帮助他，但治疗师认为肯过于迟钝，她宁愿花时间在愿意配合的普通孩子身上。

评语：这个发现与第一个语言治疗师的诊断截然相反，证实了老师的判断。难道第一个治疗师做出诊断后，肯的语言障碍就已经发生了改变？

10月1日：今天排队时，我注意到肯从洗手间出来时，拉链只拉到一半，我知道他是通过这样等着别人来给他服务！于是我悄悄叫他回到洗手间自己把拉链拉上。

评语：这是一个值得称赞的做法，老师没有直接说“拉上你的拉链”，这样的话，很可能正是肯想要的反应；也没有当着其他同学的面大声说，这样的话可能会羞辱他。老师的做法给了肯照顾自己的机会。

现在背诵时，我经常会点肯的名。有几次，他甚至自愿举起手。今天他开始担任纸条管理员，他做得很好。他在我面前挥了挥纸条，意思是他没有忘记把它交给下一位老师。

评语：他仍然表现得非常需要关注，但他正从被动转为主动，从通过无用的方式，变成通过有用的方式。

10月5日，开学第五周。肯在全班同学中第一个完成了算术作业。当其他人还在做题时，我让他将他的答题写在黑板上。

评语：现在，这个孩子的好胜心越来越明显。谁会相信曾经完全处于被动状态而且不愿表现的孩子会有这样的动力去争第一？我们再次注意到老师的敏感程度。她可以抓住机会强调他是第一个完成作业的学生。

今天早上，这个月担任纸条管理员的女生忘了拿纸条。肯把纸条拿给了她，而且他让我知道他已经将纸条拿给那位女生了。到目前为止，他已经成为一名优秀的纸条管理员了。

评语：这是表明肯好胜心的另一个案例。他正努力超过其他人，并确保老师注意到这一点。

上周我在肯的拼写本上评了“好”，并画了一个笑脸，因为他得了100分。他告诉我，他打算告诉他妈妈。今天，他告诉我，他已经告诉了妈妈，而且他妈妈又给他爸爸看，并且他两个哥哥也看了一眼。

评语：很明显，肯渴望受到关注，而且他有能力得到。这可能是他第一次被评为“好”。

10月6日：算术课发放材料时，我第一次看到肯捣乱。他趴在桌子上，不停地骚扰前面的同学，前面的同学反过来用铅笔敲他的脑袋。这是我第一次看到肯的行为充满孩子的生机。

评语：很少有老师看到男孩子恶作剧反而很高兴，但老师的做法是正确的：对于肯，这代表了进步。他有了自己的想法，开始主动，尽管这个行为并没有建设性意义。

10月11日：肯这几天什么都不做。他又开始不说话，只是点头或摇头表示“是”或“否”。我回顾了我的行为。我没有叫他到黑板上来做作业，没有让他背诵。我故意不点他的名，而是等他主动举手，但他并没有主动举手。

看来，除非他得到格外关注，否则他不会尝试自己争取。这表明，他仍然无法完全依靠自己，还是要依靠他人来获得自我价值感。

评语：老师在肯表现不好时回顾自己的行为，这点至关重要。这可能不是老师的过错，因为肯还受到其他人的影响，而且可能有些影响是负面的和令人沮丧的。但是对自己的行为进行回顾和分析，能帮助老师了解自己的无意识行为。在这种情况里，老师通过回顾和分析，找到了问题的答案。

老师已经决定不再给肯特殊关注，而是让他自己争取，因为老师害怕肯过分依赖她的表扬，总是让肯得第一可能会过度刺激他的好胜心，老师的这一做法是正确的。毫无疑问，确实存在这种危险。但老师发现自己的步子太快了。在肯“断奶”之前，他仍然需要一些特殊关注。当然，这需要肯通过建设性的方式来获得。所以，老师过早“退出”可能确实对前面提到的肯的行为产生了影响。因为肯甚至没有足够勇气通过继续恶作剧来获得特殊关注，而是再次缩回到被动的“厚壳”中。

10月13日：孩子们背诵一首万圣节诗歌。肯举手并被点名背诵。他语调很平直呆板、没有感情，但没有出错。背完后，他走到教室后面来找我，而不是回自己的座位。显然，他希望得到我对他的认可，或者也许他在故意挑战课堂规则？

评语：我们可以推断，正是由于肯来找老师而不是回座位的行为，引发了老师的思考。但老师并没有下定论，而是保持思路打开，考虑到多种可能性，这是非常明智的做法。这里她没有说肯违反课堂秩序，她只是看在眼里、记在心里，观察事态的发展。

10月14日：肯再次不仅拿了男生的纸条管理员，还拿了女生的纸条管理员，并且他再次告诉我是哪个女生忘了去拿纸条。这是他渴望认可的另一个例子。

10月15日：今天我没有等肯自己举手回答而点了他的名。当他意识到我点他名时，他吃惊地看着我：他瞠目结舌地坐着，看上去傻傻的。当我等他回答时，全班同学开始不耐烦了，开始指他们的书。最后肯终于意识到他要背诵，他背得都很正确。他知道应该做什么，但想得到额外提醒，但我没有提醒他，只是等待。

评语：老师再次没有被他“傻傻的样子”所迷惑，忍住了不去评论或施加压力。同学们的压力就足够了。当肯意识到老师不会再有任何提醒时，他遵守规定完成了背诵。

10月20日：我检查肯的算术作业。不喜欢做的题他就完全忽略不做。他没有认真读题。例如，题目是数2的倍数，他数的却是5的倍数或1的倍数。书写作业也很潦草。这似乎表明他在挑战规则，自己想怎么做就怎么做。

评语：老师一直在观察以确认她之前的推断。她的做法是正确的，因为肯变得比刚开学时更有勇气了。很可能，他在家里也开始反抗自己的不利地位。我们必须意识到这一点。

今天课前休息时，校办公室的女同事和我看到肯在操场上，他站在操场边咬着指甲，偶尔会跑过去和同学们玩一下，但很快又退出。女同事说：“他好像不知道怎么和别人玩。”

在我看来，肯其实想成为一个真正的男孩，但又觉得自己做不到。我觉得肯有被两个哥哥打败的感觉。他的一个哥哥在加油站工作，另一个在加油站旁边的停车场帮人修理汽车。他们干的都是很男人的工作。他的父亲也在停车场工作。

评语：这一点很好地表明了未经心理学培训的人员与经过培训的人员两者之间的差异。校办女同事看到的，是肯不知道怎么和别人玩。这远远不是事情的本质，这位老师立即找到了这个行为背后的原因。或许肯不觉得自己是一个男人。老师看到了肯的行为，她的脑海里立即想起肯家中的另外三个男人：他的父亲和比他大很多的两个哥哥。虽然肯也是男性，但他无法与他们相比。

11月3日：肯昨天没来上课。今天当我问他原因时，他说，“因为我生病了，所以我整晚不停地把妈妈叫醒。”

评语：这一点非常值得注意。显然，对肯来讲，他生病还不如他有没有把妈妈叫醒重要。他正是通过这种方式（示弱、无助或生病）来获得在家中的位置。

11月4日：在全班同学上课时，我和肯简短地谈了一下，我问他放学后干什么。他说：“我去商店帮我妈妈。”我问他是否与邻居男孩们一起踢足球或玩游戏，“不。”他说，“我看哥哥们在加油站工作。”我问他和哥哥相处得怎么样。他说他经常和哥哥们打架。我问为什么，他也不知道。打架的原因是什么，他也说不清楚。然后就到了背诵时间，这次我只了解到这么多信息。

接下来的一个小时，我早早地坐在大厅里等孩子们从体育课回来。肯回来得比别人早一点儿，他要去洗手。我叫他和我一起坐在凳子上。“你告诉我，你会和哥哥打架，我想知道你们为什么打架。”他看着我，一句话也没有说。然后我问他哥哥们做什么工作，他给我详细介绍了哥哥们在加油站和停车场的工作。然后，他主动说：“哥哥们都叫我傻瓜。”

评语：我们可以想象肯缠着哥哥们，然后哥哥们将他推开的画面。他宁愿看哥哥工作而不是和邻居男孩玩耍。虽然他与哥哥之间的关系不融洽，但看得出来，他接受这种关系，把它当作自己生活的一部分。

教育周：这一周家长们来学校和老师们见面，参加学校一家长会议，我终于有机会和肯的妈妈交谈。她话很少。我问她肯放学后会做什么，她说街区内没有能和肯一起玩的孩子。她说对我们校报上的“幼年童子军”非常感兴趣；她让我从童子军里找个男孩，来帮助肯对童子军产生兴趣并参加。她还希望我有可能的话让这个男生去家里接肯，一起去参加童子军聚会。(显然，这位母亲对肯保护过度，而且希望我也用她的方式对待肯。)

我问她肯和哥哥们之间的关系。她抱怨说他们年龄相差太大了。当我告诉她哥哥都叫肯“傻瓜”时，她脸上流露出怨恨的表情。“他们只是跟他开玩笑。”但随后她继续说她已经和哥哥们谈过这件事了。我们就说了这些。

关于肯的作业，这位妈妈最不满意的是肯的笔迹，她觉得太难看了。我向她解释，他们原来写印刷体，现在正在练笔书写，所以有一些难度。

评语：老师与肯母亲的交谈内容基本上就这些。有趣的是，老师这次谈话和与肯的谈话一样，没有得到很多信息。但她敏锐地发现了妈妈保护过度的态度。她察觉到妈妈与哥哥们之间有一些矛盾，但并没有深究。老师原本可以继续追问，但可能妈妈的态度过于强硬，使继续追问变得不现实。

11月16日：今天，肯给我看了他的新手表。他只是伸出了手臂，什么也没有说。我喜欢手表，正想给我儿子买一块，我问他手表是在哪买的。他回答：“一家商店。”我问了他好几次，他才和我说清楚是哪家商店。我让他这几天留心看看手表准不准，因为我想买一块类似的手表送给我的儿子。

评语：给肯布置这种任务非常好，但催促他回答则稍欠考虑。在他第一次回答“一家商店”时，原本可以对他的回答给出一些解释性的评论，这样可以帮助他说得更详细。老师有没有向肯解释为什么只愿意说一个词呢？目前没有信息显示老师这样做了。

另一个不足之处就是：当肯伸手让老师看手表时，她可以什么都不说。也通过一个动作回应，可能会更好。这个动作可以只是好玩，而不是指责，而且通过动作回应，也能让肯意识到自己的行为。

今天下午，肯穿着夹克，他再次用手臂碰了碰我。他什么话都没有说，但他的行为在说：他想让我注意他的夹克，夹克是新的。我并没有与他讨论夹克。当时我正在和另一位老师谈事情，只是简单地点了点头，示意我看到了。

评语：这个反应更好。

几个星期之前，他得到了一辆新自行车。今天我问他为什么最近他得到很多新东西，是不是生日礼物？他说不是，然后接着说：“我也不知道为什么她（妈妈）给我买这些东西。我猜，她就是想给我买东西。”我在想，是不是因为肯最近有进步，所以妈妈用这些东西来奖励他。

评语：还有一种可能，也许是因为妈妈反感哥哥们对待肯的态度，现在她比以前更清楚了，可能想尽力弥补。另一种可能是，她联合肯来对抗家里另外三个强大的男人，她把肯像个婴儿似的紧紧留在自己身边——一个需要妈妈的婴儿。

11月17日：我请一位年龄大一点儿的“幼年童子军”成员带肯去参加童子军的集会。我拿了一本“幼年童子军”的书给肯，他很有兴趣地看。

评语：虽然老师为肯做了事情，我们没有发现她的行为是保护过度。

11月19日：我们用面粉、食盐和水，在玻璃上制作地图。肯表现出很大的兴趣。他总是走到教室后面去，看其他人和面、用食用色素给面团上色。他问我，能不能再和一和已经做好的面团，这样会使面团更光滑。当他在自己的座位上工作时，仍然会时不时地偷偷溜到教室后面看别的同学工作，看看进展如何。

虽然他表现出明显的兴趣，我在想，不知道他会不会主动索要一块玻璃、一些面粉和食盐，来自己制作地图。好几天他都没有行动。直到几天后，我建议“幼儿童子军”成员可以用他们做的地图赚取“箭头积分”，肯才说他想买一块玻璃来做地图。他也想赚箭头积分。

评语：我们可以看到，老师有意刺激肯，同时耐心等待肯自己主动争取。但即使肯非常有兴趣，在他付诸行动之前，他仍在等待外部刺激，等待他人提出给他奖励。很明显，他认为别的同学有能力做事情，而他只能间接体验别人的成就。

体育老师问肯，妈妈给他买了新手表、新夹克和新自行车，为什么没有买新运动鞋。肯回答，他有新运动鞋，但是放在家里没带到学校来。看来，肯仍然在试图避免体育活动，因为这会显得他不是一个真正的男孩。

11月底：肯已经加入“幼年童子军”。他带了两个雪茄盒来为妈妈做一个展示箱。他在盒子上涂色，打算将它们带到下一次“幼年童子军”集会上赚取积分，然后他会把这个展示箱送给妈妈作为圣诞节礼物。肯的涂色不是特别好，但我很高兴看到他不怕挑战和麻烦——收集雪茄盒，还带到学校来。只是他至今还没有带玻璃来制作地图。

评语：老师非常细心，她没有批评肯的涂色，也没有质疑肯为什么没带玻璃来做地图，而是带了雪茄盒来做展示箱。老师意识到，如果这样说可能会令肯泄气。

肯前10周的分数和测评表明，他的算术、拼写、阅读和手工都达到了满意的程度。需要改进的是自我表达、社交生活、音乐、科学、公众演讲和体育。

12月1日：9月份开学的时候，肯进教室总是很拖拉。而现在，他经常第一个进教室。他变得比以前友好很多，常常会到我的办公桌前，趴在桌边和我聊他自己和他的家人。

他最乐意帮我布置教室后面的大桌子，这是我们的“项目桌”，而且他并不是通过协助我来逃避自己的学习，而是真心喜欢这些项目工作。

昨天，开始有四名学生在项目桌前剪彩色绉纸，再加上盐、面粉和水，制作彩色橡皮泥。这四名同学做得很认真很卖力，他们告一段落后，我请他们选择其他同学替代他们继续工作。肯高高举起自己的手，并被一名男生选中。

肯的算术不错。他和另外几名计算速度快的学生一起，被选中去做四年级算数书中的题目(这个班是三年级)。

评语：三个月内，这个孩子发生了相当大的变化，从什么事情都不愿参加、相当落后的学生，变成算术科目的佼佼者。没有人会再认为他是傻瓜。

有一次校长偶然来到教室，她注意到肯在教室后面和别的同学一起工作，已经完全融入了集体。她表示，要是肯能够全天在这个班上课就好了，不过可惜他还要去其他科目的班级学习。(他每天有三个小时在我的班上。)

12月9日：教学楼的其他老师也发现肯越来越多地融入集体。事实上，他今天在体育课上还和一个男生扭摔在一起，就是那种典型的男孩之间的扭摔打闹。上周他完成了他的玻璃地图，并打算送给大哥作为圣诞节礼物。他和我说了三次他打算把它送给他大哥。显然，现在肯联合大哥对抗他二哥。

评语：老师推断肯和大哥结盟，这应该是可信的，如果可以使大哥帮助肯成长，则这种推断很重要。

12月17日：今天非常冷。肯高兴地来上课，充满活力。他与另外四名男生同时到教室。肯大声地说:“班上只有五个男生。”这是自9月份开学以来，我听到的肯最大声的说话。

评语：这样的语言表达和声音通常具有非凡的意义，这是孩子自我意识以及他对生活态度的表达。

他在做算术题时，有道题看不懂，他来找我问那个看不懂的词是什么意思。我要他自己解决。他向自己的座位走去，停在另一个男生的课桌边，问他那个词什么意思。显然，他仍然想要别人为他服务。我没有告诉他那个词的意思，是因为我知道他其实是为了我能为他提供服务。后来的阅读课上，他轻松地搞清楚了那个词的含义。

评语：当描述到肯去问另一个男生时，老师没有说她自己做了什么，我们不知道她是否采取了行动。但是我们可以推断，她什么都没有说，否则就是小题大做，于事无补。如果老师说了话，肯就会如愿以偿地获得他需要的关注。然而，这时候对这件事完全置之不理也不是明智之举，可以私下与肯谈谈他在课堂上的行为以及他行为的原因。

12月18日：肯再次来找我，有道书写题他不会，让我帮忙。我请他把题目读一遍，他读了。一读完他就自己给出了答案。这次和上次一样，他并不是真的需要帮助——他只是想要别人为他服务。

评语：这看起来是个常见情况：每当老师克制住自己不为肯提供帮助，肯就不会再需要帮助。

今天，肯做完作业后，想找一本书看。我给了他一本我经常在班上读的诗集。当他看完来还书时，他要求我给他读那首他很喜欢的诗。我没有立即答应，而是等所有同学的背诵结束并收好材料后，我告诉全班同学，肯找到了一首他喜欢的诗，并要求我读给全班听。我问同学们想不想听。他们都表示想听，而且非常喜欢这首诗；事实上，同学们要求我读更多的诗。

评语：这个方法非常好，这促使肯融入集体，而且是借助他发起读诗的由头。

肯请求圣诞假期时带一本诗集回家。他给我送了一个圣诞节礼物，是他自己包装的，上面到处贴满了胶带。他还送给我一张圣诞卡，但卡片里他写的字上面，贴着另一张小卡片，上面是成人的笔迹。大概是因为肯的妈妈认为肯写得不够整洁漂亮，所以她自己在肯的字迹上贴了另一张卡片，写了其他的字。

评语：这表明了肯在家里的教育。他什么事都做不好，而且他妈妈也没有什么改变。这个情况需要老师面对和解决。

现在是12月份，肯经过教学楼大厅去其他教室时，他的行为和9月份相比，变化很大。现在他走过大厅时，把外套在头上来回挥舞，故意把脚步用可笑笨拙的方式迈得很大，而且不遵守大厅的行走规则——为了保证学生们顺畅通过教学楼大厅，我们在大厅地面上画了很多标记。现在，肯常常站在指示线的最前面，立刻就要离开指示线的样子——或者站得离相反方向的指示线比较近。他还在经过大厅时说话，这在之前从未发生过。而只要不是声音太吵闹，并且是课间时间，这是允许的。

1月5日：肯一次又一次地来要诗集，每次还诗集时，他都要我把其中某一首读给全班听。他要求把诗集带回家，我给了他一本他之前没看过的诗集。

童子军的女训导员告诉我，肯喜欢童子军的集会，而且是个好帮手。有一天，女训导员来教室里找我，肯走过来，站在我和这位老师的旁边。女训导员当着全班的面夸赞肯，说他是她最好的帮手之一。肯很喜欢这位女训导员。女训导员拍了拍肯的头——但她也告诉我，她得“强推”肯参加童子军活动。

评语：老师敏感，而且正确地感受到其他成人向肯施加不必要的压力。这对肯的成长不利，因为这些做法会妨碍肯发展自己的独立性，而且也可能会使他更加反叛和抗拒。

由于这个学期即将结束，老师对这个案例进行了总结。

肯已经找到了在这个班级群体中的位置。他已经学会对别人微笑，并且积极参加集体活动。他不再“像个傻瓜”那样坐着。他经常“插话”，而且准备并乐意帮助他人。

肯不再等着别人为他做事——只是偶尔会故态复发，但即使如此，他也是通过更积极的方式寻求别人的服务。如果情况需要，他还很乐意帮助他人。有一天，他帮助其他同学选书，为他们提供服务。他还询问是否可以帮忙分发材料。

他对功课表现得更有兴趣，他常常热切地看黑板上布置了什么作业。他的作业完成得很快，也很正确。他喜欢讲故事和读诗歌，且乐意与同学们分享。

肯现在勇于和朋友们说话。他交到了一些真正的朋友，比如，他的朋友选择他作为自己的班干部的继任。12月，他当选为图书管理员——图书讨论时间一结束，他就已经准备好把大家的书都收上来并放好。

幼年童子军对肯的帮助很大。

肯的书写仍然差强人意，但和以前相比，已经取得了很大的进步。他的阅读和算术作业做得非常好，而且在这些课上他明显地表现出想要超过别人的野心。

体育老师报告肯在体育课上变化也很大，他甚至和别的男生扭摔在一起。

语言治疗师告诉我，肯进步很大。他去接受治疗时不再犹豫，而且非常配合。“肯简直变了一个人，他不再是我9月份见到的那个男孩了。”语言治疗师说。显然，她已经不再认为他是个傻瓜。

而我自己从肯的这个研究案例中也得到了宝贵的收获——当我刚开始没有看到任何起色时，我几乎要把这个案例像个烫手山芋一样抛掉了。刚开始前两周，我完全气馁了，我完全看不到帮助这个孩子的希望。

现在，我们成了真正的朋友，而且我认为我们的友谊也把学校和他父母的关系拉近了。

评语：这个案例表明，如果老师了解孩子行为背后的心理动机，并且掌握纠正孩子错误目的的方法，老师可以很有效地帮助和改善学生。

这个案例的结果令人满意，当然还有一些地方可以做得更好。整个案例给人们留下了一个印象：肯仍然频繁地通过各种方式，让老师为他服务。

➢案例63

问题：贝蒂是一个聪明要强的女孩，她十六岁半，是一名高中生。四年来，她都无法与同学们好好相处。虽然她也担心同学们不喜欢她，但是她的行为却总是与别人对着干，给同学们高人一等的感觉。许多老师尝试着去帮助她，但结果都说这个女孩让人无能为力，老师们没有办法让她知道自己错在哪了。由于贝蒂是我协助的荣誉学会的一员，其他老师多次请我跟她沟通，主要是因为她经常迟到、在学校教学楼大厅里晃悠不上课以及经常大发脾气。我也想帮助她解决问题，因为贝蒂对当老师很感兴趣，按照她现在的情况，她很可能在大学里遇到困难，进而影响她继续接受教育。

背景：贝蒂在家里是老小。她有一个哥哥，汤姆，比她大两岁，去年高中毕业了，现在上大学，还获得了大学的体育奖学金。贝蒂学习一直比哥哥好，是个“好孩子”——老师的“宠儿”。她高二时，我们聊过一次天，那次贝蒂抱怨，她不得不遵守各种规矩，比如练习弹钢琴，必须在规定的时间回家，而她的哥哥总是可以“逍遥法外”。去年贝蒂抱怨说，每次她没有得到“A”的时候，她妈妈一点儿也不来安慰她，就像什么事都没发生似的。看起来，她母亲过去成功地迫使贝蒂遵守规矩，但现在她不能再这样了，尤其是当贝蒂出现那些她“不知道该怎么办”的挑战时，她就对贝蒂非常生气。

低年级时，贝蒂总是帮助老师做事，而同学们对她经常在老师办公室帮忙、批改作业等产生过怨恨和不满。今年情人节，她的老师没有给她赞许和夸奖，这是她第一次作为“老师宠儿”没有受到特殊待遇。去年，我与她谈了很多次话，她似乎开始喜欢与同学们在一起。事实上，去年年底的时候，她还被同学们选为啦啦队队长。然而她并不满意，她还想要学生俱乐部的其他几个职务。荣誉学会选举干部时，那天她正好缺席，后来她非常失望。她跟一些同学说，那次选举应该推迟举行。后来，我们组建一个商务俱乐部，她非常渴望得到任命，提名时写了自己的名字。结果女生们都笑话她，然后提名了别人。

评估：看来贝蒂的目的是获得关注，并且在一定程度上与成人争夺权力。一些老师认为，贝蒂把成年和成年人想得过于理想化，她不明白高中(即成人年纪)也可以很好玩。在她的观念中，要想成为人才或大人物，就必须在所有人之上。她在人际关系的竞争中很容易失败。通常，她通过做傻事或者行为夸张来得到关注。她常常想转到其他学校，认为这样她的朋友们就开心了，但她的父亲坚持让她待在这个学校。

评语：评估中所描述的更多是问题，而不是评估。对于贝蒂，虽然我们已经得知了很多关于她的信息，但还有许多情况需要了解。她的学习成绩优于哥哥，社会适应能力却很差，这基本源于她争强好胜、渴望学习甚至道德方面的优越感。她的哥哥没有像贝蒂这样，受到高标准和好胜心的驱使，他会不会社会适应能力更好、更受欢迎、更被喜爱，如果是这样，这反过来会打击贝蒂，会让贝蒂对自己的社会适应能力更加沮丧。了解她与父母的关系，她站在父母的哪一方，哪个刺激了她的好胜心，这一点非常重要。到目前为止，我们还没有非常明确的信息显示她和成人之间的权力之争，虽然她的成功和失败都不仅仅为了获取关注那么简单。

行动计划：

1. 赢得她的配合；

2. 鼓励她；

3. 努力让她明白，总占上风其实没有必要，那不是最重要的事情；

4. 自然结果。

评语：这是一个很好的总纲，然而除了第三点外，其他都不够具体。这个女孩似乎对自己在群体中的位置很不确定，否则她就不会对老师和优越感这么渴望。究竟是什么原因？为什么她在社交方面这么失败？

2月5日：我看到贝蒂正在教学楼大厅里和篮球队的一个男生说话，而这应该是她上缝纫课的时间。后来，我在楼上碰到她，问她怎么回事。她说她上来找指导老师，我发现事实并不是这样，决定和她谈一谈。许多老师都抱怨说贝蒂总是为所欲为，还经常假装自己没有做错任何事。通过交谈，我发现她这几周一直非常心烦。最近，有几个男生逃课被学校发现了。同学们谣传是贝蒂举报了他们，当全班同学指责她时，她大发脾气，在钢琴上“乒乒乓乓”地乱按发脾气。

贝蒂哭着把这件事告诉了我。她说现在更没有人愿意和她说话了。好像什么错都是她，而且她越努力，同学们越不喜欢她。她说老师们也误会她。我告诉她，也许她太过于用力，可以试试先停下来，不再刻意努力，而是分析一下同学们对她“印象不好”这件事里，她自己的责任是什么，这样可能会有帮助。我告诉她，如果她愿意的话，我很乐意帮助她。

那天晚上她很生气，她告诉父母所有老师都针对她。第二天早间，她没来上课。

评语：这是一个良好的开始——恰到好处。老师没有说教也没有责骂，而是提供了帮助方法。当时老师只能做这么多：即使这个女孩会反感“探人隐私”，这样说和这样做也是必需的。

2月8日：贝蒂很早来上课。这两天她在参加一个和奖学金有关的考试，我问她题目难不难，她点点头。过了一会儿，她过来拿作业，并停下来看我办公桌上的一些图片，还一边评论，这打破了僵局。我给了全班同学一些抄写作业，我知道贝蒂抄写很好。然后，我点名表扬了那些做得又快又好的学生，包括贝蒂。然后其他人继续完成抄写的同时，我让这几名孩子做听写。贝蒂很高兴，接下来几天，她的作业继续进步。

评语：就建立良好的人际关系而言，老师这一点做得很好。但到目前为止，老师没有对上一次谈话进行跟进，可能是老师感觉到内蒂不想说，所以还没有谈。

2月13日：贝蒂今天迟到了。她一边快步跑进教室，一边解释："这是最后一次。"

评语：虽然这个迹象表明贝蒂的态度变得友好了，但进展仍然缓慢，自上一次谈话以来已经过去半个月了。显然，老师在等待贝蒂，等待她自觉自愿进行沟通。

2月25日：今天发了班级排名表。贝蒂排名第五。代表毕业生致辞的，是个低年级学生，他通过额外的暑期工作获得了足够的毕业学分。有些学生议论这不公平，但排名第三的女孩似乎并没有抱怨。贝蒂代替排名第三的女孩对此提出异议，然后学生们纷纷说要申请重新审议。最后我们召开班会，解释了排名规则。通过这件事，贝蒂交到了新朋友。

评语：这个例子说明，对抗“不公平”，我们赢得的不是敌人而是朋友，只是被动地被不公平对待，于事无补。但对贝蒂来说，这件事情可能没有给她带来益处。老师没有向她指出，不要被良好的结果误导。

3月1日：贝蒂在大厅拦住了我，并问我是否愿意与简谈谈——贝蒂认为是简散布她告发那些男生的谣言。我问她是不是担心别人相信这个谣言。不，她才不在乎。但其实她和简的相互竞争已经有一段时间了。她并没有对我提及这一点。

评语：这个女孩几乎是主动要求谈话，虽然是间接的。但显然，老师仍然仅仅还在她行动计划中的第一点上，即赢得贝蒂的配合。

3月5日：我在贝蒂上缝纫课的时候，把她叫出来，安排另外一次和奖学金有关的考试。她走出教室，脸上带着怀疑的神色，说：“好消息还是坏消息？”我笑了，她似乎如释重负。

评语：到这里，我们可以明白和理解这位老师的策略和关注点：克服贝蒂对所有老师的怀疑。这位老师十分成功地和贝蒂建立了友好的关系，但到目前为止，老师尚未有效利用这个良好的关系。

3月13日：贝蒂早早到校，以便弥补前面迟到缺席的时间。当她跟我点到时，我说："现在咱们互不相欠了。"她开玩笑地说："如果我明天不迟到的话。"然后她问，她这个学期是否有机会全部得到"A"。她说她想向妈妈证明，她仍然能够做到全部得"A"。

评语：现在，老师已经成功地赢得了贝蒂的配合，但她并没有尝试去改变她的自我认知和价值观。即使如此，我们也不应该忽略这段时间以来贝蒂得到的鼓励，以及由此带来的不断增长的自信。

4月2日：这个案例被带到培训班上来讨论。这位老师－学员因为打破了贝蒂和其他老师的人际关系模式、指出贝蒂的不对，而得到了赞许和表扬。大家讨论了这个案例中的人际关系。贝蒂总是想胜过哥哥，进而胜过所有人，她因此而付出了代价。看起来，她嫉妒哥哥能够随心所欲，那么如果她做到特别出色并因此获得他人认可，她显然就想随心所欲。

她蔑视同学和老师。她幻想成为一名完美的老师，这表示她对自己的老师们很不认可。竞选时她为自己提名，这显然表明她认为自己是最好的，如果别人不知道这一点，她就让大家知道。她希望在众人之上，但更希望处在权力的位置上，而这两者都可以通过成为老师来实现。

老师已经成功地赢得了贝蒂的心。她应该继续与贝蒂沟通。因为第一次谈话后的那个晚上，贝蒂表现出沮丧和挫败，老师后来也确认了她对和贝蒂沟通这件事有些犹豫迟疑，确实是在等待贝蒂主动提出要求。有人指出，贝蒂实际上取得了一些进步，但是没有得到应有的认可；现在这个时候，老师可以安全地继续帮助贝蒂，帮她明白其实没有必要永远都正确。因为对贝蒂来说，如果没有完全正确的话，她会感觉彻底失败，贝蒂因好胜心过强而失败。因此，她必须学会拥有不完美的勇气。老师可以告诉贝蒂，自己还没有完全了解她，对她迟到和缺席时间的惩罚也许没必要。最重要的是，老师必须让贝蒂体会到，即使她做错了，她仍然会被人喜欢，仍然会在班级群体内拥有一席之地。必须帮助贝蒂理解被批评并不意味着不被喜欢。

4月16日：当我到校时，贝蒂跑来说她10分钟前就已经到了，她要弥补自己原来迟到和缺席的时间。

这一天上午后半段时间里，我去了贝蒂上账簿课的班上。当我和她的老师在一起时，她走过来打断我们，问了我一个关于账簿的问题。我假装认为她在和账簿课老师说话，就没有出声而只是等着，但贝蒂看着我，等我给她答案。她离开后，账簿课老师告诉我，他已经给贝蒂解释过这个问题了，但她似乎并不接受。这是这位老师第一次教账簿课，以前是我教这门课。现在贝蒂总是挑剔这位老师缺乏经验。后来我与她谈论这件事时，她似乎意识到这位新老师面临的挑战，但似乎没有意识到她自己伤害了老师的感情。

那天下午，我决定再次与贝蒂沟通。我问贝蒂，她有没有思考过我们之前讨论的事情——为什么她与朋友和老师相处有困难。她迟迟没有回答。然后她说，一切都朝好的方面发展。她举了个例子说明，她和简不再是朋友，然而自从她们不再来往，甚至连她妈妈也注意到了。

评语：有可能简对贝蒂施加了负面影响，但我们没有看到这方面的证据。更可能的是，贝蒂与老师之间的关系得到改善，从而促进了贝蒂的进步，然而贝蒂也许还不知道，或者不愿承认这一点。因为如果承认这一点，就可能意味着她以前和同学们发生战争，大部分源于她的错误行为。

我告诉贝蒂，我对她一再迟到很担心，即使她会通过早到来弥补错过的时间，但我觉得这种弥补方法没有什么效果。她回答说："噢，我觉得有效呀。我现在醒得早，都已经是习惯了。只是上次，我早早就醒了，但妈妈去上班了，然后我又睡着了。"我告诉她，在我看来我们是在玩一场游戏，看谁最终会赢。听到这个她笑了。我向她解释，迟到这种事不是偶然，背后总是有原因的，我想知道她能不能看到这背后的原因。她没有回答。我说，这个原因可能和她激怒朋友的原因一样，因此值得我们深究。

"你一直想成为一名老师。我相信你对教学有自己的想法——当我读高中的时候，我也对教学有自己的想法。可能在你心里，你有很清楚的想法，老师哪些行为你认为对、哪些行为你认为错。"她笑了，然后说："但我没有说出来。"我继续说："我以前也是这样想的，现在我回过头来看，我发现我确实避免了一些我原来那些老师的错误；但我也犯了一些他们没有出现的错误。完美是不可能的。"我告诉贝蒂，虽然她没有通过语言说出她的想法，但是这些想法其实已经很明显了，就像她已经表达出来一样。如果她希望老师们完美、同学们完美，那么她永远不会对他们感到满意，会让别人觉得她高高在上。一个人的态度影响一个人的行为。她说："噢，但我不认为我自己高高在上。"我说："我知道你不这样认为，但你给人的印象是这样。"

我用账簿课那件事来举例。我们聊了这件事，但我感觉谈话没有达成很好的效果。我们只是在结束谈话时得出结论：完美不可能，也没必要，我们必须接受自己和其他人的不完美。我还指出，我很高兴看到她取了得这么大进步，获得了新的友谊，她现在比以前快乐多了。我向她保证，她有很大的发展潜力，将来会在大学里获得很多乐趣。

评语：这次讨论处理得很好。也许老师有些地方是在说教，没有给贝蒂足够的机会表达自己。当然，很可能即使给了贝蒂这个机会，她也不会利用它来表达自己，因为她仍然具有防御心理。这就是为什么老师觉得她没有说服贝蒂、谈话没有达成效果的原因。

这里有一个重要的时刻，老师没有抓住要领。当贝蒂不觉得自己高高在上时，告诉她给人留下这种印象，这是正确的，然而老师还可以进一步向她解释，为什么她自己不觉得，但她的言行举止却显示她高高在上。此时老师可以帮助她看到，这可能是因为她无法达到自己的完美要求和标准。因此，她从来不认为自己足够好，她真的不觉得自己比别人优越，而只是通过压低别人来抬高自己。换句话说，需要帮助贝蒂认识到她自己的自卑心理以及她对自己能力的怀疑。如果不指出问题的根源，即她对自己的挑剔和怀疑，则不能消除她这种错误的补偿方式。

因为这个原因，此次谈话的结束非常好，里面含着老师对贝蒂的鼓励和信任。对孩子采取补救措施时，首先应该尽力提高孩子的自信心，而不是只为了消除她的不良行为。老师正是先提高贝蒂的自信，接下来自然而然得到有效的纠正方法。

4月22日：在安排荣誉学会典礼彩排计划时，我和贝蒂产生了意见分歧。贝蒂非常想要告诉另一位相关老师他错了："我们已经制定好了计划，而且他也知道我们的计划，但他总是这样不管不顾。我要去告诉他。"我则对她说，她这样不是明智的做法。这次事件告诉我，她仍然"看不起"别人。

评语：老师是正确的。由于她已经认识到贝蒂"看不起"别人，所以很可能她也把这个信息传递给了贝蒂。有时候，即使很少的沟通或者轻微的暗示，也可以像谈话一样，传递出大量信息，前提是沟通的两个人相互很了解，毫无疑问，老师和贝蒂相互非常了解。

5月7日——成绩单报告日：贝蒂迟到了。她进来时说："是的，我知道，我怎么能在今天这样的日子迟到呢！但您也要注意到，我过去的四五个星期都没有迟到过。”（后来，我检查了记录，证实了她所说的话。）我没有回答，只是笑了笑。

5月8日：我们正在检查昨天的抄写作业，我发现我批改作业时犯了一个错误。贝蒂说：“您开始犯错了，××老师！”我说：“开始？我以前也犯过错呀。”我们继续谈了一些其他事情。我试图让她明白和习惯一个道理：每个人都会犯错误。

5月12日：在国家奖学金的考试中，贝蒂的成绩处在中下水平。我和她谈论这件事，她说：“噢，还有许多人的分比我的还低呢。”看起来她并没有失望。

5月13日：贝蒂的态度似乎已经改变。她表现出更多尊重。我无法提供具体的某个例子或事件，但她给人热情的感觉，笑的时候比以前多了很多。

5月19日：贝蒂今天到校比较早，她来和我讨论之前向她提到的一个学习任务。她问我，能不能在她的作业中提到我的名字作为证明人。

5月28日——结论：我非常满意贝蒂的进步。她仍然还有许多东西需要学习，但似乎已经朝正确的方向进步。现在，许多同学都喜欢她，她很少需要关注，而且她现在通常能够按时到校。她已经制定了夏天去上大学的计划，不像今年年初她第一次有这个想法时那样，只是嘴上说说而已，这次她确实制定出了可行计划。我觉得我和她谈话在一定程度上给她鸣响了“启迪之钟”。

评语：与实例报告时开始对贝蒂的描述相比，上述事件确实表明贝蒂已经取得了进步。没有人会怀疑正是老师的坚持和努力使贝蒂取得了进步。根据她最初的行动计划，她成功地赢得了贝蒂的心，并鼓励了她。可以推断，老师已经成功地实现了她的第三个目标，帮助贝蒂明白：她其实不需要总是比别人出色。后来贝蒂对奖学金考试成绩的反应就说明了这一点。在报告中，老师采用自然结果的信息非常少。即便如此，老师成功地帮助贝蒂克服了“自己社交能力很差”的错误信念，事实表明：贝蒂的朋友多了，而且她与朋友们的关系也更好了。对于教青春期学生的老师来说，掌握良好的谈话技能十分重要，而且这些技能也会进一步提高老师的效率。

➢案例64

这是25名二年级学生的英语课，上课时间是每天最后一个小时，那时老师和学生们都已经很疲倦了。只有少数学生会进行预习，上课时认真听，绝大部分学生非常吵闹，老师的教学压力非常大。

与普通班的学生相比，这个班学生的水平参差不齐，有些学生很好，而有些学生的智力仅仅刚超过文盲水平，特别是有几位智障学生，他们表现出消极－破坏性的行为模式。例如伯尼，一个块头挺大的男生，他通过大声说话、乱说话来寻求和获取关注。他的父亲给他设立了很不现实的学习目标，而他一再证明他做不到和没能力。（不完全是故意表现出没能力，他的智力的确存在障碍。）另一个经常引起混乱的学生是智力很好但情绪控制有问题的艾丽丝。她在家里不开心，在学校时经常像做白日梦一样走神，回过神来的时候则经常不管不顾地发出一声“呃？”或者突然大笑。她并不反感别的学生笑话和贬损她，这也是一种关注，总比什么关注都没有要好。

我针对艾丽丝渴望关注的问题找了一些建设性的方法。如，她字写得很不错，我就让她把作业写到黑板上。（这个主意来源于我看到课间休息时她在黑板上写了“玛丽爱约翰”等字。）虽然她似乎总是可怜兮兮地急于讨好我，但她仍然是班级混乱的来源之一。

每次英语课，不仅学生疲惫且沮丧，老师也又累又沮丧。双方都需要成功的喜悦。毫无疑问，应该给班上气馁的学生布置他们能够完成的作业，并在完成时给予表扬。作业尽可能少，并且根据学生的不同水平布置，这可能对这个班的学生有用。

评语：这份报告在培训班上被读给所有老师－学员听，然后大家从各个方面进行了讨论。首先，报告中用“乱说话”一词描述伯尼的行为，受到了大家的批评，因为伯尼的话或许在逻辑上和课堂内容不相干，但从心理学角度讲，肯定有关系。伯尼的乱说话大概是想表明他要打败老师，从而显示他的优越性。他可能在班上继续他在家里与父亲之间的权力之争。他通过表现自己做不到和无能，来打败自己的父亲和老师，这样对于那些他认为自己做不到的事情，他们就不再对他有所要求。他可能好胜心过强，但却通过无用的方式表现。因此，学员们建议这位老师给伯尼布置他能很好完成的作业。英语作业正好就是这样的作业。

然后，我们讨论了报告中最后一段的作业布置方法。我们认为，这种方法会让学生们很难对班级产生集体归属感。学生的水平参差不齐的确是个很大的障碍，但是，如果没有集体归属感，那么任何解决方法都很难达到令人满意的效果。在这个班级的各种不利条件下，常见的普通方法恐怕不再适用。这个情况下，老师需要发挥创造力和想象力。因此，老师的第一个任务是找到凝聚班级的方法，以赢得同学们的兴趣和配合。

这位老师表示她想放弃，她觉得在这个班里赢得同学们合作的概率太低了，也很难激起同学们的热情。而且，这个班的学生之间基本没什么共同之处。

这些学生之间真的没有共同之处吗？当这个问题被抛向老师-学员们时，他们进行了十分认真的思考，并最终找到了答案。这个班当然有一个很重要的共同点，其实这位老师已经提到了，但自己没有意识到这是共同点，也没有意识到这其中的重大意义。这节课是当天的最后一节课，学生们的兴趣和能力参差不齐，看起来他们根本无法共同学习，但这也意味着：所有人都在同一条船上。这就是他们的共同点。因此，他们也面对着一个共同问题，即如何使班里所有人都轻松愉快地上好这节课。这个点，可以引起大家的兴趣，唤醒他们，并激起他们的热情。因为如果他们再不找到针对这个问题的解决方法，那所有人都会越来越难受。

自然而然，老师-学员们建议这位老师与全班同学坦诚相商。她可以问学生们想不想把这节课变得让所有人都觉得轻松愉快，如果回答是肯定的话，他们就必须一起找到解决办法。老师可以坦诚地表达自己的挫败，并且也表达对学生们疲倦沮丧的理解。

老师可以布置一项作业，请学生们写出自己对这门课、老师和其他学生的想法。这会激起同学们的兴趣。如果那些已经过于气馁的同学们不写这个作业，则可以邀请他们做出口头陈述。

大家建议，艾丽丝的问题可以等待进一步讨论，这位老师首先要做的，是尽力创造生动活泼的课堂环境和有利于学习的氛围。一周后，这位老师－学员提交了以下报告。

我请全班同学围坐成圈。我坦诚摊牌，并且一直强调“我们”和“我们的”。我告诉他们，我感觉很挫败沮丧，而且我知道他们也有这样的感觉。班上有几个同学上一节课上我的西班牙语课，他们表示同意我的说法，他们说西班牙语课上每个人说的每句话都和课堂内容有关，那节课的气氛好很多。当我请学生们针对现在的问题写出自己的想法时，有几个学生问是不是必须签名。我告诉他们，这个作业不会被评分，所以签不签名无关紧要，只要书写清晰，拼写正确，能够理解就可以。（我看到一名平时没有用字典习惯的男生，开始拿过一本字典查。）第二天，同学们交上的作业，内容都很不错，我们再次围坐成圈，我读完同学们的建议后，昨天缺席的三位同学也做了口头陈述，表达了自己的想法。全班一致认为纪律太差。他们写道：“我们班太吵了”“我们太大声了”“我和好多人一样表现很差”。有一个同学写的是“我们学单词的时间太长了”。有个出现频率很高的评论是“您太不严格了”，但也有人在这句话后面写了“但是我喜欢”。艾丽丝（我认出了她的笔迹）写的是“我们需要赶快采取惩罚措施”。有几位男生都写了班级纪律差的全部责任在女生，因为班上男生占少数，女生数量多，所以她们自然也制造更多噪音。还有一位男生写了，优等生应该帮助学习相对较差的学生，比如他自己。

我尽力让全班同学明白惩罚并不能带来好结果，只有相互配合才能帮助全体达成共同的目标。如果他们愿意，那么以后谁违反纪律，我只需点一下名字；如果我点名后，这位同学仍然不收敛，我才会采取进一步措施。

我说，同学们的建议让我看到了希望，并问他们是否也有这样的感受。只有伯尼觉得没希望：“如果每个人都帮忙，那就会有效，但实际没有人会这样做的，所以肯定不行。”我们就此展开了讨论，讨论帮助伯尼看到了一丝希望。通过讨论大家也认为我们有可能实现自律。

评语：虽然关于这次班级群体讨论没有很具体详细的描述，而且给人的印象是多数时间里可能是老师在说、学生在听，但是总体效果看起来非常好。孩子们有机会通过书写自由地表达自己的意见，后续跟进也很有效。

我努力寻找能让伯尼获得成功的任务，我去请教另一位曾经教过他的老师，这位老师告诉我，在往年的嘉年华活动中伯尼表现很好，有相当强的管理能力。于是我请伯尼帮忙管理我在嘉年华活动中的“鱼塘”。我说，我注意到前几天他和艾尔搭档玩词语接龙时，他们的成绩非常好，因为他选搭档时非常聪明。“你们组的表现很棒！”正好有位学生从旁边经过，顺耳听到这句话，就接过来开玩笑说：“虽然伯尼很笨，但他很会挑选聪明的人。”我给伯尼指出，有些总统之所以成功，是因为他们能将权力赋予精心挑选的下属；而另一些总统之所以失败，是因为他们没有这项能力品质，因此对于一名主管，这项能力品质非常重要。伯尼已经承诺要在嘉年华的“恐怖屋”工作，因此我问他能不能帮我挑一位同学承担这个工作，我要一位很能靠得住的男生。他帮我选了一名男生——这位男生确实可靠。我表扬了伯尼的推举。

评语：培训班上老师－学员们建议给予伯尼能给他带来成就感的工作，这位老师据此建议实施跟进了上面的方法，结果非常有效。同时，伯尼的反应也证实了我们的推断，即他好胜心很强。

10天后，我打电话给伯尼的父亲，告诉他伯尼的态度比以前大有进步，他父亲却并不怎么领情，他说他和伯尼说过这件事，告诉他要像个男子汉一样。他早就预料到伯尼会发生这些改变。我曾经读过一句话，“只要善之目的达到，荣誉的光环戴在谁的头上都不要紧”，于是我没有为自己争辩。

评语：老师非常大度，让伯尼的父亲认为伯尼的进步来自他，然而有时谦虚也可能带来不利。这位父亲需要一些提醒，他需要意识到自己给伯尼施加的压力会产生相反的作用。并且，他其实没有理由相信自己给儿子说的那些话会带来进步——很可能是相反结果。必须有人告诉他，否则，老师再努力，也抵不过他继续施压和羞辱的反作用。

第二天，班上只有艾丽丝扰乱课堂。当时我们围坐成圈讨论阅读的书籍，我两次调整她的位置。她向另一个女生传纸条，被我看到了，我叫她把纸条给我。我把纸条夹在我正在读的这本书的后面。后来，我看了那张纸条，发现上面几乎全是和同性恋有关的内容，这让我有些担心，于是我和学校心理辅导员讨论了这事，辅导员曾经接触过艾丽丝和她的家人。他建议我和D医生讨论一下这个问题。当天晚些时候，艾丽丝问我（在我每天参加的非正式学习小组里）是不是已经看过了那张她要求我“不要看的纸条”。“什么纸条？”我问，假装已经记不得了。因为在得到D医生的意见之前，我不想就这件事采取任何行动或说任何话。

评语：第二天，老师在培训班上报告了D医生和辅导员对这件事的看法，他们认为艾丽丝其实希望老师看这张纸条。培训班的老师-学员们建议这位老师与艾丽丝谈一谈；不要高高在上，而是以相互理解的好朋友的身份去谈；克制住不去说教，也不要出于好奇心去刺探，避免任何可能损害她们关系的方式。老师可以承认她已经看过了那张纸条，还可以承认，她从纸条内容中学到了很多她以前不了解的知识。老师要肯定艾丽丝在班集体中的重要性，并问她是不是也希望自己很重要，如果艾丽丝的回答是肯定的，那么她可以通过自己的能力来体现重要性。因为这个女孩很有能力，但她不需要通过这样的方式来体现。最后，老师还可以征求艾丽丝对班级的看法。

两天后，我与艾丽丝谈了一次。我告诉她，我看了纸条，对她懂得这么多知识印象很深刻，她写的一些词汇，我需要查询才知道是什么意思。我还说，我已经注意到她有很多朋友，而且她在朋友中扮演重要角色。我想知道她是否想通过这张纸条让我留下深刻印象，以及对她来讲，与众不同是否非常重要。艾丽丝认为并非如此。

我们这次谈话引出了许多她特别憎恨的人。校长、家访老师、学校的心理辅导员（她也是一位代课老师）、她妈妈以及她哥哥。她说和爸爸相处融洽，但她后来的话似乎证明并非如此。她宣称说："我爸爸认为他会让我去上大学，但他不能！我才不去！"她又谈到心理辅导老师："我恨她，她把我换到教室后面去坐，以为这样就能让我不说话、强迫我学习。她不能！她不能强迫我。"

我建议说她似乎不喜欢有权威的人。我坦诚地说：那么如果我们俩的意见相左，恐怕她也会憎恨我。我说："也许，你喜欢当老板。"我举例说在我的英语课上，当所有人都坐成一圈时，唯独她不遵守。她看起来不太理解这个心理倾向，但当我分享说我自己也有想当老板的想法时，她似乎很有兴趣。我聊到有意识和无意识的态度，有些心理学概念通过这些态度明显地体现出来。她似乎对这些内容很有兴趣。

评语：老师认同自己和艾丽丝有相同之处，这是个非常好的转折点。我们可以怀疑艾丽丝是真的不理解老师所说的心理倾向，还是不想承认老师的解释是正确的。老师拿自己作为例子，能够卸除学生自我骄傲和优越感等心理障碍。

我建议艾丽丝将她的书写能力转到有用的地方。“不久之后，大家都要参加美国退伍军人协会组织的征文比赛，主题是‘美国，机会之邦’。你可能会赢呢。”她强硬地回答：“没人可以让我写作文。”

评语：这个女孩非常聪明，她觉察到老师的意图。这大概就是为什么她“不太理解”的原因。她害怕被别人影响。因此，老师之前关于她想当老板的观点正中要害。

我了解到，艾丽丝在年级里是年龄较小的学生，曾经跳了一级。她讨厌小孩，希望自己永远没有孩子。她有个弟弟，这让她认为“小孩非常讨厌和可怕”。她根本不想结婚。对未来也没有规划，只希望高中毕业后就从家里逃离。我建议她从权力的角度思考一下，并告诉她过两天我们再谈谈。

评语：无论这次讨论是否给艾丽丝带来益处，最重要的是老师打开了艾丽丝的心扉，给她机会让她表达自己的不满，这是建立友谊关系的第一步。显然，这个女孩处在战争之中，先是在家里，然后在学校，最后在社会上。她主要的敌人似乎是她妈妈，妈妈似乎更偏袒弟弟。虽然她与爸爸结成了一定的同盟，但是她也在一定程度上反抗他。爸爸和弟弟都是男性，只有她是女性。她不愿意扮演女性角色，这一点表明她对男性的强烈反抗。

在谈话当天的西班牙语课上，艾丽丝表现得比班上其他同学都好。为了避免不遵守纪律的坏习惯使自己在课堂上说话，她整节课一个小时都端端正正地坐着，百分百地集中了注意力。随后是英语课，当天的助教学生没来，她立即问我能不能让她检查出勤。在她检查出勤的时候，我和全班同学说了征文比赛的事情："我们班至少有一名同学知道这次征文，但不愿意参加。我很急切地想知道，大家对征文比赛是什么想法。"我告诉同学们，退伍军人协会给出的主题是"美国，机会之邦"，而且，只要切题，他们也可以在文章中表达反对态度。我告诉他们，可以在作文中做出任何谴责和评判，我也仍然会给他们记学分，只是不会将作文提交给大赛组委会而已。我征求班上每位同学的意见（艾丽丝很忙，我没有问她），所有同学都表示愿意参加，有人说"好难啊，不过我努力吧"，也有人说"我会写点什么"，等等。

随后，我请艾丽丝在黑板上写通知，她立即写了，写写擦擦至少三次才满意。

评语：整个过程显示了老师的敏感和想象力。老师实际上是不是真的与艾丽丝产生共鸣并不重要，至少老师通过语言表达出她和艾丽丝有共同心理，老师察觉到艾丽丝的需要并满足了这个需要。她让艾丽丝检查出勤，通过表达艾丽丝是唯一对征文比赛有所了解的人，而给予艾丽丝特殊感，老师坦陈艾丽丝不愿意参加征文比赛，但并没有因此批评她，也没有强迫她和同学们回答，她允许同学们在作文中陈述反面论点，这符合艾丽丝总是谴责一切的态度。换句话说，老师向艾丽丝打开了所有的门，而艾丽丝对此也有所反应。

规定时间到来之前，艾丽丝交来了她的“美国，机会之邦”作文，内容传统正面，并没有谴责和批评。但是我没有就此询问她，我什么都没有说。

评语：显然这是一个转折点。老师忍住了没有向艾丽丝施加任何压力，结果，艾丽丝遵守了规则，不仅按时交了作文，而且在内容上也做出了调整。

我时不时告诉全班同学：“现在的变化很棒哦！”他们也很开心。我私下与伯尼谈了谈，告诉他我对全班，还有对他本人的变化感到很惊讶，也很开心。顺便提一下，虽然伯尼缺课一周，但他回校补考后，得到了“C⁻”的成绩。

评语：老师的热情是会传染的。我们非常相信正是老师的这些真诚和热情带来了班级学生们的变化，虽然她并没有提供很多这方面的细节。

大约一周后，我发现艾丽丝的另一张纸条，内容表达出她对同性恋及异性恋的兴趣，但并不是具体行为。

评语：老师写的就这么多。我们想知道她的处理方式，是做出了评论还是没有理会。有些人可能会认为，这样的事件需要采取严格措施并密切关注，但艾丽丝的问题本质并不是性（而是与权威的权力之争），因此，明智的做法是，不要强化纸条内容，而是帮助艾丽丝在社会和人际关系协调方面做出大方向的调整，也就是这位老师正在做的。

成绩单显示同学们的成绩普遍有所提高。有两名学生——不是有特殊问题的那两名——还存在迟到和拖延的情况，但他们的功课总体比以前好。还有两名学生为自己得到“C”有点儿不开心，虽然之前他们都是“D”和“F”。我告诉他们，他们得到“C”，表明了他们的进步其实很巨大。

评语：成绩普遍提高、学生十分关心自己的学分，这些都是进步的表现。有意思的是，以前得“D”和“F”的学生对分数并不在乎，否则的话他们早就采取行动了，而现在得“C”他们却不太开心了。这再次表明，失败的学生实际上往往过于争强好胜，而这一点常常可能是他们失败的原因之一。

这份实例报告也被拿到培训班上讨论，大家一直称赞这位老师－学员出色地把握并实践了我们讨论过的原则和技能。我们建议她更详细地描述某些情况以及她的处理方法。随后我们又得到了下面的这些实例：

每次测试后，我将学生两两分为一组，每组有一名对这次测验掌握较好的学生和一名掌握较差的学生。我和较好的学生召开“教师会”，请大家提供建议，可以用什么方法帮助他们的“学生”。我再三强调，要尊重他们的“学生”，并且强调“老师”们要说明他们的“学生”哪些地方做得好，鼓励他们。这个方法帮助同学们取得了相当大的进步。

评语：这是之前报告中没有详细描述的，这是老师解决这个班级挑战的重要方式之一。最开始她曾经说过，她已经放弃了根据学生的不同水平来布置不同作业的方式，那样的方式可能会破坏班级归属感。上面的方法是她将先进生和后进生组成一个组。这种方法的意义怎么强调都不为过，它能够带来各种有利结果。首先，当一个班级学生成绩和水平参差不齐时，通常容易出现优等生和差等生对抗、慢进生和快进生对抗，结果导致班集体四分五裂。但在这里，学生水平参差不齐不再是缺点而是优点。通过这样的方法，同学们不再相互竞争，而是相互帮助。领先不再意味着荣耀，还意味着承担责任。老师要求优等生帮助差等生的同时，还向两方面传递了健康人际关系的基本要素：尊重同学，即使是功课落后的同学也需要鼓励及其相应的实践方法，小组中的两人是平等的横向关系，而不是居高临下的纵向关系，不是一个人遥遥领先于另一个人。所有这些积极影响都是老师这套方法带来的。老师在局面不佳的课堂中采用这样的互助方式，使学习内容和学习方式都变得令人愉悦起来。

我把标点符号练习中的语句数量从每组21句减少到每组14句。这样同学们更容易做到，并得到成就感。以前的要求对许多人来说几乎无法完成。

评语：这位老师为所有同学提供了体验成功的机会，而体验成功是非常重要的因素。

我请同学们在作文中写一些自己家庭的问题，建议的题目有《我的家庭是个问题》《我哥哥令人讨厌》或《我最头痛的人》。只有一位同学说他没有什么家庭问题，写了别的题目。其他同学都在作文里倾吐了他们的矛盾和讨厌的事情。艾丽丝在作文中对弟弟大发牢骚；伯尼写了因为家里的车引发了他与姐姐的矛盾。一名性格相对温和的学生（至少我认为她是这样的）感叹说，法律太不公平了，把她的心上人关进了监狱，现在她不得不等他出狱，然后两人结婚，走得远远的。

这些作文似乎产生了宣泄效果。它们让我明白和了解了为什么这些青春期的高中生有不良行为。

评语：受过心理学培训的老师能够将书面作业变成了解孩子的来源之一。这种方法不仅可以发现和评估孩子的问题，而且还能帮助老师了解孩子的个人性格特质及其生活模式。“早期回忆”“家庭星座”等心理学主题也可以为老师提供有价值的信息。获得这些信息以后，可以通过集体讨论和简短的私下谈话来跟进。不需要强调这样的做法需要老师考虑周全，因为保护每位学生的隐私本来就是老师的义务。

伯尼在识别复合词形式方面遇到困难。我单独给他辅导。做了一些解释后，我写了五个例子，并说："这些都是比较难的，如果你能完成两个句子，你就做得很好呢。"

他完成了四句，然后笑了："我没那么蠢，是吧？"

"一点儿也不！"我回答说，"但你有段时间可真的是愚弄了你自己和我呢。"他也笑了。

评语：这是巧妙地进行鼓励的有趣实例。老师将五个问题中的四个回答正确转化为一次成功体验。只有老师充分认识到自信和勇气的非凡意义，才能看到不完美的答案也可以是"成功"的机会和可能。在现在这个阶段，和答对所有问题相比，伯尼学会自信更加重要。

艾丽丝非常渴望帮助我检查作业，她想检查拼写。我告诉她，我发现有些拼写很好的人纠正拼写错误时还是会出现遗漏。我问她，是否认为自己可以精确地纠正拼写错误。她说，她认为自己可以，于是我给了她这个机会。

她做得非常好，所以我请她明年来当我的助教。她对这一前景感到非常高兴。

评语： 请回忆，这位女生曾是扰乱课堂秩序的重点问题学生之一，她曾经像做白日梦一样，用破坏性方式来炫耀，来获得关注。现在老师已经成功地为她提供了班级中的位置，而不是排斥她，并且这些是在社会容许的范围内。后来，这位老师做出以下结论：

伯尼现在表现很好，因为他知道自己有能力做得到。艾丽丝已经成为班级中积极配合的一员。现在，我们是一个快乐的班级，并且同学们信任我——一个快乐的老师。

除了我们良好的精神面貌是很大的成就外，同时成绩单表明了大多数同学的学习成绩也取得了较大进步。

老师接着展示了每位学生的成绩，她比较了第一个学期和第二个学期的成绩提高特点（第二个学期还剩下三周）。

十分有趣的是，有三位最优秀的学生成绩略有下降，从“A”降到“A⁻”、从“A⁻”降到“B⁺”以及从“B⁺”降到“B”。仅有一名学生从“B”升至“A⁻”，两名学生从“B”升到“B⁺”，三名学生保持在“B”。

而成绩单最下面的情况则完全相反。第一个学期得“D”的六名学生全部及格，一名同学从“D”升到“B^-”，这六名同学中有三名得到“B”或“B^+”。这部分学生的学习成绩显著提高。

这个案例表明，对于最不利的班级和远远低于平均水平的学生，老师能够做什么，能够带来什么变化。老师通过实际行动证明了利用群体动力和个体激励能够促进每位学生和整个集体的进步。

EPILOGUE 结语

在收集上述资料期间，我们越来越发现，在处理青少年的问题上我们存在着明显不足，同时我们也见证了现在的教育方法正面临着危机，如果不进行重大的教育改革，就无法消除这种危机。如今，校园里所遵循的基本准则已经不能满足当今年轻人的需求，老师对孩子的影响在变小，由此引起的危机在逐年加重。

青少年犯罪的数量在增加，犯罪的强度在加大，尽管青少年犯罪的行为引起了公众对社会困境的思考，但青少年犯罪只是问题的冰山一角。我们更应该注意到一个现状，现在许多孩子都十分“脆弱”，情绪困扰成了孩子的普遍问题，但他们经常不能察觉到自身的问题。没有一个孩子是完美无缺的。根据临床观察，过去几年里精神病病例及疑似病例的数量有所增长。这些社会问题是孩子普遍社会不良适应的一部分，它反映了孩子对社会、权威、秩序以及社会需求的反抗。

老师该如何解决孩子的问题呢？让我们坦承这一点：老师们没有得到足够的培训，通常无法解决孩子的问题。人们和社会都期望老师知道如何影响学生，然而，面对孩子不当行为和失败时，老师才意识到自己不知道该怎么办，这对于很多人，包括老师，都是相当痛的领悟。

大众开始大肆地批评现行的教育模式，老师和学校管理者受到持续打击，对大众的批评变得敏感。虽然许多批评没有太多道理，但并不是所有批评都毫无依据。人们可以理解一个竭尽全力的教育工作者对批评的反应、对指责的否定与忽视，但理解这一点并不能帮助教育者们意识到教育上的不足，以及如何对不足进行改进。

虽然存在争议，但有确切的事实证明更多孩子不能正确地阅读和书写，老师无法解决课堂上的纪律问题，这最终影响到了教学进程。老师充满热情，坚持不懈地努力工作，但在课堂上经常面临着无法解决的难题，因此，老师会认为社会上对学校的指责是不公平的，是带有侮辱性的。

义务教育要求每个孩子都上学，但是很多捣乱的孩子和难以管教的孩子被拒之校门外。这些孩子通常智商中等或上等，没有任何疾病，他们表现出焦躁不安、不服管教、喜欢挑衅。学校必须履行自己的责任，接受这些孩子，并采取合适的方法解决这些孩子的挑战和问题。

学校管理者是怎么看待学校所处的困境呢？一些管理者反对社会对学校施加过重压力，因为家长和社会组织都把自己的责任推卸给学校。这些管理者认为大众要求学校做的事情太多了，老师承担了太多家长推卸过来的责任。一位学校管理者说道："人们希望老师能够像心理学家一样，在课堂上解决孩子的情绪困扰问题，学校不是收容机构，也不是垃圾场，不该包揽所有没人愿意处理的问题。学校应该努力做好本职工作——给学生传授家长无法传授的知识。学校不是诊所，不是幼儿园，也不是培养性格的机构。"另一位学校管理者支持上述观点，并说道："学校在努力为所有人做所有事，结果所有事情都是蜻蜓点水，最后什么事也没做好。"一位学校管理者也同样抱怨了家长把自己的责任都推卸给学校，他说道："家长把孩子送到学校以后，就置身事外，认为孩子能在学校学到知识，掌握所有需要学习的内容。"一位教育工作者还认为"学校不该对所有的孩子负责，如果要管好每个孩子，那根本不可能"。

本书所持观点与上述观点不同。不过，我们也看到实际情况通常是，家长处理不好自己孩子的问题，然后老师必须面对家长失职所带来的负面结果。最终，如果家长意识到要在当今社会文化中养育孩子，传统方法已经不适用了，必须学习新的教育技巧，才能让自己的孩子在社会情感方面适应性更强。但老师和学校不能等着家长完成这样的思想转变，老师和学校必须承担责任，因为如果老师不了解孩子，不能帮助孩子进行调整的话，也就无法传递学科知识。因此，老师经过培训后，即使不是治疗师，也能够在课堂上熟练地运用心理学知识。

不论是“回归传统”，还是采用以前的教育方式，都没有效果，我们的孩子不会再一味服从专制的管理方式。我们必须努力学习和研究，积极探索有效的教育方法。只有在课堂上运用心理动力学和群体动态的知识，才能鼓励孩子们相互合作，承担责任，让孩子们健康成长。本书所概述的原则可能有利于改善课堂的氛围，向所有孩子敞开光明之路，让孩子和老师享受愉悦的校园生活，实现教学相长。

图书在版编目（CIP）数据

教师：挑战 / [美]鲁道夫·德雷克斯 著；甄颖 译. — 北京：生活书店出版有限公司，2017.7（2024.8 重印）

ISBN 978-7-80768-193-9

I. ①教… II. ①鲁… ②甄… III. ①教育心理学 IV. ① G44

中国版本图书馆CIP数据核字(2017)第086334号

策　　划　李　娟
责任编辑　程丽仙
审　　读　Alice Leung (梁碧华)
装帧设计　视觉共振设计工作室
责任印制　孙　明
出版发行　生活書店出版有限公司
　　　　　(北京市东城区美术馆东街22号)
图　　字　01-2016-3530
邮　　编　100010
经　　销　新华书店
印　　刷　北京启航东方印刷有限公司
版　　次　2017年7月北京第1版
　　　　　2024年8月北京第9次印刷
开　　本　787毫米×1092毫米　1/32　印张14.75
字　　数　242千字
印　　数　44,001–46,000册
定　　价　49.00元
(印装查询：010–64052612；邮购查询：010–84010542)

德雷克斯·挑战系列

《教师：挑战》

《孩子：挑战》（重译本）

[美]鲁道夫·德雷克斯 著　李剑敏 译

如何在尊重孩子、给孩子平等自由的同时，让孩子尊重规则、承担责任、赢得合作，这是现代教育的基础课题，也是现代父母要面对的永恒挑战。

《父母：挑战》

[美]鲁道夫·德雷克斯 著　花莹莹 译

孩子必然不会成为天使，但我们始终可以成为更好的父母。我们已经尝试给予孩子自由和自我表现的权利，在自由精神中训练孩子，在家庭内部建立民主，并使家人分担责任，以民主的父母之爱给予孩子健康发展的力量和动力。

《婚姻：挑战》

[美]鲁道夫·德雷克斯 著　甄颖 译

我们的婚姻问题，考验着我们与另一个人亲密生活的能力。我们不知道如何以相互尊重的精神来解决冲突和矛盾，而在民主氛围中，家庭生活的先决条件正是相互尊重。